강한 여자가 아름답다

강한 여자가 아름답다

지은이 허영순
펴낸이 안용백
펴낸곳 (주)넥서스

초판 1쇄 발행 2014년 5월 25일
초판 3쇄 발행 2014년 11월 15일

2판 1쇄 인쇄 2016년 8월 30일
2판 1쇄 발행 2016년 9월 5일

출판신고 1992년 4월 3일 제311-2002-2호
10880 경기도 파주시 지목로 5
Tel (02)330-5500 Fax (02)330-5555

ISBN 979-11-5752-914-8 13320

저자와 출판사의 허락 없이 내용의 일부를
인용하거나 발췌하는 것을 금합니다.
저자와의 협의에 따라서 인지는 붙이지 않습니다.

가격은 뒤표지에 있습니다.
잘못 만들어진 책은 구입처에서 바꾸어 드립니다.

* 이 책은《회사에서 여자가 일한다는 것》의 개정판입니다.

www.nexusbook.com

넥서스BOOKS는 (주)넥서스의 실용 전문 브랜드입니다.

워킹 우먼을 위한 70가지 조언

강한 여자가 아름답다

허영순 지음

넥서스BOOKS

프롤로그

도전과 열정은 쉽게 전염된다

나의 도전들이 누군가에게 전염되어 퍼져 나가길 바라는 마음으로 이 책을 썼다. 리더는 훌륭한 교사가 되어야 한다. 아이디어를 내고 실행하면서 전략을 찾아내고, 경험한 노하우를 후배들에게 전염시켜야 한다. 그렇게 전염된 노하우가 후배들을 변화시키고, 또 그들의 노하우가 그다음 후배들을 변화시킨다면 시행착오를 줄이며 더 많은 발전을 하게 될 것이다.

어머니께서는 나에게 '글 중독자'라는 별명을 지어 주셨다. 신문이나 책을 읽다가 마음에 드는 문장을 발견하면 밑줄을 긋고 오려서 스크랩해 두었다가 나중에 시간이 되면 다시 꺼내 읽는 모습을 많이 봐 오셨기 때문이다. 정보의 홍수 속에서 살며 불필요한 정보를 걸러 내는 능력이 필수가 된 시대이지만, 책이나 신문처럼 싼 가격으로 누군가가 평생 쌓아 온 지혜를 고스란히 만날 수 있다는 것은 큰 행운이다.

이 책은 신문, 책, 세미나 등을 통해 접한 자료들을 실제 현장에 접목해 보고 성과를 거둔 내용을 중점으로 써 내려갔다. 가능하면 직접 겪고 느꼈던 일들을 생생하게 담고자 했다. 부족한 글이지만 일 때문에 갈등을 겪고 있거나 비전을 찾지 못해 고민하고 있는 사람들에게 조금이나마 도움을 줄 수 있으리라 생각한다.

남녀 차별, 사회 부조리에 이를 악물고 일했던 과거와 여성의 사회 진출을 독려하는 현재와는 분명 차이가 있다. 하지만 여전히 우리 사회에는 보이지 않는 장벽이 존재한다. 그 장벽에 가로막혀 이미 포기한 혹은 포기하려고 하는 여성들에게 나의 뜨거운 열정과 도전, 노력이 전염되길, 그래서 용기와 힘을 얻길 진심으로 바란다.

반기문 유엔사무총장은 고등학교 시절에 에세이 경연대회 수상 혜택으로 미국을 방문해 존 F. 케네디 대통령을 잠시 만난 경험이 계기가 되어 외교관이 되겠다는 결심을 했다고 한다. 이와 같은 사례처럼 일이라는 마라톤의 긴 여정을 달리는 여성 중 누군가가 이 책을 계기로 꿈을 얻고 도전할 수 있는 자신감과 용기를 얻는다면 저자로서 더할 나위 없이 기쁠 것이다.

나 역시 많은 시행착오를 거쳤고, 그 과정에서 많은 눈물을 흘렸다. 하지만 그때마다 마음을 다잡고 스스로를 격려하며 성장시켰다. 목표하는 것을 이루기 위해서는 꿈꾸고 노력하는 것 외에는 다른 방법이 없다는 것을 명심하기 바란다.

그동안의 나의 경험을 이렇게 나눌 수 있도록 아낌없이 응원해 준 가족과 고객, 동료들에게 깊은 감사의 인사를 전한다.

허영순

Contents

프롤로그 도전과 열정은 쉽게 전염된다　　004

강한 여자가 아름답다
PART 1

01 고민이 삶의 철학을 만든다　　015
02 스스로를 증명할 기회를 잡아라　　019
03 무기만 있다면 유리 천장을 깰 수 있다　　022
04 경험이 곧 실력이다　　026
05 배짱과 카리스마로 무장된 리더십을 길러라　　029
06 적극적으로 소통하는 이그나이터가 되어라　　033
07 조직에 녹아들어라　　038
08 좋은 전략보다 끊임없는 실행이 중요하다　　042
09 경청하라, 쉽게 말하라, 명확하게 질문하라　　047
10 튀어 보이는 것만이 능사가 아니다　　051
11 모든 것의 기본은 진정성이다　　054
12 마케터의 마음을 가져라　　058
13 거울은 절대 먼저 웃지 않는다　　063
14 악수는 잘하면 호감, 못하면 비호감이다　　067
15 프로는 긍정의 이미지를 만들 줄 안다　　071
16 보여 주는 일에 능숙해져라　　076
17 디테일의 힘을 키워라　　080
18 무엇이든 일단 시작하라　　084

PART 2 여자가 직장에서 살아남는 법

19 인품이 없는 상사라도 상사로 대우해 주어라 093
20 팔로우는 잠재적 리더이다 096
21 변화에 앞장서야 살아남을 수 있다 100
22 이 세상에 대충해도 되는 일은 없다 104
23 보고할 때를 놓치지 말라 107
24 일을 일처럼 하지 말라 111
25 신나는 해결사가 되어라 114
26 적자생존, 적는 사람이 살아남는다 119
27 이미 일어난 일은 겸허하게 받아들여라 122
28 공과 사를 철저하게 구분하라 125
29 끊임없이 생각하고, 끊임없이 관리하라 128
30 대면하지 못하는 고객을 위한 서비스를 강구하라 131
31 고객이 항상 1순위이다 135
32 매 순간을 마케팅의 기회로 활용하라 139
33 미팅 전에 대화 내용을 미리 그려 보아라 142
34 아날로그의 힘은 강하고 아름답다 145
35 누구에게나 친밀한 감성 파트너가 되어라 151
36 타인의 성장을 돕는 사람이 되어라 156
37 긍정의 에너지를 흡수하라 160
38 사거지악(四去之惡)을 피하라 165

남녀 차별을 넘어 여성 리더가 되는 법

PART 3

39	전문가와 리더는 다르다	177
40	몸값을 올리는 것이 가장 훌륭한 재테크이다	180
41	여자라고 특별하지 않다. 솔선수범하라	190
42	꾸준함이 가장 강력한 무기이다	194
43	준비에 실패하는 사람은 실패를 준비하는 것이다	197
44	알 수 없는 내일을 위해 오늘 긴장하라	202
45	한 방향으로 정렬하고, 끊임없이 독려하라	206
46	누구나 언제든지 볼 수 있는 비주얼 보드를 세워라	210
47	급한 일보다 중요한 일을 먼저 하라	214
48	실행과 피드백은 부부와 같다	218
49	리더는 훌륭한 서포터즈이다	221
50	뒤로 물러서지 말고 단호하게 앞장서라	224
51	교육은 리더의 가장 큰 역할이다	228
52	개인의 역량에 맞게 교육하라	234
53	주변 의견을 경청하되 휘둘리지는 말라	238
54	철저한 인수인계는 매너이다	241
55	따뜻한 배려로 지지자를 만들어라	244
56	작은 선물로 감동을 전하라	248
57	나눔을 아는 건강한 리더가 필요하다	251

PART 4 여자가 뛰어넘어야 할 것들

58 일과 가정, 선택의 문제가 아니다 261
59 서로에게 힘이 되는 배우자를 찾아라 264
60 결혼은 현실이다. 정신 근육을 길러라 268
61 출산은 여성을 강하고 겸손하게 만든다 271
62 더욱 단단하게 출산을 준비해야 한다 274
63 동료들에게도 축복받는 출산이 되게 하라 277
64 일과 육아 사이에서 흔들리지 말라 282
65 남편의 집안일 분담을 이끌어 내라 285
66 일은 외로움을 극복할 방패막이 될 수 있다 291
67 인생의 마디를 보지 말고 전체를 보라 295
68 누구에게도 의지하지 말라 299
69 지치지 않는 열정으로 무장하라 302
70 여성 내면의 유리 천장을 가장 먼저 깨뜨려라 305

에필로그 유리는 언젠가 깨어진다 310

WOMAN'S SUCCESSFUL CAREER AND LIFE

회사에서 여자가 일한다는 것

PART 1

강한여자가
아름답다

예전에는 농담처럼 이런 말을 자주하곤 했다.

"남편이 처자식 먹여 살리느라 고생이지 살림이 뭐가 어려워. 밥솥이 알아서 밥 해 주지. 세탁기가 알아서 빨래해 주지. 한국 여자들은 정말 편한 거야."

그러나 이제 상황은 180도 달라졌다. 일반적인 중산층이라면 아내도 남편과 함께 맞벌이를 해야 평범하게 살아갈 수 있다. 이제 여성에게 일은 선택이 아닌 필수가 된 것이다.

학교를 졸업하고 어렵게 첫 직장을 구한 여성들은 자신의 능력을 한껏 발휘하며 열심히 일한다. 직장에서 인정도 받고, 하고 싶은 것을 마음대로 할 수 있으니 거칠 것이 없다. 그런데 이런 여성들에게 서른 중반을 전후하여 위기가 찾아온다. 결혼은 고려하지 않고 일만 파고들었는데, 서른 중반쯤 되어 정신을 차려 보니 회사 내에서 승진은 불투명하고 괜찮은 남자들은 모두 결혼한 상태이다. 계속 일하자니 지친 상태이고, 잠시 쉬자니 다시 취직하는 것이 힘들 수 있을 것도 같고……. 끝없는 불안감이 엄습한다. 이러지도 저러지도 못하는 어정쩡한 상태로 시간은 흘러가고, 고민은 깊어진다. 이것이 요즘 여성들의 모습이다.

100세 시대이다. 지금까지 많은 것이 변했고, 앞으로도 많은 것이 변할 것이다. 확실한 것은 부모의 유산을 엄청나게 물려받을 상속자가 아니라면 오랜 시간 자신의 삶을 살아 내기 위해서라도, 자신의 가치를 증명하기 위해서라도 계속해서 일해야 한다는 사실이다.

과거에 비해 여성의 지위와 파워가 많이 향상되었다. 하지만 대한민국의 기업 문화는 여전히 남성 중심으로 돌아가고 있다. '국내 최초', '업계 최초' 라는 수식어가 붙은 여성 관리자가 계속해서 나타나는 것만 봐도 알 수 있다.

"승진에는 관심 없어. 계속 이렇게 일만 해도 돼."라고 말하는 것은 어리광에 불과하다. 시간이 지날수록 커리어가 쌓여 가고 연봉이 높아지면 그 직위에 맞는 능력이 요구된다. 직장에서 요구하는 능력을 갖추지 못하면 결국 퇴출당한다. 이런 부분에서는 남녀 차별이 없다. 오히려 여성에게 더 야박하다.

여성이 직장 내에서 싸워야 하는 것은 비단 남성 중심의 기업 문화뿐만이 아니다. 여성에 대한 편견, '과연 내가 잘 해낼 수 있을까.'라는 스스로의 불신과도 싸워 이겨야 한다. 그래야 여성들을 가로막는 유리 천장을 깨고 앞으로 나아갈 수 있다.

CIO 이그제큐티브 카운슬(CIO Executive Council, 최고정보관리책임자들의 위원회)의 여성 임원 부문 파멜라 러커 대표는 이렇게 말했다.

> "보유한 능력으로 임원의 자리에 올랐다 해도
> 그 능력이 계속해서 자리를 보전해 주지는 않는다."

리더가 되기 위해서는 자기 분야의 일만 잘해서도, 성실하기만 해서도 안 된다. 리더로서의 자질을 갖추어야 하고, 다양한 지식과 폭넓은 네트워크를 구축해야 한다. 갈 길이 멀지만 서두르지 말고, 한 단계씩 전진해야 한다.

'모험이 없으면 얻는 것도 없다.'라는 스페인의 속담처럼 스스로 한계에 갇혀 도중에 무릎 꿇지 말고, 당당하게 자신의 능력과 매력을 과시하기 바란다. 앞으로는 여성 특유의 섬세한 리더십이 더욱 요구될 것이다.

고민이
삶의 철학을 만든다

01

금융기관과의 인연은 초등학교 4학년 때부터 시작되었다. 1960년대 후반에는 주산이 유일한 계산 수단이었기 때문에 지금의 컴퓨터처럼 일반적으로 주산을 배웠다. 주산반을 담당한 담임 선생님의 재미있는 가르침 덕분에 초등학교 4학년 때 2급 자격증 시험에 합격했다.

중학교에 입학한 뒤에는 뛰어난 주산 실력으로 시험 때마다 선생님의 지원군으로 활약했다. 계산에 서툰 선생님에게 성적 평균을 내고 석차를 정리하는 일은 번거로운 업무였지만, 내게 두 자리 정도의 숫자를 계산하는 것은 그냥 눈으로 훑어 내리면 되는 정도였다.

고등학교에 진학할 무렵 선생님께서는 주산을 잘하고 숫자에 밝다는 이유로 실업계 고등학교(현재의 특성화 고등학교) 입학을 추천해 주셨고, 그렇게 실업계 고등학교에 입학했다. 고등학교를 졸업할 무렵, IBK기업

은행에서 국내 최초로 '여성 사원 공채 1기생 모집'을 한다는 소식을 접했다. 선생님께서는 기업은행이 특수은행이라 일반 시중은행보다 좋을 것이라며 기업은행 입사를 적극적으로 권하셨다.

그렇게 나의 사회생활이 시작되었다. 입사 후 1년 동안은 무척 힘들었다. 존재와 실존, 자아실현, 대학교에 진학한 친구들과 다른 진로, 성취감을 느낄 수 없는 반복적인 업무에 대한 공허감, 현재 상황을 박차고 나올 용기가 없는 현실 등이 뒤섞여 '이것이 과연 최선인가?'라는 의문에 휩싸인 것이다.

이후 철학에 관심을 가지며 관련 서적을 읽었고, 다양한 세미나와 동호회 활동을 하며 많은 고민을 했다. 훗날 그 번뇌의 시간은 내 존재의 의미를 찾게 해 주었고, 삶을 긍정적으로 볼 수 있는 철학을 갖게 해 주었다.

고민 없이는 해답도 없다. 고민이 고민만으로 끝나면 사람은 피폐해질 수밖에 없다. 그러나 고민의 과정을 거쳐 해답을 찾고, 그것이 행동과 실천으로 이어진다면 지금과 다른 자신을 발견할 수 있다. 비록 결과가 좋지 않다 해도 쇠가 담금질을 통해 단단해지듯 계속해서 갈망하고 도전해야 한다.

돌이켜 보면 나를 성장시킨 것은 간절함이었다. 사실 나는 기업은행 입사를 적극적으로 권한 선생님을 원망했다. 물론 최종 결정을 내린 것은 나였지만, 입사를 하고 보니 '다른 진로를 선택할 수도 있었을 텐데.'라는 진한 후회가 남았다.

결국 나는 대학 진학에 대한 간절함, 지식에 대한 갈망, 더 나은 삶의 질에 대한 욕구 등을 해결하기 위해 야간대학에 진학하기로 결심했다. 그러나 상황이 여의치 않았다. 야간대학에 다니려면 일찍 퇴근해야 했는데, 동료들의 배려를 기대하기 어려운 분위기였다. 선배들과 소통도 잘 되지 않았고, '자기 계발'이라는 단어조차 생소했던 시절이라 야간대학을 다니기 위해 상사나 선배들보다 먼저 퇴근하는 것은 쉽지 않았다. 고민 끝에 서울대학교부설 한국방송통신대학교 경영학과에 입학했다. 평소에는 라디오를 통해 수업을 듣고 방학 때는 협력 대학에서 열흘 정도만 출석해 수업을 들으면 되는 시스템이었다.

그해 여름, 경북대학교에서 출석 수업이 있었다. 상사에게 조심히 상황을 설명했지만 근무 시간 중에 개인 학업 때문에 자리를 비우는 것은 안 된다며 냉정하게 거절당했다. "맡은 일만 잘하면 되지 학교는 뭐 하러 다녀!"라는 추궁까지 들어야 했다. 출석하지 않으면 학점을 이수할 수 없으니 궁여지책으로 점심시간을 이용해 수업을 듣기로 했다.

출석 수업을 한 지 사흘째가 되던 날, 동료가 갑자기 강의실에 나타났다. 상사가 불 같이 화를 내며 나를 찾자 단숨에 학교까지 달려와 강의실을 뒤진 것이다(그땐 연락할 통신기기가 없어 직접 만나지 않으면 연락을 할 수 없었다.). 학자금까지 지원해 주며 자기 계발을 적극적으로 장려하는 현재와 분위기가 사뭇 다르지 않은가.

당시에는 이러한 상황이 당연하게 여겨졌다. 하지만 결국 주변의 몰이해를 이겨 내고 대학을 졸업했고, 졸업 후에 다시 초등교육학과에 입학했다. 이러한 과정이 결코 쉽지는 않았지만, 그 시간 동안 익힌 것들은 회사 생활을 하는 데는 물론 자녀를 키우는 데 커다란 도움이 되었다.

누군가에게 칭찬을 바라고 한 일이었다면 아마 끝까지 버티지 못했을 것이다. 그러나 내게는 대학이라는 간절함이 있었다. 그 간절함은 목표를 성취할 수 있게 해 준 원동력이 되었다.

이 모든 과정을 거친 뒤에
내게 기립박수를 쳐 준 것은
그 누구도 아닌 바로 나 자신이었다.

스스로를 **증명**할
기회를 잡아라

02

당시 여행원들에게 맡겨지는 업무는 대출 이자 받기, 공과금 받기, 문서 관리 등의 단순한 보조 업무였다. 본점에서는 우편으로 한 달에 수십 가지의 문서를 보냈다. 그러면 그 문서를 전 직원이 돌려 본 뒤 부서별, 날짜별로 분류하여 보관해 두었다가 필요할 때마다 열람하곤 했다. 100여 명의 직원이 수시로 열람하는 문서를 말끔하게 정리하기란 쉬운 일이 아니었다.

'바위가 늘 산꼭대기에 있게 하라.'라는 명령을 받은 시지프스가 기슭에 있는 큰 바위를 산꼭대기까지 밀어 올리는 순간, 바위는 또다시 굴러 떨어졌다. 그로 인해 바위 밀어 올리기를 계속해서 반복했던 것처럼 문서 정리도 몇 사람만 거치면 다시 엉망이 되어 버렸다.

그러던 어느 날, 대출주임이 서류를 건네며 원본과 똑같이 2부를 작성해 달라고 요청했다. 복사기가 없던 시절이라 '육필복사'를 해야 했다. 육필복사처럼 생산성 없는 일을 반복하다 보니 몸은 굉장히 바빴지만 하루를 마감할 때면 보람이나 성취감이 느껴지지 않아 늘 공허했다. 일주일 정도 지났을 무렵, 나는 대선배인 대출주임을 찾아가 이렇게 부탁했다.

"좀 더 생산적인 일을 하고 싶습니다."

그 당시는 자금을 필요로 하는 기업은 많은 반면, 지원할 수 있는 자금이 모자랐기 때문에 대출주임의 영향력은 대단했다. 그런 선배에게 까마득한 후배가 던진 말은 선전포고나 마찬가지였다.

한 번은 이런 일도 있었다. 한 상사가 출근을 하면 매일매일 담배 심부름을 시켰다. 한 달 동안 심부름을 하면서 고민에 빠지지 않을 수 없었다. 결국 나는 그 상사에게 찾아가 한 달 치를 한꺼번에 살 수 있는 돈을 달라고 요청했다. 그 후 상사는 내게 담배 심부름을 시키지 않았다.

물론 상사의 요구를 순순히 따를 수도 있었다. 하지만 현실에서 내게 주어진 업무는 시지프스의 고통과 같은 것이었다. 그러나 시지프스의 저주와 달리 나는 자율 의지가 있었기 때문에 부당하다고 느끼거나 발전이 없다고 생각되는 일은 가능한 한 상사의 기분을 거스르지 않는 선에서 시정을 요구했다.

당시 은행은 남녀가 똑같이 공채 입사를 해도 여자 직원은 '여행원', 남자 직원은 '행원'으로 구분되었고, 학력과 입사일이 같아도 급여가 달랐다. 여행원이 행원의 신분이 되려면 '전직 시험'이라는 것을 처러야 했다. 1회 전직 시험에서는 서울에서 1명, 2회 전직 시험에서는 부산에서 1명 합격했다. 3회 합격자의 주인공은 바로 나였다.

회사 전체의 여행원 수에 비해 합격자가 적은 것은 여행원들의 신분 전환에 대한 소극적인 태도 때문이었다. 하지만 더 근본적인 문제는 채용 단계에서 이미 남자 직원은 행원으로, 여자 직원은 여행원으로 구분하여 신분을 차별하는 것이었다.

전직 시험에는 상식 과목이 포함되어 있었다. 이미 공채를 통해 입사한 정식 직원에게 상식 시험을 치르게 하다니! 이는 여행원에게 기회를 주려는 제도가 아닌 형식적인 제도에 불과했다.

하지만 불합리한 제도에 굴복하고 안주하고 싶은 마음은 없었다. 그러기에는 내 안의 열정이 너무나 뜨거웠다. 앞서 합격한 선배들을 보며 용기를 얻었고, 전직 시험에 합격하여 회사에 나의 존재를 증명하고 싶었다. 그리고 결국 해냈다. 이는 스스로를 인정하게 된 계기, 자신감을 키울 수 있는 계기가 되었다.

내가 입사한 당시만 해도 여자에게는 관리자가 될 기회조차 주어지지 않았다. 그러나 마이너리티는 자신을 존중하고 인정할 수 있어야 많은 도전에 당당할 수 있다. 사회의 흐름에 몸을 맡기고 그저 흘러가는 대로 두는 것은 요행을 바라는 것과 다를 바가 없다.

인간이 주어진 환경에 그저 순응하기만 했다면, 지금도 동굴에서 날고기를 뜯어먹고 있을지도 모른다. 사회생활에 해답이란 없다. 문제가 주어지면 스스로 답을 찾아야 한다. 그래야 기회가 주어지고 성장할 수 있다.

무기만 있다면 유리 천장을 깰 수 있다

03

　　　　　　　　　1985년, 여자라는 이유로 응시 자격이 주어지지 않던 관리자 시험제도가 개정되었다. 이를 통해 여자 직원들도 남자 직원들과 동등하게 관리자가 될 수 있는 계기가 마련되었다. 입사 10년 만에 관리자가 될 수 있는 기회를 얻게 된 것이다. 만약 이 제도가 개정되지 않았다면 지점장이 되는 것은 불가능했을지도 모른다.

　제도 개선은 여성 인력 활용의 틀을 마련한 획기적인 변화였지만, 여성성과 남성성의 차이, 남성 선호 등 가부장적인 조직의 분위기는 쉽게 바뀌지 않았다. 관리자 시험은 사내에서 '고시'라고 불릴 만큼 만만치 않은 시험이었다. 응시자들은 여관에서 합숙을 하며 시험을 준비할 정도로 자신의 모든 것을 쏟아부었다. 합격해야만 승진할 수 있으니 그 분위기는 말로 표현하지 않아도 예상할 수 있으리라 믿는다.

　우리 지점에서 관리자 시험 대상자는 나를 포함해 5명이었다. 우리는 함께 시험을 준비하며 서로를 응원했다. 시험일이 가까워지자 우리는 시험 마무리를 위해 여름휴가를 신청했다. 다른 응시자들의 담당 상사는 모두 휴가를 허락했지만, 나의 직속 상사는 "여자가 무슨 관리자가 되겠다는 거야?"라며 휴가 결재를 반려했다. 돌이켜 생각해 보면 그때가 30여 년의 은행 생활 중에 가장 충격적인 순간이었다. 그러나 포기할 수 없었다. 개인의 가부장적인 생각과 조직의 제도 시행은 별개의 문제라고 생각했다.

그 시절 행원과 직속 상사의 관계는 현재 행원과 은행장과의 관계만큼이나 멀고도 멀었다(일반 회사에서는 말단 직원과 임원 정도의 관계로 이해하면 된다.). 하지만 10년 만에 찾아온 기회를 날려 버릴 수는 없었다. 내가 머뭇거리면 기회는 저만큼 달아나 버릴 것만 같았다. 결국 나는 직속 상사의 허락 없이 바로 지점장에게 가서 휴가 결재를 받아 냈다.

그렇게 우여곡절 끝에 시험을 치렀다. 1천여 명의 관리자 시험 응시생 중 100명이 합격했다. 그 명단에 내 이름도 올라가 있었다. 시험에 합격하자 휴가 결재를 반려했던 직속 상사의 태도가 조금 달라졌다. 만약 시험에 합격하지 못했다면 그에게 얼마나 시달렸을까 상상조차 하고 싶지 않다.

하지만 난관은 여기에서 끝나지 않았다. 관리자 시험에 합격했다고 해서 바로 관리자로 발령나는 것은 아니었다. 근무 평가에서 몇 차례 높은 평가를 받아야 관리자로 승진할 수 있었다. 인사이동 시기에 근무지를 옮기고, 몇 개월 후에 근무 평가가 있었다. 지점에서 유일하게 관리자 시험에 합격할 정도로 역량을 갖추고 있었지만 여자라는 이유로 평가에서 불

이익을 받지 않을까 염려되었다. 결과는 어떻게 되었을까. 염려한대로 관리자 시험에도 불합격한 후배 남자 직원이 높은 평가를 받고, 나는 승진자 명단에서 누락되었다.

좌절하지 않을 수 없었다. 하지만 곧 긍정적인 마음을 끌어모았다. 그 정도로 상처받기에는 기다렸던 시간이 너무 아까웠다. '나 같은 인재를 몰라보는 조직이 손해지 뭐. 언젠가는 나의 능력을 알아보는 상사를 만나게 될 거야.'라며 스스로를 위로했다.

강의 흐름을 살펴보면 유속이 빠른 곳이 있는가 하면 흐름이 막혀 천천히 흐르는 곳도 있다. 삶도 이와 유사하다. 답답해도 흐름에 몸을 맡겨야 할 때가 있다. 그 순간에도 강은 물고기를 보듬고, 정화 작용을 하며 제 갈 길을 간다. 순간의 좌절과 분노 대신 내가 택한 것은 긍정과 희망이었다. 그 단어들이 없었다면 그 시간들을 견디기 힘들었을 것이다.

2년 뒤, 서울에서 새로운 상사가 부임해 왔다. 그는 "너 같은 친구가 왜 아직 관리자가 되지 못했지?"라며 나를 끊임없이 응원해 주었다. 나는 훌륭한 리더 덕분에 대구에서 첫 여성 관리자가 될 수 있었다. 훌륭한 리더를 만나고 싶다면 자신도 누군가의 훌륭한 리더가 되어야 하며, 기다릴 줄도 알아야 한다.

회사는 동료애로 뭉쳐 일하는 곳이기도 하지만, 말 없는 전쟁터이기도 하다. 겉으로 드러내지 않아도 서로 경계하며 승진하기 위해 발버둥 치는 진흙탕이다. 그 진흙탕 속에 주저앉았다면 나는 누군가의 눈에 띄지 못했을 것이다. 포기하지 않고 긍정적인 마음으로 기다렸기 때문에 누군가에 의해 인정받았고, 결국 기다림을 보상받을 수 있었다.

　유리 천장은 눈에 보이지 않아 깨뜨리기 어렵기도 하지만 다행히 강철이 아니기 때문에 마음만 먹으면 언제든지 깨뜨릴 수 있다. 유리를 깨뜨리는 과정에서 피도 나고 상처도 생길 수 있다.

하지만 시간이 지나면
상처는 아물고 새롭게 돋아난 살은
더욱 강인하게 자신을 보호해 줄 것이다.

경험이 곧 **실력**이다

04

'겸손하되 당당하라.'

쉽지 않은 명제이다. 실력이 없으면서 겸손하면 굽실거리는 것처럼 비춰질 가능성이 크고, 일은 잘해도 겸손하지 않으면 거만하다는 말을 듣기 쉽다. 결국 겸허한 자세로 계속해서 배우는 수밖에 없다. 자녀가 학업에 소홀하면 많은 부모가 이렇게 말한다.

"배워서 남 주냐? 공부 좀 해라."

이는 학생에게만 필요한 말이 아니라 직장에서도 살아남기 위해 가슴에 꼭 품어야 할 진주 같은 말이다. 무엇이든 새로운 것을 배울 기회가 생기면 놓치지 말아야 한다. 실패에 대한 두려움 때문에 발전할 수 있는 기회를 놓치는 것만큼 어리석은 일도 없다. 직장에서 어떠한 업무를 맡기더라도 수용하고, 조직의 기대에 부응해야 한다. 본인이 잘 아는 업무, 전공과 관련된 업무, 비교적 수월한 업무만 선호하고 힘들거나 새로운 분야의 업무를 기피한다면 "여자는 어쩔 수 없어."라는 말을 듣게 되는 것은 물론, 회사에서 불필요한 존재가 되어 퇴사 위기에 몰릴 수 있다.

군대에서 '안 되면 되게 하라.'라는 말을 많이 사용한다. 이 말을 기준으로 삼으니 군대에서는 정말 안 되는 일이 없을 것 같다. 남성들은 조금 힘든 업무가 부여되어도 군대에서 많이 접한 이 명언(?)을 되새기며 잘 적응하려고 노력하는 반면, 여성들은 두려워하고 심지어는 '여자에게 왜 이런 일을 시키지?'라는 불평을 늘어놓는다.

때로는 본인의 업무가 아닌 일도 해야 하는 경우가 있다. 이럴 때 냉정하게 내치거나 투덜거리기보다 협력한다면 본인에게도 플러스가 되는 것은 물론, 동료들과 더 원활하게 소통할 수 있다. 당장은 도움이 되는 것 같지 않아 시간만 빼앗겼다는 생각으로 아쉬울 수 있지만, 이러한 경험들은 분명 성장의 기회가 된다. 세상에 공짜는 없는 법이다.

더 많이 경험하는 것을 꺼린다면 이룰 수 있는 것도, 배울 수 있는 것도 없다. 직장 생활을 하면서 가장 크게 실수하는 것은 실수를 두려워하는 것이다. 우리가 하는 모든 일은 처음부터 100% 확실한 것이 없다. 다만 잘될 것이라는 확신을 가지고 추진할 뿐이다. 추진 과정에서 예상치 못한 문제점이 발견되면 개선하고 수정하는 과정을 거치면 된다. 이 과정에서 노하우를 터득하여 고지에 도달하는 것이다.

누구나 익숙하지 않은 일, 새로운 일을 할 때는 실수를 할 수도 있다. 새로운 것에 도전하며 실수하는 사람은 실수하지 않는 사람보다 더 많은 것을 배울 수 있고, 그 경험은 결국 비장의 무기가 될 수 있다.

새로운 경험을 하는 데 가장 필요한 것은 관심이다. 카피라이터는 길을 걸으면서도 광고 카피에 시선을 두고, 음악가는 어딘가에서 나오는 음악에 귀를 기울인다. 은행에서는 현수막을 이용한 마케팅을 많이 한다. 그러다 보니 운전을 하면서도, 길을 걸으면서도 건물에 부착된 현수막에 시선을 빼앗기곤 한다. 그로 인해 고객의 시선을 끌기 위한 현수막의 구도, 글씨체, 색의 배합 등을 유심히 관찰하는 버릇이 생겼다.

그 덕에 영업점 경영평가에서 여러 차례 1등을 했다. 월 10~20만 원 정도의 현수막 제작 비용으로 효율적인 마케팅을 한 덕분이었다. 한 번은 펀드 상품을 홍보하기 위해 '10년쯤 보유하지 않을 주식이면 하루도 갖고 있지 말라.'라는 워런 버핏의 말과 그의 얼굴을 넣어 현수막을 제작했다. 그것으로 고객의 눈길을 사로잡는 데 성공했다. 직원들이 고객에게 직접 워런 버핏의 말을 전하는 것보다 훨씬 설득력이 있었다.

죽음보다 무서운 것이 무관심이라 하지 않던가.

관심과 호기심이 있어야 기회가 보인다.
항상 깨어 있어야 문제가 눈에 들어온다.

차곡차곡 쌓인 폭넓은 지식은 머릿속에 저장되고 분류되어 기회가 닿을 때 빛을 발하게 된다는 것을 명심하라.

배짱과 카리스마로 무장된 리더십을 길러라

05

어떤 일을 새롭게 시작할 때는 초기 3개월이 중요하다. 처음 일을 시작했을 때든, 이직을 했을 때든, 주요 보직을 맡았을 때든 마찬가지이다. 특히 강한 팀워크를 위해서는 선택과 집중을 통해 부단히 실행하는 초기 리더십이 중요하다.

리더는 솔선수범하여 팀원들에게 확신과 신뢰를 줄 수 있어야 한다. 새 근무지에 출근하는 첫날은 상황 파악이 되지 않아 비전이나 전략을 알릴 수 없지만 동료들에게 인생관, 포부 등을 전달해 강한 신뢰감을 유도해야 한다. 새로 부임하는 동료에게는 전화가 걸려 오기 전에 먼저 전화를 걸어 "같이 일하게 되어 반갑습니다."라고 손을 내미는 따뜻함을 보이는 것도 좋다.

첫 만남은 어색하고 긴장되게 마련이다. 하지만 그 시기를 잘 넘겨야 한다. 여성 리더는 상사로서의 신뢰와 여성에 대한 신뢰를 함께 보여 주어야 한다. 여성 리더와 일해 본 경험이 많지 않은 남성 직원들은 여성 상사에 대한 막연한 호기심이나 불안감을 가지고 있을 수 있다. 여성은 남성보다 섬세하기 때문에 더 철저하게 관리할 것이라는 일말의 기대도 있지만, 섬세함이 오히려 까다롭고 깐깐하게 보여 답답해할 수도 있다.

여성 리더는 이런 선입견을 뛰어넘어야 한다. 연약할 것 같지만 부러지지 않고, 부드럽되 믿음이 가야 한다. 깐깐함이 아니라 치밀함을, 고집이 아니라 확신을 보여야 한다. 말장난처럼 보일 수 있지만 작은 행동 하나, 말 한마디가 차이를 드러낸다는 것을 분명하게 인지해야 한다.

남성과 여성은 분명 다르다. 남성의 단점을 여성이 보완하고 여성의 단점을 남성이 보완한다면 여성이 관리하는 조직은 완벽한 팀워크를 이룰 수 있다. 남성의 추진력과 조직력에 여성의 소프트한 리더십이 합쳐진다면 금상첨화일 것이다.

최근 여성 상사가 점점 늘어나는 추세이기는 하지만, 여전히 거부감을 가지고 있는 보수적인 사람도 있다. 그러므로 남성도 여성과 더불어 일하는 법을 알아 가는 좋은 기회가 될 수 있음을 설명하며 확신과 신뢰감을 주어야 한다.

여기서 주의해야 할 것이 하나 있다. 조직을 이끄는 리더라면 항상 온화한 모습만 보여 주어서는 곤란하다. 본인의 의도와 달리 상사를 만만하게 볼 수 있기 때문이다. 여성 리더는 온화하면서도 단단한 카리스마와 리더십을 함께 보여 주어야 한다. 카리스마와 리더십은 남성을 상징하는 단어라고 생각하는 사람이 많은데, 이는 리더라면 누구나 갖추어야 할 덕

목이기도 하다.

지점장들이 모이는 회의장의 좌석은 지점별로 지정되어 있지만 회의가 끝나고 이어지는 만찬장에서는 자유롭게 앉아도 무방하다. 하지만 대부분의 조직은 그런 자리에서도 자연스럽게 서열순으로 앉곤 한다. 나는 그런 자리에 참석하면 홍일점이라는 이유로 상사 옆자리에 앉으라는 강요 아닌 강요를 받았다. 요즘 같으면 성희롱에 해당하는 행동이다.

나는 그런 자리가 편치 않았다. 여성이라는 이유로 서열을 무시하고 상사와 나란히 앉는 것도 불편했지만, 매번 좌석 배치로 밀고 당기기를 하는 것도 불편했다. 그런데 오히려 여자가 서열도 무시하고 상사 옆에 앉는다며 건방지다는 소문이 돌았다. 당사자인 나는 그 자리가 상당히 불편했는데, 다른 사람들은 다른 시선으로 바라보았던 것이다.

하지만 이런 일에 매번 반응할 수는 없다. 때론 심각하게 생각하지 않고 통 크게 생각하는 배짱도 필요하다. 작은 것에 상처받지 말고, 대범하게 지나칠 수 있는 현명함도 필요하다. 현대기아 자동차그룹의 디자인 총괄 사장 피터 슈라이어는 이렇게 말했다.

"인생의 가장 큰 리스크는 배짱을 가지지 않는 것이다."

다른 사람들의 시선이 아닌 조직이 원하는 성과를 내놓는 일이 훨씬 중요하다는 것을 항상 명심해야 한다.

'여자는 힘든 일을 하지 않으려고 한다.', '여자는 다른 사람에 대해 말하는 것을 좋아한다.', '여자는 결혼하면 금세 회사를 그만둘 것이다.' 등 여성에 대한 세상의 고정관념과 선입견은 분명 존재한다. 그리고 그 고정관념과 선입견에 대해 부응하는 사람도 분명히 있다. 그러나 고정관념은 깨지라고 있는 것이고, 선입견은 바꾸기 위해 있는 것이다.

유리 천장을 깨고 자신이 원한 바를 성취하고 싶다면 여성 스스로가 고정관념을 깰 수 있도록 주도적이고 진취적인 자세를 가져야 한다.

이런 생각과 자세는
유리 천장과의 싸움에서
단단한 갑옷이 되어 줄 것이다.

적극적으로 소통하는 **이그나이터**가 되어라

06

여성과 남성의 방식에는 차이가 있다. 후천적인 것도 있지만, 조상 대대로 물려받은 DNA의 본능 탓일 가능성이 더 크다. 일반적으로 여성들은 업무 성과와 쌓아 온 실력만으로 승부하려고 한다. 반면 남성들은 자신과 상대방의 연결 고리를 찾아내 공략하고 그것을 통해 승진에 필요한 지식과 기술을 준비한다.

이렇듯 일에 대한 시각과 접근 방식이 다르기 때문에 남성 중심으로 돌아가는 기업 문화와 비공식적인 네트워크는 여성을 힘들게 한다. 심지어 같은 결과에 대해서도 여성과 남성에게 다른 잣대를 적용하는 경우도 있어 여성들을 당혹스럽게 한다. 그러므로 여성 리더는 직장 내에서 소통에 적극적으로 나서 남성 중심의 문화를 바꾸는 '이그나이터(점화 장치)'가 되어야 한다.

10여 년 전, 모 대학에서 주관하는 금융 관리자 연수에 참가하게 되어 중국 상해를 방문한 적이 있다. 일정을 마치고 마무리하는 자리에서 분위기가 고조되어 노래방을 가게 되었다. 혼자 여성이었기 때문에 불편한 것도 있었고, 다른 사람들 역시 불편해 할 것 같아 총무에게 참석하지 않겠다고 양해를 구했지만, 그는 무조건 참석했으면 좋겠다는 의사를 밝혔다. 계속해서 고집을 부릴 수 없어 어쩔 수 없이 그 자리에 참석했다.

자리에 앉자마자 조선족, 한족 등 20여 명의 앳된 여성이 들어왔다. 연수 동기생들은 30여 분 동안 파트너를 정하느라 분주했다. 마음에 드는 물건을 고르듯 파트너를 고르는 장면은 여자인 나로서는 당황스러웠다. 순간 그들의 심리가 궁금하여 그들에게 마구 질문을 던졌다.

"딸과 같은 여성들에게 너무 비인간적인 행동이 아닌가요?"

"양심의 가책을 느끼지는 않나요?"

당황한 그들은 자신들도 편안한 마음은 아니라며, 군중심리로 인한 행동이라고 변명했다.

한국에 있는 외국 기업의 임원이 우리나라 직장인에 대해 토로한 기사를 본 적이 있다. 그는 전날 마신 술 때문에 지각하거나 술기운이 남아 있는 상태로 출근해서 일을 하는 둥 마는 둥 하는 것도 문제인데, 그런 행동이 잘못된 것이라고 생각하지 않고 오히려 관대하기까지 한 우리의 음주 문화를 지적했다.

나는 술을 한 모금만 마셔도 온몸이 발갛게 달아오르는 체질이라 주량이 소주 두 잔 정도이다. 술을 많이 마시지 않아도 함께 어울릴 수 있다는 것이 중요한데 무조건 술만 권하는 남성을 만나면 참으로 곤혹스럽다. 폭탄주를 일괄 제조해서 모두가 한 잔씩 비우는 것으로 의기투합하고 끊임없이 술잔을 돌리는 모습이 익숙한 사람이 많을 것이다. 술은 서로 교류하며 분위기를 살리기 위한 수단으로 생각해야 한다. 그렇지 않으면 오로지 술을 위한 분위기가 되어 술이 술을 먹는 형국이 될 가능성이 크다. 다행히 최근에는 술을 권하는 문화가 많이 줄어들긴 했지만, 그래도 상사나 선배의 억압에 의해 회식 자리에 끌려가는 음주 문화는 여전히 존재한다.

술은 건강을 해칠 뿐 아니라 음주운전, 성폭력, 폭언 등 갖은 사고로 이어진다. 금연에 버금가는 절주 운동으로 술에 대해 조금만 더 깐깐해진다면 여성 사회인이나 세상 아내들의 스트레스가 반으로 줄어들 텐데, 참으로 안타깝다.

물론 이런 남성 중심적인 문화에 완강하게 반기를 들어서도 곤란하겠지만, 순응해서도 곤란하다. 남성의 세계를 이해하되 술자리가 아닌 문화 행사, 인문학 강좌 등으로 분위기를 바꾸는 이그나이터가 되어야 한다. 술을 잘 마시는 것이 능력으로 인식되는 직장 문화를 조금씩 바꾸어 나갈 필요가 있다.

어떤 일이든 전체를 한꺼번에 바꾸려고 하면 힘들다. 내가 속해 있는 부서, 내 주변 문화부터 조금씩 바꿔 나간다면 오랫동안 존재해 온 조직의 문화도 차츰 바뀔 것이다.

함께 근무했던 동료가 인사 발령이 나면 송별 만찬 후 항상 2차로 노래방을 갔다. 그렇게 하자고 미리 정해 놓은 것도 아닌데, 언제부터인가 정식 코스가 되어 버렸다. 지난 일을 돌아보며 석별의 정을 나누어야 하는 자리이지만, 먹고 마시고 떠드는 자리로 변질되는 것이 못내 아쉬웠다. 그래서 몇 년 전부터 분위기를 바꾸었다.

송별 만찬이 끝나면 대화하기 좋은 전통찻집이나 분위기가 좋은 조용한 커피숍을 찾았다. 그곳에서 함께 사진도 찍고 대화도 나누며 송별의 아쉬움을 달랬다. 동료들은 색다른 송별 분위기에 어색해하면서도 여운이 남는 자리였다며 좋아했다.

또한 연극, 뮤지컬과 같은 문화 공연, 야구 관람, 지역 문화재 탐방, 인문학 강좌, 명사들의 미니 강의 등을 지속적으로 준비하여 동료들과 좋은 추억을 많이 쌓았다.

최근 기업 문화에 대한 화두가 심상치 않다. 좋은 문화가 뿌리내린 기업은 창조성, 생산성 등에서 탁월한 성과를 보여 준다. 기업 문화에 대한 CEO들의 관심이 점차 커지면서 자사만의 기업 문화를 만들고자 노력하는 조직이 늘어나고 있다. 물론 회사에서 자체적으로 기획한 기업 문화도 의미가 있지만, 현장에서 동료와 함께하는 리더의 움직임 역시 즉각적인 반응을 이끌어 낼 수 있다.

한 번도 먹어 보지 않았던 음식을 접하면 첫술을 뜨는 것이 상당히 어렵다. 하지만 자꾸 먹다 보면 어느새 익숙해져 이후에 다시 찾게 되기도 한다. 문화도 마찬가지이다. 처음에는 낯설지만 계속 접하다 보면 그것이 곧 내 삶의 일부인 것처럼 편안해진다.

문화 행사에 한 번 참여하면 기획사에서 행사 정보를 계속 알려 주기 때문에 시간이 지날수록 레퍼토리가 다양해지고, 동료들도 문화에 관심을 갖게 되어 동료들의 정보까지 보태지면서 선택의 폭이 훨씬 넓어진다. 이러한 분위기가 들불처럼 서서히 번져 나가면서 조직 문화가 분명 조금씩 바뀌어 나가는 것이다.

   여성이 소수라고 해서 무조건 남성들에게 맞춰야 하는 것은 아니다. 사람들은 몰라서 하지 않는 것일 수도 있고, 방법을 몰라 하지 못하는 것일 수도 있다.

이미 굳혀진 문화라고 해서 포기해 버리면
새로운 문화를 만들어 낼 수 없다.

   본인이 심지가 되어 불이 타들어 갈 수 있도록 해야 한다. 그 빛으로 어둠을 환히 밝히는 사람이야말로 진정한 리더이다.

조직에 녹아들어라

07

여성 리더 중에는 완벽주의자가 많다. 남성 위주의 사회에서 일 처리를 완벽하게 하지 못했다면 관리자가 되기 힘들었을 것이다. 여성이 가지고 있는 섬세함은 크나큰 장점이다. 상대적으로 섬세하지 못한 남성들이 미처 보지 못한 사소한 부분까지 볼 수 있고, 그 사소함이 결정적인 역할을 할 때가 상당히 많다.

그러나 상황에 따라 그 섬세함이 상대방에게 부담이 될 수도 있다. 남성 리더가 너무 마초적이면 여성이 힘든 것처럼 여성 리더가 너무 여성스럽거나 일거수일투족에 참견하면 상대방은 금세 지쳐 버린다. 또한 여성 리더가 완벽함을 추구하고자 하는 성향 때문에 동료를 믿지 못하고 모든 것을 컨트롤하려고 한다면 여성의 섬세함이 오히려 '여성은 까다롭고 하나부터 열까지 혼자서 다 하려고 한다.'라는 선입견을 심어 줄 수도 있다.

배려는 하되 너무 여성적일 필요는 없다. 과한 것은 부족한 것만 못하다고 하지 않던가. 이때의 여성스러움은 겉으로 드러나는 여성스러움이 아니라 여성이 가지고 있는 특성을 의미한다. '여성 리더들은 잔소리가 심하다.', '여성 리더들은 깐깐하고 까다롭다.', '여성 리더들은 까칠하고 신경질적이다.' 등 일부 남성 직원은 여성 상사와 일해 본 경험이 없으면서도 여성 리더에 대한 편견을 가지고 있다. 여성의 특성이 부정적인 면으로 보이지 않도록 그 특성을 제대로 활용할 수 있는 방법을 강구할 필요가 있다.

남성에게 "여성 리더에게 편견을 가지지 마세요."라고 말하기 전에 여성 스스로가 자신의 언행을 한 번 돌아보고 주의하면서 경쟁력을 키워 나가야 한다.

과거에 비해 인사평가 기준이 많이 달라졌다. 예전에는 서열과 조직 내 인간관계가 평가에 영향을 미치는 경우가 많았지만, 차츰 업무 능력과 성과를 따지는 역량 평가 방식으로 바뀌고 있어 남녀가 동등하게 경쟁할 수 있는 구조가 마련되어 가고 있다. 앞으로는 성차별 없이 실력으로 경쟁하게 될 것이라고 믿는다.

그러나 일을 하다 보면 운 좋게 본인이 예상한 시기에 승진할 수도 있지만, 그렇지 않을 때도 있다. 일반적으로 사람들은 스스로를 과대평가하는 경향이 있어 본인이 예상한 것보다 6개월에서 1년 정도 늦게 승진하는 경우가 다반사이다. 그래서 때로는 늦은 승진에 불만을 갖기도 한다.

자신보다 능력이 떨어진다고 생각되는 남자 동기들이 먼저 승진하면 성차별에 대한 의심까지 합쳐져 불만은 더욱 커진다. 승진이 늦더라도 불만을 토로해서는 안 된다. 여전히 남녀 차별이 존재함을 쿨하게 인정하라. 불만을 털어놓는다고 해서 상황이 달라지지는 않는다. 자신의 이미지만 나빠질 뿐이다.

먼저 태어났다고 먼저 죽는 것이 아닌 것처럼 먼저 승진했다고 그 순서가 영원한 순위가 되는 것도 아니다. 역전할 수 있는 기회는 얼마든지 있다. 자신을 먼저 돌아보라. 실력만 있는 것은 아닌지, 솔선하며 겸손한지, 동료들에 대한 배려와 협동심이 있는지, 팀원들에게 솔직하며 공정한지 등을 점검해 보아야 한다.

남자 동기들은 모두 승진했고 심지어 자신보다 현저히 능력이 부족한 동기까지 승진했는데, 본인은 또 승진에서 누락되었다며 불만을 토로한 중간 관리자 후배가 있었다. 그녀는 "여자인 게 죄냐."며 목소리를 높였다. 그러나 그 후배는 승부욕은 있으나 진정성이 부족하고 이기적인 성향이 강해 부하 직원들이 하는 상사 평가에서 좋은 점수를 받지 못했다. 기회가 있을 때마다 리더의 처신에 대해 조언했지만, 오랫동안 가지고 있던 성향은 쉽게 바뀌지 않았다.

승진이 늦어지면 상대적으로 남성은 잘 버티지만, 여성은 육아 등 이런저런 핑계를 늘어놓으며 그만둬 버리는 경우가 많다. 물론 어쩔 수 없는 개인적인 사정도 있겠지만, 한계를 뛰어넘지 못하고 경력을 포기하는 것은 너무나 안타까운 일이다.

아직까지 이 세상에 남녀 차별은 존재한다. 그 이중적인 잣대를 지혜롭게 넘어서는 사람만이 결국 성공을 손에 거머쥘 수 있다. 힘에 부치고 포기하고 싶다는 생각이 들어도 극복하기 위해 꾸준히 노력한다면 분명 승진의 자격이 생길 것이다. 잘 버티며 조직 생활에 적응하는 것도 능력이다.

  종종 어떤 능력이 필요한지 파악하지 못한 상태에서, 준비가 되어 있지 않은 상태에서 승진하는 경우도 있다. 이럴 경우, 제대로 대처하지 못하고 허둥댈 가능성이 크다.

**기회는 준비된 사람에게
먼저 도착한다는 것을 염두에 두고
항상 철저하게 준비해야 한다.**

  상대적으로 네트워킹이 튼튼하지 않은 여성들은 다양한 네트워크를 적극적으로 찾아 나서야 한다. 여성들끼리 네트워크를 맺거나 세미나, 여러 형태의 교류 모임 등 업무 외에도 다양한 행사에 적극적으로 참가하여 여러 업종의 사람들과 교류하는 기회를 가질 필요가 있다.

  물론 여기서도 진정성이 없는 네트워킹은 절대 금물이다. 당장은 그 모임이 아무 도움이 되지 않을 수 있지만, 진정성을 가지고 사람들과 교류하다 보면 시간이 흐른 뒤 우연히 도움을 받거나 도움을 주면서 옷깃만 스쳐도 인연이라는 뜻을 실감하게 될 것이다.

좋은 전략보다
끊임없는 실행이 중요하다

08

'**여성**'이라는 수식어는 약점이 아닌 경쟁력이 될 수 있다. 물론 '탄탄한 실력을 겸비한'이라는 전제하에서 말이다. 나는 시간이 지나면서 일을 할 때 전혀 주눅이 들 필요가 없다는 것을 깨달았다. 초기에는 '다른 사람이 나보다 똑똑해서 더 좋은 전략을 가졌을지도 몰라.' 혹은 '내 판단이 너무 여성적이지 않을까?' 하는 불안감에 사로잡혀 얼마나 힘들었는지 모른다.

그 당시에는 나를 지지해 줄 멘토가 없었다. 그로 인해 홀로 불안감과 싸워야 했다. 형체 없는 불안감은 그대로 두면 점점 커져 결국 영혼까지 삼켜 버리고 만다. 그런 사실을 잘 알고 있었기 때문에 서둘러 불안감을 털어 내고, 매 순간 열정과 노력으로 무장하여 최선을 다하겠다고 다짐하고 또 다짐했다. 그리고 현재의 위치에 설 자격이 충분하다며 스스로를 격려해 주었다.

여성의 입지는 참 애매하다. 여성이 과감하고 진취적인 카리스마를 보이면 '여자가 거세다.'라고 평가하고, 섬세함으로 부드럽게 접근하면 '여자라서 답답하다.'라고 평가하는 경우가 많다. 여성이 남성처럼 억세져야 성공하는 것은 아니다. 남성에게도 남성이기 때문에 부딪히는 한계가 존재하듯이, 여성이기 때문에 부딪히는 한계가 있는 것은 당연하다. 한계에 부딪히면 여성임을 수용하고 긍정하며 실력과 여성의 장점을 부각시켜 여성스러움으로 승부하면 된다.

여성에게는 남성들이 모방할 수 없는 모성이 있다. 모성은 강함과 따뜻함, 부드러움을 동시에 가지고 있다. 이러한 여성스러움을 잘 활용하여 역량을 확대해 나가야 한다.

직장맘의 경우 아침은 분초를 다투는 방송국 뉴스센터와 같다. 화장하고 옷을 갈아입으며 유치원에 가는 아이와 출근하는 남편을 챙기기 위해 집 안을 이리저리 달린다. 이렇게 가사와 육아 등 여러 가지 일을 동시에 해내야 하는 여성들은 일을 추진할 때 우선순위를 정하고 시간을 배분하며 전략적으로 접근하는 능력이 탁월하다.

과거가 강한 리더의 시대였다면 이제는 유연성과 배려, 감성을 갖춘 리더의 시대이다. 남성들도 남자다움을 털어 내고 유연성을 터득해야 한다. 여성의 장점은 감추어야 할 것이 아니라 극대화시키고 살려 나가야 할 중요한 요소가 되었다.

성공은 성별의 문제가 아니라 실행력의 문제이다. 마케팅의 예만 보아도 그렇다. 마케팅의 성과는 여러 가지 전략적인 아이디어를 구상하여 끊임없이 실행하는 데 있다. 다시 말해 좋은 전략보다 끊임없는 실행력이 성패를 가르는 것이다. 닛산 자동차의 카를로스 곤 사장은 이렇게 말했다.

> "아이디어는 5%뿐, 실행이 전부이다."

여러 성공 사례를 분석해 보면 특별한 전략보다 작은 것도 놓치지 않고 실패와 위기에도 굴하지 않는 끊임없는 실행력이 비결이었다.

매년 1월이면 전국의 지점장들이 한자리에 모여 그 해의 전략 방향, 전년도 실적 우수 사례들을 공유하며 각오를 다진다. 나는 여성 지점장으로는 처음으로 2009년 전국지점장회의 석상에서 '디테일의 힘'이라는 제목으로 영업점 경영실적평가 우수 사례를 발표하는 영광을 안게 되었다.

그 당시 전국 지점장 900여 명 중 여성 지점장이 10명 남짓이라 많은 사람이 '여성 지점장의 경영 전략이 남성 지점장들에게 메시지를 줄 수 있을까?'라고 염려했지만 이는 기우에 불과했다. 지극히 여성적인 내용이었지만, 남성 지점장들의 반응은 뜨거웠다. 사내 방송을 통해 1만여 명의 직원이 시청했고, 예비 지점장 교육 과정에서 나의 사례가 개인 영업과 감성 마케팅의 교본으로 활용되었다. 이것이 바로 여성성의 진가가 아닐까?

지금은 그 당시와 시대도 변했고, 더 좋은 아이디어들이 있겠지만, 현장에서 일하는 여성들에게 조금이나마 도움이 될까 싶어 발표 내용을 세 가지로 요약하여 소개한다.

첫째, '고객중심 경영'을 핵심 가치로 정하고 동료들이 한 방향으로 움직일 수 있도록 명확한 비전을 제시했다. 실행 방안을 구체적으로 제시하고 지속적으로 피드백을 하여 실행의 격차를 최대한 줄임으로써 효율을 높였다.

둘째, 서비스업에서는 상대에 대한 신뢰감이 모든 것의 기본이라는 생각으로 철저하고 완벽하게 업무를 준비했다. 역할극을 활용한 업무 교육과 이미지 메이킹 전문가의 컨설팅 등을 통해 동료들에게 자신감을 심어 주며 고객들로부터 신뢰를 얻어 낼 수 있도록 이끌었다.

셋째, 아주 사소한 것부터 고객 지향적으로 접근하여 여러 가지 이벤트를 매월 지속적으로 실시하고 작은 것에도 정성을 다하며 충성 고객을 늘렸다.

지속적으로 진행했던 이벤트 내용은 다음과 같다. 자칫하면 알맹이가 없어 스팸 문자로 분류되기가 쉬운 휴대폰 문자메시지에도 정성을 담았다. 유익한 정보를 단정하게 담아 실명으로 보내 스팸 메시지가 아닌 반가운 문자가 되도록 하고, 다양한 이벤트로 친밀감을 유도했다.

1월에는 연하 화분을 통해 새해 인사를 전했고, 2월에는 CEO 초청 강연회와 정월대보름 부럼깨기 행사를 진행했다. 3월에는 거래 기업의 제품 나누기 행사를, 4월에는 거래 기업 현장에서 종업원을 대상으로 재테크 상담을 진행했다. 5월에는 어린이날과 부부의 날 행사를, 6월부터 8월까지는 옥포 수박, 고령 감자, 경산 복숭아, 의성 마늘 등 지역 농산물 나누기 행사를, 9월에는 지역 내 성공한 CEO의 자서전 등 책 나누기 행사를 진행했다. 그리고 10월에는 거래 기업 경리 실무자를 위한 소품 나누기 행사를, 11월에는 수능 대박 기원 편지와 김장용품 나누기 행사를 진행했다. 마지막 12월에는 거래 기업 CEO를 초청하여 결산 및 신용평가 관련 세미나와 추억의 붕어빵을 즉석에서 구워 나누어 주는 행사를 진행했다.

그리고 요리 실력이 뛰어나지는 않았지만 지점 내에 조리 시설이 되어 있지 않아 점심 식사와 야식을 외부 식당에서 먹을 수밖에 없는 동료들을 위해 한 달에 한 번은 앞치마를 두르고 직접 음식을 준비했다. 한약재를 넣고 삶아 낸 돼지고기 수육, 1등급 쇠고기로 만든 카레라이스, 포항에서 직접 배송 받아 바로 쪄 낸 대게, 대추와 인삼 등을 넣고 끓인 삼계탕 등을 내놓으면 동료들은 기대 이상으로 기뻐했다.

경청하라, 쉽게 **말하라**, 명확하게 **질문**하라

09

결혼한 커리어우먼 중에는 가정과 아이들을 돌보기 위해 빠르게 귀가해야 하는 경우가 많다. 그로 인해 퇴근 후에 술자리를 가지며 연대감을 다지는 남성들보다 상대적으로 소통의 기회가 적을 가능성이 크다. 그러나 걱정할 필요는 없다. 신경정신학자인 루안 브리젠딘은 이렇게 말했다.

"여성은 하루 2만 단어를 말하지만 남자는 7천 단어를 말한다. 딸이 아들보다 소통에 압도적이며, 여성은 수다 때문에 병이 적다."

시간이 부족한 만큼 짧은 시간에 효율적으로 소통할 수 있는 방법에 대해 생각하고, 적극적으로 소통하기 위해 힘쓰면 차이를 극복할 수 있다.

탈모 때문에 머리숱이 많았던 남자 직원이 고심 끝에 부분 가발을 하고 출근했지만, 한 달이 지나도록 아무도 알아 보지 못했다며 쓸쓸해했다. 바쁜 일과에 묻혀 지내다 보면 동료의 변화에 무감각해질 수 있다. 변화를 준 헤어스타일, 새로 산 옷이나 넥타이, 구두 등을 잘 관찰하여 동료의 변화에 적극적으로 반응하고 공감하며 칭찬으로 소통해야 한다. 여성의 장점을 조금만 끄집어내면 충분히 실행할 수 있는 부분이다.

귀가하여 하루 동안 있었던 일을 풀어놓고 싶은데 남편이 스마트폰 게임에만 몰두하고 있다고 가정해 보자. 게임을 잠시 중단하고 이야기 좀 들어 달라고 요청해도 남편은 듣고 있으니 말하라며 게임을 멈추지 않는다면 어떨까? 아내는 머릿속이 산만해지고 말하고자 하는 초점도 잃어버릴 것이다.

결재 중이거나 자료를 보고 있을 때 동료가 들어와서 무슨 말을 건네면 하던 일을 바로 멈추고 동료의 말에 집중해야 한다. 상하 간 거리감을 줄이고 의사소통을 할 수 있는 분위기를 조성하는 것이 중요하다. 경청은 소통의 가장 기본이다.

회의 중에 한 손으로 볼펜을 돌리는 직원을 보면 '저 친구는 회의에 집중하고 있는 걸까?'라는 의문이 든다. 휴대폰도 마찬가지이다. 회의 중에 휴대폰을 계속 만지작거리는 것도 소통에 방해가 된다. 리더는 그런 사람들의 잘못을 바로잡아 주고, 올바른 소통 분위기를 형성해 주어야 한다.

경청이 소통의 기본 소양이라면, 대화는 소통의 도구이다. 상사와 부하는 경험의 차이가 있고 잣대가 다르기 때문에 상대방의 눈높이에 맞춰 쉽고 정확하게 말해야 한다. 인간은 자기중심적 사고를 하는 경향이 있어 상사가 말하는 의미를 제대로 이해하지 못했으면서도 자기 나름대로 해석해 버리곤 한다. 이럴 경우 미스커뮤니케이션으로 일에 차질이 생길 가능성이 크다.

　미국의 오바마 대통령은 어려운 단어를 사용하지 않고도 청중들에게 감동을 주는 연설을 하는 것으로 유명하다. 그는 공화당에서 대통령 후보자로 결정된 후 수락 연설에서 이렇게 말했다.

> "나처럼 기회만 주어진다면 발전할 수 있는 미국의 젊은이들을 위한 대통령이 되겠다."

　또한 대통령 당선 연설에서는 "100년 전에는 여자라는 이유로 또는 흑인이라는 이유로 투표를 하지 못했지만, 100년이 지난 지금 102세의 흑인 할머니께서 투표를 하셨다. 앞으로 100년 뒤 더 발전하는 미국을 만드는 데 최선을 다하겠다. 미국이 위대한 나라인 것은 처음부터 위대해서가 아니라 위대하기 위해 계속 발전하기 때문이다."라고 말했다. 이 문장에서 어려운 말이 있는가?

　비즈니스 용어 중에 '엘리베이터 스피치'라는 것이 있다. 엘리베이터 안에서 사장을 만난다고 가정해 보자. 주어진 시간은 60초. 이 짧은 시간에 사장을 설득할 수 있어야 한다는 것이다. 그러려면 어렵고 긴 문장보다 간결하게 의사소통을 할 수 있어야 한다.

　요리를 해 본 경험이 많지 않은 나에게 요리는 어려운 일이다. 어머니께 요리하는 법을 물어보면 '약간', '조금', '대충', '살짝' 등과 같은 말을 많이 사용하신다. 이런 애매한 표현은 내게 쉽게 와 닿지 않는다. 그렇지만 어머니는 오히려 나에게 "아둔하다."고 편잔하신다. 몇십 년 동안 가족을 위해 요리하신 어머니에게는 '약간', '조금', '대충', '살짝' 등이 '몇 숟가락'보다 더 정확한 계량법이겠지만, 나에게는 아니다.

    부하 직원도 마찬가지이다. 상사의 말을 제대로 알아듣지 못한다고 해서 답답해할 것이 아니라 내가 어렵게 말하고 있는 것은 아닌지 점검해 보아야 한다. 쉽고 정확한 표현도 노력하다 보면 익숙해진다.

    때때로 연수 과정에 참여하면 나는 늘 홍일점이었다. 혼자 쓰는 여자 화장실과 달리 남자 화장실은 언제나 만원이었고, 짓궂은 남자 연수생은 여자 화장실을 넘보며 부럽다는 농담을 던지기도 했다. 그러나 홍일점이기에 강의 시간마다 강사들의 질문 표적이 되어 어떻게든 졸음을 쫓아내며 집중해야 했다.

    커뮤니케이션 컨설턴트사인 룬드버그 미디어의 대표 애비 룬드버그는 이렇게 말했다.

> "훌륭한 리더는 의미 있는 질문을 던지고 답변에 귀를 기울인다."

    부하 직원을 집중시키고 생각할 수 있도록 돕기 위해서는 일방적으로 말하기보다 질문하고 대답하는 쌍방향 대화법을 활용해야 한다. 질문은 상대방을 대화에 끌어들이기 좋은 방법일 뿐 아니라 더욱 깊이 생각하게 하고, 서로의 간격을 확실하게 줄여 준다.

튀어 보이는 것만이
능사가 아니다

10

여성이라고 주눅이 들 필요는 없다. 어디에서나 성별의 문제가 아니라 역량의 문제를 고민해야 한다. 2003년에 있었던 일이다. 전통 재래시장의 쇠퇴로 시장 인근에 있는 영업점의 경영 실적이 계속해서 나빠지자 회사에서는 의욕적인 지점장을 공모하여 실적을 올리고자 했다.

나는 고민 끝에 지점장 공모에 지원했다. 서류 면접을 거친 뒤 전무이사를 비롯한 10여 명의 임원진 앞에서 면접을 보았다. 예상 질문에 대한 답변과 하고 싶은 말을 요약한 메모지를 손에 들고 있었지만, 전혀 기억이 나지 않을 정도로 상당히 긴장했다. 그런데 나는 운 좋게도 대구·경북 지역 첫 여성 지점장이자 첫 공모 지점장으로 부임하게 되었다. 몇 개월 뒤, 회의를 위해 대구에 온 전무가 어려운 환경이지만 좋은 성과가 있기를 기대한다며 면접 때 나를 좋게 보게 된 에피소드를 들려주었다.

"시끌벅적한 재래시장이라 여성 지점장보다 걸걸하고 술도 잘하는 남성 지점장이 적합하지 않겠느냐고 물었더니 허 지점장이 남편들은 셔터맨일 뿐이고, 아내들이 장사하고 자금도 관리하기 때문에 여성 지점장이 적합하다고 자신 있게 말했지. 그러면서 당차게 도전해 보겠다는데 안 넘어갈 수가 있나?"

어느 대학 신입생 면접에서 전국에 이발소가 몇 개인지 질문했다고 한다. 아버지가 이발소를 운영하고 있어도 쉽게 맞추기 어려운 문제이다. 면접자가 이처럼 황당한 질문을 하는 것은 정답을 듣고자 하는 게 아니라 위기 대처 능력을 보겠다는 의도이다. 그러므로 어떤 질문을 하더라도 주눅 들지 말고 자신감을 가지고 당당하게 말해야 한다. 만약 자존심이 상하는 질문을 받더라도 면접관과 말싸움을 하는 것은 금물이다. 최근에는 유창한 말솜씨나 능력보다 태도와 자세를 더 중요시하고 있다.

동료가 전문심사역(기업이 필요한 자금을 은행에 요청했을 때 자금 지원 여부를 심사하는 사람) 면접을 치르게 되었다. 그는 업무 지식도 풍부하고 고객들의 평판도 좋았지만, 평소 자세가 반듯하지 못하고 목소리가 작아서 자신감이 없어 보였다.

그에게 장단점을 이야기해 주고 단점을 보완하는 방법을 조언해 주었다. 예상 질문에 대한 답변을 연습하면서 목소리를 키우는 리허설을 했다. 답변을 할 때는 결론부터 제시한 뒤 부연 설명을 하고, 되도록이면 쉽게 말하되 단답형으로 끝내지 말고 설명을 곁들이는 방식을 선택했다. 또 시작하는 말과 끝나는 말에 힘을 주어 포인트를 살리는 연습을 했다. 덧

붙여 면접관의 눈에 시선을 고정해 주목을 끌어야 한다고 조언했다. 그는 결국 합격했다. 반듯한 자세와 씩씩한 목소리에서 신뢰감을 준 것이다.

또 하나의 사례를 소개한다. 은행은 정규직과 단순 창구 업무만을 전담하는 비정규직으로 구분해서 채용하지만, 근무 성적이 우수한 비정규직 직원은 정규직 전환 시험을 통해 정규직이 될 수 있다. 비정규직인 동료가 1차 시험에 합격해 면접을 보게 되었다. 정규직으로도 손색없는 동료였기 때문에 우리는 그녀가 꼭 합격하기를 기원했다. 나는 그녀가 면접 당일에 입고 갈 의상과 메이크업을 체크해 주었다. 그녀가 소지하고 있는 브로치 중에서 가장 잘 어울리는 것을 골라 재킷에 달아 주었고, 달랑거리는 것보다는 귀에 고정되는 귀걸이가 서비스맨에게 어울릴 것 같아 평소 아끼던 귀걸이를 빌려 주었다. 예상대로 그녀는 합격했다.

기업 컨설턴트인 신시아 샤피로는 "면접에서 말솜씨가 미치는 영향은 6%에 불과하다. 56%는 몸짓, 38%는 목소리 톤이다."라고 말했다. 그만큼 태도와 자세가 중요하다는 의미이다.

면접은 졸업을 하고 입사를 할 때만 치러지는 것이 아니다. 승진을 위한 면접도 있고, 이직을 위한 면접도 있다. 더 넓게는 상사, 클라이언트, 거래처 등과 하루하루 면접을 치러야 한다.

화려함보다 자신의 직위와 상황에 맞는
이미지 연출이 자신을
더 돋보이게 한다는 사실을 기억하라.

모든 것의 기본은 **진정성**이다

11

　　　　　　1994년에 개봉한 〈34번가의 기적〉이라는 영화가 있다. 맞은편에 들어선 현대식 백화점에 밀려 고전을 면치 못하던 백화점에 주인공 크리스가 크리스마스 시즌에 산타로 분장하여 일하게 되면서 반전을 맞이하게 되는 내용이다. 크리스는 크리스마스 선물을 사러 온 고객들에게 자사의 상품을 소개하는 것이 아니라 어디에 가면 원하는 선물을 더 싸게, 더 좋은 서비스를 받으며 살 수 있는지 친절하게 알려 준다. 그의 진심과 감동이 전해져 고객들은 계속 몰려들고 경영에 어려움을 겪고 있던 백화점은 기사회생한다.

　사람을 대할 때는 진심이 담겨야 하고, 그 마음이 상대방에게 전달되어야 한다. '친절히 모시겠습니다.'라고 적힌 어깨띠를 둘렀지만 정작 고객들에게 불친절하다면 생각과 말이 행동으로 연결되지 않아 진정성이 느껴지지 않는다.

"우리 회사는 직원들이 보배이다."라고 말하면서 직원들의 복지에 무관심하거나 회사가 조금 어려워지면 급여를 깎아 버리는 리더는 진정성이 없어 부하 직원들에게 신뢰를 받을 수 없다. 리더가 신뢰를 얻지 못한다면 그 회사는 오래가지 못한다.

말이 통하지 않는 외국인도 저 사람이 나를 칭찬하는지, 욕하는지 눈치로 알아차린다. 그것이 바로 사람의 '촉'이다. 목표 달성을 위해 상품을 권하고 마음에도 없는 형식적인 대화를 하면 상대방은 금방 알아차린다. 그로 인해 지속적인 관계를 유지하지 못한다. 용건이 있을 때만 상대방을 환대하고, 다른 경우에는 무관심하다면 서비스맨으로서의 자격이 없는 것이다. 상대방을 행복하게 만드는 것이 서비스맨의 진정한 역할이라는 것을 명심해야 한다.

정직한 자세로 상대방에게 신뢰를 얻는 것이 가장 중요하다. 진정한 판매란 상품 판매가 목적이 아니라 고객에게 상품의 장단점을 알리고 고객이 필요한 상품을 선택할 수 있도록 정확한 정보를 제공하는 것이기 때문이다.

특히 금융기관은 이런 잣대가 더욱 엄격하게 적용된다. 몇만 원 하는 머리 손질도 믿음이 가지 않으면 맡기지 못하는데, 몇천만 원의 재산을 맡기는 데 신뢰가 없다면 누가 은행으로 발길을 돌리겠는가. 꾸준한 자기 관리를 통해 고객에게 신뢰감을 줄 수 있어야 한다.

2000년부터 2012년까지 12년 동안 세계 최고 교육복지국가인 핀란드를 이끌어 온 타르야 할로넨 대통령은 정파에 휩쓸리지 않는 국정 운영으로 임기 중에 88%에 달하는 국민 지지율을 이끌어 냈다. 핀란드 최초의 여성 대통령으로서 국민의 사랑을 받은 비결이 무엇이냐는 질문에 그녀는 '진실함'을 꼽았다.

프랑스의 귀족 화장품 '시슬리'의 성공 비결 역시 타르야 할로넨 전 대통령과 일맥상통하는 부분이 있다. 시슬리의 CEO인 필립 도르나노와 창업주인 위베르 이자벨 도르나노 부부는 최고의 제품을 만들겠다는 열정과 제품에 대한 진실성이 오늘날의 시슬리를 만들었다고 말했다. 이 부부는 38년 전, 식물성 재료만 고집하면 원가가 너무 높아져 상품성이 없다는 비난에 부딪힐 때마다 가격에 구애받지 않고 최고의 제품을 만들겠다는 의지로 시슬리를 세계적인 브랜드로 키웠다. 시슬리는 자외선 차단 성분을 함유하고 있지만, SPF(자외선차단지수)를 별도로 표기하지 않는다. SPF가 아무리 높아도 기능을 유지하려면 두세 시간마다 한 번꼴로 발라야 하는데, 이런 제품은 아침에 한 번 바른 뒤 메이크업을 하고 나면 다시 바르기 어렵기 때문이라는 것이다.

이자벨은 "SPF를 표기하자!"는 주장에 대해 "명백한 소비자 기만이다."라고 펄쩍 뛰며 반대했다고 한다. 제품의 진정성을 우선시하는 경영철학을 가지고 있었기 때문이다.

어떤 충성 고객은 지점장이 새로 부임하면 본인이 거래하는 지점이 잘되기를 바라는 마음으로 동료들에 대한 평판을 들려준다. 동료들이 실적을 위해 고객에게 적합하지 않은 상품을 권하거나 상황에 따라 말이 달라진다는 평판을 들을 때면 마음이 무겁다. 일을 조금 더 잘하고 못하고는 지속적으로 교육하고 경험을 나누면 되지만, 진정성이 없는 동료를 만나면 리더로서 마음이 무거울 수밖에 없다.

진정성이 없는 마케팅은 당장은 성공하는 듯 보여도 지속적인 인연으로 이어지지 못한다. 마케팅은 100m 달리기가 아닌 마라톤이기 때문에 진심 어린 마음으로 나를 보이는 것이 최우선 과제이다. 리더는 유혹이 있더라도 흔들리지 않을 확고한 철학을 가지고 있어야 한다. 그래야 품격 있는 리더가 될 수 있다.

비빔밥 전문 식당을 운영하는 주인이 '우리가 파는 것은 비빔밥이 아니라 고객의 건강이다.'라고 생각한다면 재료 하나하나에 주인의 양심과 정성이 묻어날 것이다. 그 마음은 고객에게 고스란히 전달될 것이고, 그 식당은 손님들의 발길이 끊이지 않을 것이다.

이때 주의할 것은 자신의 감정을 드러내지 않고 서비스해야 하는 감정노동과 진정성을 혼동하지 말아야 한다는 것이다. 현대 사회에 존재하는 모든 업은 사람을 상대로 하며, 그들의 삶을 풍요롭게 하기 위한 것이다. 이것이야말로 진정성이 모든 것의 기본이 될 수밖에 없는 이유이다.

마케터의 마음을 가져라

12

　　　　　　　　배고파 본 사람이 가난한 사람의 마음을 더 잘 헤아릴 수 있듯이 자신을 누구보다 사랑할 줄 아는 사람이 다른 사람도 사랑할 수 있다. 다른 사람을 사랑하기 위해서도 자신을 충분히 사랑해야 한다. 자신은 사랑하지 않으면서 무엇인가를 사랑할 수 있다고 말하는 것은 궤변이다. 자신에 대해 무한한 애정을 가져야 한다.

　'성공=열정'이라고 할 정도로 열정 없는 성공은 불가능하며, 그 열정은 자신에 대한 애정에서 출발한다. 불행한 사람이 상대방에게 행복을 전해 줄 수 있을까? 마음에 분노가 가득하고, 항상 화가 나 있는 사람은 상대방을 불안하고 불편하게 만든다. 자신이 행복해야 진심 어리고 따뜻한 마음을 상대방에게 전할 수 있고, 상대방이 발전할 수 있도록 제 역할을 다할 수 있다.

　고객에게 충실해서 고객을 발전시키는 것이 마케팅의 본질이라면 먼저 고객에게 필요한 것이 무엇인지 알아야 한다. 고객에게 필요한 것이 무엇인지 알려면 고객에 대해 잘 알아야 하고, 고객을 잘 알려면 고객과의 접점을 많이 만들어야 한다. 고객과의 깊은 유대는 고객이 표현하지 않는 것까지 알 수 있게 한다.

따뜻한 마음으로 상대방과 진심 어린 관계를 맺고 그들이 바라는 것을 만족시키고, 여기에 열정을 쏟는 것이 진정한 서비스이다. 만약 여러 사람이 같은 공간에서 고객과 대화를 나누었다고 생각해 보자. 각자의 마음가짐과 관심사에 따라 고객과의 대화에서 얻게 되는 정보의 수준이 다르다. 단순한 대화로만 생각했다면 허무하게 시간만 보낸 결과가 될 것이고, 고객을 알 수 있는 기회로 생각했다면 고객에 대한 유익한 정보를 얻게 될 것이다.

고객은 의외로 거창한 것보다 기대하지 않았던 작고 따뜻한 것에 감동한다. 예를 들면 개인 정보가 들어 있는 서류는 그냥 버리기에 찜찜하다. "그냥 버리시기에 신경 쓰여서 보관하고 계시는 공과금 영수증, 서류 등을 저희에게 주세요. 파쇄기에서 폐기해 드릴게요."라고 말하면 고객은 섬세한 배려에 감동한다.

고객들에게 선물을 전달하는 것도 좋은 방법이다. 꼭 거창하거나 비쌀 필요는 없다. 나는 손자의 첫돌을 앞둔 고객에게는 편지와 함께 멜로디북을 선물해 주었고, 며느리가 출산을 앞둔 고객에게는 산모용 미역을 선물해 주었으며, 아들의 입대를 앞둔 고객에게는 가족이 함께할 수 있는 영화 초대권을 선물해 주었다.

리츠칼튼 호텔에서는 이 같은 서비스를 '와우 경험'이라고 한다. 사소하더라도 기대하지 않았던 서비스를 받은 고객들이 '와우(Wow)' 하고 놀란다는 의미이다(리츠칼튼 호텔은 1992년과 1999년 두 차례에 걸쳐 미국 상무부가 모든 서비스 기업을 대상으로 최고의 제품 생산과 서비스 기업에 수여하는 '맬컴 볼드리지 국가 품질상'을 수상했다. 이 상은 한 번 받으면 7년을 기다려야 후보 자격을 다시 얻을 수 있다.).

과연 리츠칼튼 호텔은 어떤 서비스로 이런 평가를 받은 것일까? 만약 한 고객이 만성 두통이 있어 호텔에서 두통약을 찾았다면 호텔 측에서는 정보를 공유하여 그 고객이 다른 도시의 리츠칼튼 호텔에 투숙했을 때 방에 두통약을 챙겨 놓는다. 또한 고객이 단추가 떨어진 와이셔츠를 세탁실에 맡겼다면 고객이 부탁하지 않았다 해도 단추를 달아 돌려 준다. 이뿐만이 아니다. 부모가 어린아이를 안고 식당에 오면 유아용 키 높이 의자를 제공하고, 호텔 로고가 박힌 인형을 가져다준다. 고객의 요구를 예상하고 서비스에 최선의 헌신을 다함으로써 고객에게 잊지 못할 특별한 '와우' 경험을 선사하는 것이다.

이민 초창기에 미국의 한인 교포들이 가장 많이 뛰어든 업종은 세탁소였다. 배달 문화가 없던 미국에서 교포들은 단추나 단이 떨어진 것을 무료로 달고 꿰매서 집집마다 세탁물을 배달해 준 것으로 인기를 끌었다. 미국인들이 얼마나 좋아했을지 상상이 된다. 마케터의 마음은 보이는 곳에서만 드러내는 것이 아니다. 보이지 않는 곳에서도 마음이 살아 있어야 한다.

결혼식장이나 호텔에 과자와 빵을 납품하는 거래 기업이 있었다. 이 회사는 시설 규모를 키우면서 자금 사정이 여의치 않아 대출 이자를 제때 내지 못했다. 이 상황을 지켜보다 공장을 방문했다. 거래 기업의 사장은 위기를 극복하기 위해 직원 5명과 함께 하루 15시간 동안 현장에서 조업을 했다. 몇 달 동안 월급을 받지 못하면서도 사장의 인간성에 매료되어 계속 근무 중이라는 본부장은 관리를 총괄했고, 아내는 수금을 담당했다.

나는 거래 기업을 방문하면 항상 화장실과 주변을 살핀다. 그것이 기업의 첫인상이 되고 이를 통해 CEO의 경영 마인드를 읽을 수 있기 때문이다. 식품 회사답지 않게 곳곳에 쓰레기가 널려 있었다. 본부장이 안내한 사장실에서는 퀴퀴한 담배 냄새가 났다. 벽에 걸린 어두운 그림, 두껍게 먼지가 앉은 서류, 어울리지 않는 장식품들이 어우러져 사장실이 아닌 창고 같다는 인상을 받았다.

현장을 둘러보며 자금이 어렵게 된 경위와 향후 자금 사정 등에 대한 대화를 나누었다. 담배를 피우던 손으로 과자를 만드는 것과 신사복 바지 위에 걸친 때 묻고 꾸깃꾸깃한 위생복 등은 개선되었으면 좋겠다고 제안했다. 하루 15시간 조업하는 것도 중요하지만, 주변 환경이 깨끗하고 정리 정돈이 잘 되어야 작업 능률도 높일 수 있고, 회사 이미지를 바꿀 수 있다며 여러 사례를 소개했다.

은행으로 돌아와 열악한 환경에서 땀 흘리는 직원들을 응원하기 위해 과일을 보냈다. 사장은 "대출 이자도 제때 내지 못하는 고객을 방문해서 격려해 주고 도움이 되는 메시지를 전달해 준 것도 감사한데 과일까지 보내 주니 눈물이 난다. 그동안 포기할까도 여러 번 생각했는데 다시 이를 악물어야겠다고 마음을 다잡았다."라고 말했다.

작은 관심이 고객에게 용기와 희망이 되었다니 참으로 보람찼다. 그 기업을 방문해 그들의 상황에 귀 기울이며 나름의 제안을 한 것도, 그곳을 떠난 뒤 그들을 응원할 수 있었던 것도 그 기업에 대한 진심이 담겨 있었기 때문이다. 진심이 통한 것일까. 그 기업은 다행히 조금씩 자금 사정이 나아져 은행 거래도 정상화되었다.

우수 고객의 딸이 결혼을 하게 되었다. 평소에 많은 도움을 받고 있던 터라 결혼식에서 도울 일이 없을까 고민하다가 축의금 접수를 하게 되었다. 결혼식이 끝난 뒤 '새 출발'이라는 의미를 부여하여 백화점에서 사은품으로 받은 새 가방에 정리한 축의금을 담아 고객에게 전달했다. 아무것도 아닌 사소한 일일 수 있지만, 나중에 사실을 알게 된 고객은 큰 감동을 받았다며 더 큰 도움을 주었다.

제조업이든 서비스업이든 모든 업은 마케팅과 연결된다. 마케팅은 무언가를 파는 것이지만 파는 것에만 초점을 맞춘다면 그것은 단순한 상술에 지나지 않는다.

마케터는 그것을 왜 파는가에 대한 본질을 결코 잊어서는 안 된다.

거울은 절대
먼저 웃지 않는다

13

　　　　　　　　　　첫 만남에서 사람들은 얼굴을 보고 상대방을 짐작한다. 상대방의 성격이 어떤지, 어떤 일을 하는지, 어떤 삶을 살았는지 겪어 보지 않으면 알 수 없는데 말을 하기도 전에 이미 첫인상을 결정짓는다. 그래서 웃는 얼굴이 중요하다. '거울은 절대 먼저 웃지 않는다.'라는 말을 기억하라. 웃는 연습을 통해 삶에 대한 긍정의 이미지를 얼굴에 담아야 한다.

　첫인상은 3초 이내에 결정되고, 잘못 보인 인상을 바꾸기 위해서는 60번 이상 만남을 가져야 한다고 한다. 첫인상은 콘크리트처럼 쉽게 굳어져 버리기 때문에 첫인상을 쇠망치로 부수듯 손쉽게 바꾸는 것은 어렵다는 의미이다.

　《이미지 경영》의 저자 매리 미첼은 이렇게 말했다.
　"첫 이미지를 만들 수 있는 두 번의 기회란 없다."

헤어스타일, 피부 톤, 시선 처리, 입꼬리, 해진 와이셔츠 소매, 광택 없는 신발, 구겨진 바지, 구부정한 자세, 지나친 액세서리, 주변 정리 상태 등이 첫인상을 결정한다.

무표정에 나쁜 자세를 가진 사람은 자신의 이마에 '고객 출입금지'라고 써 놓은 것과 같다. 매너가 좋은 사람들은 표정이 좋고 인사를 잘한다는 공통점이 있다. 인사는 직급과 상관없이 먼저 보는 사람이 하는 것이다. 인사는 상대방에 대한 예를 표하는 것이기 때문에 상대방이 인사를 받아 주지 않더라도 반드시 해야 한다. 고객과 눈이 마주쳤을 때 인사를 하는 것은 당연하다. 잘 알지 못하는 고객에게도 마찬가지이다. 그에게는 그 인사가 첫인상이 되기 때문이다.

엉망진창이었던 첫 만남이 드라마의 주인공처럼 드라마틱하게 좋은 인연으로 연결되는 것은 상당히 어렵다. 하루 동안 우리에게 얼마나 많은 첫 만남이 이루어질까? 출근길에도, 직장 내에도, 퇴근길에도 알게 모르게 인연의 줄이 놓여 있다. 첫 만남은 언제, 어디서, 어떤 모습으로 일어날지 알 수 없다. 지금 얼굴을 찌푸리고 있다가 누군가를 만나게 된다면 그 사람은 지금 본 얼굴을 첫인상으로 기억할 것이다. 그러므로 항상 미소를 잃지 말아야 한다.

김성근 야구감독은 선수들에게 인사하는 것을 가장 먼저 가르친다고 한다. 그는 이렇게 말했다.

"인사하지 않는다는 것은 상대방에 대한 존중이 없다는 것이고, 존중이 없다는 것은 겸손이 없다는 것이며, 겸손이 없다는 것은 오만하다는 뜻이다. 오만은 자신의 실력을 제대로 모르고 있다는 것이다. 이런 선수는 승부의 세계에서 살아남을 수 없다. 그래서 나는 가장 먼저 인사를 가르친다. 상대방이 나에게 예를 갖추고 있다고 생각하면 나 역시 상대방에게 함부로 대하지 못한다. 이러면서 존중하는 마음도 생기고, 그 위에 동료애도 쌓이는 것이다. 나는 이런 기본을 중요하게 생각한다. 기본이 되어 있지 않으면 아무리 야구를 잘해도 오래갈 수 없다."

신문 칼럼에서 '면접의 기술'이라는 제목으로 소개된 글이다.

말을 건네 보니 상대방을 기분 좋게 하는 산뜻한 기운이 감돌고(긍정적 사고), 거기에다 톡톡 튀는 탄력성과 기민함 같은 것이 느껴지고(판단력, 사고력), 몇 마디를 나눠 보니 자연스럽고 또렷하게 말하는 품이 신뢰가 가고(자신감), 무언가를 부탁하면 자신이 할 수 있는 한 들어줄 것 같고, 그래서 친구들도 사랑할 것 같은 느낌(협동정신+책임감), 여기에 인상도 푸짐하고 금방 유머를 쏟아 낼 것 같은 분위기라면 더욱 좋겠다.

이를 한 문장으로 요약하면 '왠지 상쾌한 사람'이면 OK라는 것이다. 무표정한 얼굴, 결점을 더욱 드러나게 하는 헤어스타일과 지나치거나 모자라는 화장으로는 좋은 이미지를 줄 수 없다. 자신의 장점을 계발하고 향상시켜 직업에 어울리는 최상의 이미지를 찾아내야 한다. 필요하다면 돈이 들더라도 전문가에게 도움을 구해 자신에게 어울리는 스타일을 찾아야 한다. 적절한 스타일을 찾은 후에는 저렴한 방법으로 지속적으로 관리하면 된다.

CCTV를 통해 주방에서 일하는 모습을 고객들이 볼 수 있도록 배려한 한정식집이 있다. 조리 과정을 공개하여 먹거리에 대한 불안감을 없애고 신뢰감을 높이는 안심 마케팅을 펼치는 것이다. 사장이 직접 고른 옷감으로 만든 근무복은 화려하지 않으면서 세련되었고, 직원들은 음식 하나하나에 스토리를 입혔다. 그곳은 지극히 한국적인 분위기에 품격을 더해 귀한 대접을 받는다는 인상을 준다. 언젠가 CEO에게 경영 노하우를 듣고 싶다고 하자 그는 손사래를 치며 이렇게 말했다.

"매일 3분씩 각자 거울을 보며 웃는 연습을 하는 것밖에 없다."

첫인상은 표정이 절대적이다. 대기업 회장들의 사주팔자에는 베푸는 기질이 많이 보인다고 한다. 관상학자들은 대기업 회장처럼 돈으로 베풀 형편이 안 된다면 돈이 들지 않는 '안시(얼굴 顔, 베풀 施)'를 하라고 권한다. 안시는 '미소를 띤 얼굴로 상대방에게 편안함을 주는 베풂'이다. 많이 베푸는 사람이 진정한 부자가 아닐까.

미국의 철학자 랄프 왈도 에머슨은 이렇게 말했다.

> "성공이란 자주 그리고 많이 웃는 것,
> 단 한 사람의 인생이라도 행복하게 만드는 것이다."

어느 서비스 업체에서 실시한 설문조사에 의하면 직장 내 이상형 1위는 '만날 때마다 밝게 웃어 주는 동료'였다. 예뻐지려고 성형수술을 하는 것보다 한 번 더 웃는 것이 낫다. 성공하고 싶다면 많이 웃어라. 웃는 얼굴을 하고 기분 좋게 "네!"라고 대답하는 사람이 되어야 한다.

악수는 잘하면 호감, 못하면 비호감이다

14

악수가 없다면 처음 만났을 때 얼마나 어색할까? 첫 만남에서 상대방에게 긍정적인 인상을 주고, 초면의 서먹함을 없애기에는 악수가 제격이다. 악수를 잘하는 것도 능력이다. 악수는 서로 손을 마주 잡고 반가움, 감사를 나타내는 서양식 인사법이지만, 이제는 동서양을 막론하고 신뢰감을 주고 긍정적인 분위기를 만드는 보편적인 비즈니스 인사로 자리를 굳혔다.

악수는 수렵을 하는 고대시대에 생겨났다고 한다. 당시 사람들은 사냥을 위해 돌멩이 등의 무기를 들고 다녔다. 그들은 상대방에게 적대감이 없다는 것을 나타내기 위해 무기를 바닥에 내려놓고 손을 내밀었다. 그런 다음 상대방의 손바닥을 만져 무기가 없다는 것을 확인시켜 주었다. 이것이 바로 오늘날의 악수로 변형된 것이다.

악수와 관련된 재미있는 실험 결과도 있다. 눈을 가리고 이야기하는 것보다 눈을 가리고 악수만 하는 편이 신뢰와 따뜻함을 느끼게 하여 긍정적인 인상을 준다고 한다. 피부를 접촉하는 한 번의 악수가 여러 번의 인사보다 더 친근하게 느껴진다는 것이다. 손이 닿음으로써 유대감이 형성되고, 여러 번 만나는 것 이상의 친밀감을 느끼게 해 준다. 그러므로 악수는 상대방에게 부담스럽지 않으면서도 좋은 인상과 친밀감을 높이는 유용한 수단이다.

많은 여성이 악수를 어색해 한다. 남성들 역시 여성과 악수해 본 경험이 많지 않고 아직까지 가부장적 요소가 남아 있어 여성과 악수하는 것을 어색해 한다. 그러나 악수는 남성의 전유물이 아니다. 여성끼리도 적극적으로 악수하고 남성들과도 씩씩하게 악수를 나눌 수 있어야 한다.

2012년 대선 관련 토론이 한창이었을 때이다. 토론을 마치자 진행자가 자리에서 일어나 패널들과 악수를 했다. 그런데 남성들끼리는 수고했다며 악수를 나누는 반면 여성들과는 악수를 하지 않았다. 여성이 먼저 악수를 청하지 않으면 남성들은 어떻게 해야 할지 몰라 망설인다. 여성이 먼저 손을 내미는 것이 악수의 에티켓이다.

악수는 간단하고 쉬운 동작처럼 보이지만 그렇지 않다. 악수만으로도 상대방의 성격과 행동 성향을 읽을 수 있기 때문에 손을 잡는 그 순간 첫인상을 결정지을 수 있다. 손을 내어 주기만 하는 사람, 너무 살짝 잡는 사람, 손을 잡자마자 놓는 사람은 대부분 내성적인 성격을 가졌고, 너무 안쪽으로 꽉 잡는 사람, 세게 잡는 사람은 대부분 외향적인 성격을 가졌다. 상대방의 눈을 너무 빤히 쳐다보거나 손은 잡되 시선은 딴 곳에 두며 건성으로 악수하는 사람은 욕심이 많을 가능성이 크다고 한다.

악수를 단지 손만 잡고 흔드는 것으로 착각해서는 안 된다. 악수에도 요령이 있다. 똑바로 선 상태에서 허리를 구부리지 않고 오른손을 내민다. 그리고 상대방의 눈을 편안하게 바라보며 적당한 힘으로 손을 잡고 3초 동안 한두 차례 흔든다. 그 다음에 미소를 지으며 인사말을 건네면 된다. 상대방의 눈을 보지 않고 하는 악수는 결례이며 하지 않는 것만 못하다. 여성이라고 너무 헐렁하게 악수하는 것도 좋은 인상을 줄 수 없다. 세게 쥐거나 지나치게 흔드는 것도 좋지 않다.

강한 의지가 느껴질 정도로 힘 있게 손을 잡는 사람, 정답게 두 손으로 감싸는 사람, 왠지 따뜻한 온기가 느껴지는 사람과의 악수는 기분이 좋아지게 한다. 나는 손이 차가운 편이라 악수하기 전에 상대방에게 "저는 가슴이 뜨거워서 손이 차갑습니다."라고 말해 둔다.

이제 씩씩하게 먼저 손을 내밀도록 하라. 수줍어 하지 말고 당당하고 힘 있는 악수를 하도록 하라. 무슨 일이든지 처음에는 어색하지만 반복하다 보면 익숙해진다.

악수를 하고 난 다음 주고받는 것이 바로 명함이다. 명함을 잘 활용하는 것도 관계의 기술이다.

"저와 같은 길 영(永) 자를 쓰시네요. 지난번 미국의 퍼스트레이디 미셸 오바마가 중국을 방문했을 때 붓으로 '영(永)' 자 쓰는 법을 배웠다는 기사가 있었습니다."

"회사가 우리 회사랑 멀지 않네요. 왔다 갔다 하면서 얼굴을 뵀을 수도 있겠어요."

받은 명함에 있는 한자, 회사의 로고, 회사의 위치 등을 언급하며 인사말을 건네면 자연스러운 분위기가 연출된다. 명함을 건네는 것은 자신을 소개하고 첫인상을 결정짓는 중요한 기회이므로 예를 갖추어 공손한 자세로 행해야 한다. 상대방 앞에서 받은 명함에 메모를 하거나 명함을 두고 일어서는 것은 결례이다.

우리나라에서는 아직 서툰 일이지만 미국의 경우는 명함을 교환하면 만남 후에 감사의 이메일을 보내는 것이 일반적이라고 한다. 이처럼 만남을 가진 뒤에 이메일이나 문자메시지 등을 보낸다면 상대방은 좋은 이미지를 가지게 될 것이다. 일을 하다 보면 많은 사람에게서 명함을 받게 된다. 명함에 만난 날짜, 외모, 취향 등의 특이사항을 메모해 두면 기억하기가 쉽다.

프로는 긍정의 이미지를 만들 줄 안다

15

예전에는 화장품 회사에서 화장품을 팔기 위해 직접 회사를 찾아다니며 미용 강좌를 하고 화장하는 방법을 시연하는 일이 많았다. 한 번은 행사 전에 설문조사를 했는데, 첫 번째 문항이 '당신은 자신이 아름답다고 생각합니까?'였다. 20여 명의 여직원 중에서 '네.'라고 대답한 사람은 나뿐이어서 얼마나 얼굴을 붉혔는지 모른다. 하지만 여자라면 자신의 아름다움을 스스로 발견하고 자신감과 당당함을 가져야 한다.

요즘 '이미지 경영'이라는 말이 많이 사용되고 있다. 긍정의 이미지를 갖기 위해서는 누구나 자신만의 아름다움을 가지고 태어났다는 자존감과 긍정적인 마음을 가져야 한다. 그런 자존감과 긍정적인 마음 위에 나보다 앞서 나가는 사람들의 말씨나 맵시를 적용해 보면서 직업과 직위에 맞는 매력적인 이미지를 찾아내는 것이 이미지 경영이다.

신혼 초에는 무조건 아껴야 한다는 생각으로 궁상을 떨었다. 다른 곳은 멀쩡한데 소매 끝 부분만 해진 와이셔츠를 버리기 아까워 입기 싫어하는 남편에게 몇 번만 더 입으라고 한 적이 있다. 남편의 직업과 직위는 생각하지 못했던 것이다.

미국 세인트루이스 연방은행의 이코노미스트인 크리스티 엥게만과 마이클 오위양이 연방준비제도이사회(FRB) 계간지인 《리저널 이코노미스트(The Regional Economist)》에 기고한 보고서에 따르면 잘생기고 키 크고 날씬한 사람일수록 돈을 많이 벌고, 연예인처럼 외모가 중요한 직종이 아닌 일반 직종에서도 외모와 보수에 상관관계가 존재한다고 한다.

미국 텍사스주 오스틴대학에 재직 중인 대니얼 해머메시와 제프 비들 교수도 잘생긴 사람들의 보수가 보통 사람보다 5% 정도 많으며, 못생긴 사람들은 보통 사람들에 비해 9% 정도 적은 보수를 받는다는 연구 결과를 발표했다. 여기에서 '잘생겼다'라는 의미는 연예인 같은 외모를 말하는 것이 아니라 직업과 지위, 상황에 맞는 이미지를 말한다.

이 외에도 CEO의 이미지가 직원들이 바라는 이상적인 CEO 이미지와 일치할 경우, 직원들의 충성도가 높아져 회사의 매출 증가에 영향을 미친다는 연구 결과가 있다.

나는 평소 여성 국회의원, 아나운서, 드라마 속에 나오는 커리어우먼의 헤어스타일, 의상, 액세서리, 화장법, 자세 등을 유심히 관찰한다. 앞머리로 이마를 가리는 것보다 이마의 3분의 2 이상이 드러나야 지적으로 보이고, 진한 화장보다는 옅은 화장을 한 사람에게 신뢰감이 느껴졌다.

스튜어디스가 머리를 길게 풀어헤친 것을 본 적이 있는가. 퇴근을 한 뒤에는 크게 문제가 되지 않겠지만 서비스맨이라면 근무 시간 중에는 긴 머리보다 리본망을 사용하여 올림머리를 하는 것이 상황에 맞다.

최근에 네일아트에 관심을 보이는 여성이 많다. 어느 날, 한 직원이 지나치게 화려한 색으로 손톱을 꾸민 상태로 출근을 했다. 그녀에게 시정을 요구했다. 하지만 공교롭게도 그 직원의 손톱을 본 고객이 현장에 맞지 않는 지나친 모습이라며 인터넷에 글을 올려 일이 커졌다. 신뢰감을 주는 단정한 용모와 복장은 상대방을 위한 당연한 배려이자 예의라는 것을 잊어선 안 된다.

메이크업 아티스트인 바비 브라운 회장은 화장을 하지 않을 때도 세 가지는 결코 잊지 않는다고 한다. 그것은 바로 립글로스, 컨실러, 볼터치이다. 립글로스는 입술을 생기 있게 만들어 주고, 컨실러는 눈 주변을 밝게 만들어 주며, 볼터치는 조금만 웃어도 인상이 훨씬 환해 보이게 만들어 주기 때문이다.

자신이 없으면 전문가와 상담을 해 볼 필요가 있다. 자신의 이미지를 위해서는 어느 정도 투자가 필요하다. 좋은 이미지를 만들기 위해 이미지 메이킹 강사를 회사에 여러 차례 초빙했다. 앉는 자세, 안경테의 색상, 말투와 억양, 얼굴형에 맞는 눈썹 다듬기 등을 코치받았다. 여직원들은 자신이 가지고 있는 화장품을 모두 가져와 자신에게 어울리는 화장 기술을 배웠다. 여드름과 붉은 피부 톤이 고민이었던 동료는 전문가가 추천해 준 메이크업 베이스 하나만으로 훨씬 부드러운 인상을 만들 수 있었고, 탈모가 심한 동료는 모발 이식을 권유받고 실제 모발 이식 치료를 받아 좋은 인상과 자신감을 가지게 되었다.

미국 최초의 본격적 이미지 컨설턴트인 존 몰로이는 이렇게 말했다.

"성공하고 싶다면 성공한 사람처럼 입어라.
그러면 실제로 성공의 길이 열린다.
경우와 상황에 따라 옷을 제대로 입어야 한다."

옷차림도 전략이다. 만약 혁신을 말하는 CEO가 해진 와이셔츠에 흙이 잔뜩 묻은 구두를 신고 다닌다면 어떨까? 그에게서 신뢰감이 느껴지지 않을 것이다.

중요한 날에는 직위와 상황에 맞는 이미지를 연출하여 상대방에게 자신의 이미지를 보여 줄 수 있는 기회로 활용해야 한다. 잠자리에 들기 전에 다음날 입고 갈 의상을 선택해 두는 것도 프로의식이다.

컬러를 활용하는 것도 좋은 방법이다. 어떤 일을 성사시키고 싶을 땐 성사 의지를 보여 주는 붉은색을 활용하는 것이 좋다. 세일즈학에서는 붉은색을 입으면 상대방에게 호감을 얻을 가능성이 크다고 한다. 붉은색을 입은 종업원이 팁을 더 많이 받는다는 연구 결과도 있다.

미국 최초 여성 국무장관인 매들린 올브라이트 전 장관의 브로치 외교는 유명하다. 그녀는 외교 협상의 사안에 따라 상징적인 모양의 브로치를 달았다. 평화 협상이 난항에 빠져 있을 때는 거미줄 모양의 브로치를 달았고, 러시아를 방문했을 때는 힘의 외교를 상징하는 독수리 브로치를 달았다. 브로치를 통해 정치적 메시지를 전달하는 연출을 한 것이다.

21세기는 이미지의 시대이다. 좋은 이미지를 많이 생각하는 사람이 성공한다. 전문가들은 달성하고자 하는 목표를 이미지로 만들어 외적 이미지를 강화하고, 그 강화된 외적 이미지를 통해 긍정적인 내적 이미지를 끌어내라고 조언한다.

이미지 메이킹이라고 해서 화려함만을 생각하는 사람은 없을 것이다. 자신에게 어울리는 이미지를 연구하고 찾는 자세는 일하는 여성에게는 꼭 필요한 과정이다. 한 매체에서 미국의 유명한 여배우에게 자기 관리를 어떻게 하느냐고 물었다. 그녀는 이렇게 대답했다.

"평소에도 내 머리 위에 스티븐 스필버그 감독의 카메라가 작동하고 있다고 생각하며 생활한다."

철저한 이미지 관리가 그녀를 최고의 배우로 만든 것이다.

보여 주는 일에
능숙해져라

16

"당신이 내 마음을 알기나 해요?"

"어떻게 그렇게 나를 모를 수가 있니?"

"정말 나를 사랑하기는 하는 건가요?"

드라마에 나올 법한 대사라고 생각할 수 있지만, 꼭 그렇지만도 않다. 부모와 자식, 아내와 남편, 연인 사이, 친구 사이에서도 상대방의 잘못된 표현으로 가슴앓이를 한다. 대부분의 사람은 자신이 말하지 않아도 상대방이 내 마음을 알아주길 원하지만, 표현하지 않으면 아무도 모른다. 신이 아닌 이상 표정이나 행동만으로 상대방의 마음을 어떻게 정확하게 읽어 낼 수 있겠는가.

한 자동차 정비센터 직원은 자신이 맡은 차를 수리하는 데 사흘 정도의 시간이 필요하다고 판단했지만 이틀 뒤에 휴가를 떠날 예정이었던 고객을 위해 야근까지 하며 최선을 다했다. 그러나 고객만족도에서는 낮은 점수를 받았다. 고객이 일의 결과보다 직원의 이미지와 태도에 중점을 두어 평가했기 때문이다. 정비센터 직원은 고객이 찾아왔을 때 반갑게 맞이하지 않았고, 고객이 말을 걸 때까지 침묵했다. 고객이 빨리 수리해 줄 수 있느냐고 물었을 때는 대답도 하지 않았다. 그러나 직원은 고객이 들어오는 순간, 수리 신청서를 책상에 올려놓았고, 고객이 말을 걸 때까지 고객이 사용할 펜을 준비했다. 또한 고객이 수리를 빨리해 줄 수 있을지 물었을 때는 수리 기간이 얼마나 걸릴지 고민하던 중이었다.

하지만 말 혹은 행동으로 표현하지 않는 직원의 마음을 고객이 어찌 알 수 있겠는가? 고객은 그저 보이는 대로, 들리는 대로 느낄 뿐이다. 직원은 수리 신청서를 책상에 올려놓기 전에 고객을 보고 반갑게 인사했어야 했고, 고객이 수리 요청을 할 때는 얼굴을 쳐다보며 대화를 나누고 스케줄을 상의하며 개인적인 관심을 나타내야 했다.

대부분의 사람은 눈에 보이는 것만으로 판단하고 평가한다. 표현하지 않으면 상대방은 알 수 없기 때문에 보여 주는 일에 능숙해져야 한다.

고객에게 차를 대접할 때도 마음을 보여 줄 수 있어야 한다. 지금은 커피가 보편화되었지만, 그렇다고 무조건 커피를 대접하는 것은 결례이다. 차를 만들기 전에 가장 먼저 뜨거운 물로 찻잔을 헹궈 내 찻잔에 온기를 주어야 한다. 그리고 녹차는 70~80℃ 물에서 가장 맛있게 우러나므로 찻잔에 물을 먼저 담아 물 온도를 낮춘 뒤에 티백을 넣어 맑은 녹색 빛으로 우려 내야 한다. 여기에 티백이 찻잔에 빠지는 것을 방지하기 위해 찻잔의 손잡이에 티백의 실을 한 번 감아 내는 센스를 더한다면 상대방은 대접받는다는 느낌을 받을 것이다.

준비가 되었다면 아무 말 없이 찻잔만 내미는 것보다 정성이 담긴 말 한마디로 따뜻한 마음을 보여 줄 필요가 있다.

"이 차에는 비타민 W가 들어 있습니다. 비타민 W는 고객님을 환영(welcome)한다는 의미입니다."

"혈압에 좋은 둥굴레차입니다."

대접한 차에 대한 반응을 기억해 두었다가 다음에 참고한다면 고객은 진심을 느낄 것이다.

"지난번에 드셨던 블랙커피입니다."

차 한 잔을 내밀며 보여 준 따뜻한 마음은 업무를 보는 동안에도 지속해야 한다. 진심을 담으면 그렇게 어렵지 않다. 요구를 하기 전에 서비스를 하면 고객은 더욱 크게 감동한다. 시켜서 하는 것은 심부름일 뿐이다.

'말하지 않아도 이 정도면 알아주겠지.'라는 생각은 혼자만의 착각이다. 보여 주기에도 요령이 있다. 작은 아이디어를 펼칠 때에도 어떻게 더 잘 보여 줄 수 있을지 고민하고, 자신이 가진 매력을 충분히 드러내야 한다. 그리고 진심이 상대방에게 전달될 수 있도록 노력해야 한다. 과대포장은 나쁘지만 적당한 포장은 오히려 상대방을 위한 배려가 된다.

일을 하다 보면 모든 고객을 일일이 만날 수 없다. 그래서 '제가 직접 대접해 드리지 못해 죄송합니다. 지점장 ○○○ 올림'이라는 메모를 영업장 음료수 테이블에 부착하여 아쉬운 마음을 전했다.

요즘은 '차 한 잔의 의미'가 단순히 목이 마르면 마시는 음료수로 변질

되었지만, 종이컵에 대충 저어서 내놓는 차는 식당에서 비용을 지불하고 먹는 음식과 다를 바 없다. 어쩔 수 없이 종이컵을 사용하더라도, 어쩔 수 없이 영업장에 음료수 테이블을 비치하더라도 따뜻한 마음을 보여 줄 수 있는 방법을 강구해야 한다.

업무를 처리하는 동안 고객의 시선은 직원들의 책상 위와 주변 공간에 머물게 된다. 지저분하게 쌓아 둔 서류, 배달받은 음료, 마시던 커피 잔, 핸드크림, 손거울, 물병, 미니 선풍기, 줄이 꼬인 전화기, 색 바란 사무기기 등을 바라보며 고객은 보이는 대로 평가할 것이다.

**고객의 눈과 마음을 피곤하게 해서는
좋은 평가를 받기 어렵다는 사실을
항상 기억해야 한다.**

디테일의 힘을 키워라

17

　　　　　　　　2013년 과학기술 뉴스 1위에 '나로호 3차 발사 성공'이 선정되었다. 하지만 우리나라 최초의 우주 발사체 '나로호' 발사 성공까지는 수많은 난관이 있었다. 2009년과 2010년에 이어 세 번째로 시도하는 나로호 개발에만 들어간 예산은 5,205억 원이었다. 발사에 성공하면 우리나라는 자국 땅에서 자력으로 우주 발사체를 쏜 10번째 나라가 되는 것이지만, 실패하면 그동안 투자한 금액이 몽땅 날아가는 것은 물론, 우리나라 과학기술의 명예가 실추되는 것이었다.

　발사 하루 전에 최종 리허설을 마친 나로호 발사추진단장은 "사람이 할 일은 모두 끝났다. 하늘의 뜻에 맡기는 심정으로 성공을 기원하고 있다."며 의지를 다졌지만, 나로호는 발사 몇 시간 전에 발사를 연기했다. 발사체 하부 연료 공급 라인 연결 포트 상부에 설치된 분리면의 5cm짜리 고무링이 파손되었기 때문이다. 우여곡절 끝에 나로호 발사는 성공했지만 나로호가 우주에 진입하기까지 긴장을 늦출 수 없었다.

베이징대 부설 디테일경영연구소 왕중추 소장은 《디테일의 힘》이라는 저서를 통해 '100-1=99'가 아니라 'Zero'라고 강조하였다. 1이 100을 망치기도 한다는 것이다. 총 중량 140톤의 우주 발사체가 아주 작은 고무링 때문에 발사되지 못했으니 왕중추 소장의 계산이 적중한 셈이다.

왕중추 소장은 한 신문사와의 인터뷰에서 중요한 협상 내용이 담긴 팩스를 보내야 하는데 한 직원이 단축번호를 잘못 눌러 경쟁 업체에 정보를 고스란히 갖다 바친 일이 있었다며, 그로 인한 손실이 실수를 한 직원의 몇 년 치 연봉보다 많아 그 일을 계기로 디테일에 대한 책을 쓰게 되었다고 말했다.

디테일이란 어떤 일의 중심이나 기초가 되는 부분이며, 단순한 잔일과는 다르다. 왕중추 소장은 연필꽂이를 예로 들며 색상, 모양, 재료 등이 모두 디테일에 속하고 제품을 만들 때 반드시 신경 써야 하는 핵심 부분이라고 설명하였다.

또한 그는 이렇게 주장했다.

"이 세상에 큰일을 할 수 있는 사람은 소수이다. 대부분의 사람은 자잘하면서 단순한 일을 반복하며 살아간다. 지금과 같은 치열한 경쟁 시대에는 웅대한 지략을 품은 전략가보다 작고 평범한 일도 꼼꼼하게 처리하는 관리자가 필요하다."

그리고 그 예로 대만 최대 갑부였던 고 왕융칭 포모사그룹 회장을 소개했다. 왕융칭 회장은 16세의 나이에 쌀가게를 열었다. 이미 인근에 30개의 쌀가게가 있어 외진 골목에 있는 그의 가게는 경쟁이 되지 않았다. 그러나 그는 두 동생을 동원해 쌀에 섞인 이물질을 골라낸 뒤 쌀을 팔았고, 노인 고객에게는 집으로 직접 쌀을 배달해 주는 서비스로 큰 성공을 거두었다. 지금은 씻어 놓은 쌀도 살 수 있지만, 1930년대만 해도 이런 서비스는 획기적이었다.

한 고객의 아들이 5년째 PC방을 운영하고 있었다. 인근에 첨단 시설을 갖춘 PC방이 새로 생기면 기존 PC방들은 난감하지 않을 수 없다. 누구든 당연히 시설이 좋은 새 PC방으로 옮겨 가지 않겠는가. 그러나 고객의 아들이 운영하는 PC방은 고객이 줄지 않고 꾸준하게 5백만 원 이상의 월수입을 냈다. 그렇다면 그의 성공 비결은 무엇이었을까. 아들은 고객의 집에 있는 컴퓨터가 고장이 났다는 소식을 들으면 집으로 달려가 고쳐 주며 컴퓨터 해결사 노릇을 했다. 그의 성공 비결도 바로 디테일의 힘에 있었다.

1등과 2등을 결정짓는 것은 디테일의 차이이다. 주변에서도 사례를 쉽게 찾아볼 수 있다. 2등 백화점은 4만 원어치의 상품을 구입하고 10만 원권 상품권을 내면 이렇게 말한다.

"고객님 11층에 상품권 교환 창구가 있습니다. 1만 원 권으로 교환해 오세요."

그러나 1등 백화점은 바로 상품권으로 6만 원을 거슬러 준다. 2등 백화점은 주차장 구석, 비상계단 등 눈에 잘 띄지 않는 공간에 물건 상자나 비품을 쌓아 두어 어수선한 반면, 1등 백화점은 보이지 않는 공간도 깨끗하게 관리한다. 디테일이 경쟁력인 것이다.

일반적으로 '리더라면 큰 그림을 잘 그려야 한다.'라고 말한다. 그래서인지 작은 것을 챙기고 중요하게 생각하는 사람을 보면 '여성스럽다.', '쪼잔하다.'고 비아냥거리는 사람이 있다. 하지만 작은 것 하나가 결정적일 수 있다는 것을 잊어서는 안 된다.

세상의 거창한 일은 처음부터 거창했던 것이 아니라 아주 작은 것에서 출발했다는 것을 기억하라.

남성보다 여성이 디테일에 강하다는 사실도 함께 말이다.

무엇이든 일단 **시작하라**

18

'실행하고 또 실행하라.'

이는 이미 성공한 사람들이 검증한 진리이다. 전 웰스파고 회장인 리처드 코바세비치는 해외 출장 중에 은행의 경영 전략서를 분실한 적이 있다. 직원들이 "경쟁 은행들에게 경영 전략서가 노출된다면 어려운 상황에 처할 수 있다."며 걱정하자 그는 이렇게 말했다.

"우리의 성공은 우리가 세운 계획이 아니라
우리의 실행력에 달려 있으니 걱정하지 말라."

에디슨은 백열전구를 발명한 뒤 "얼마나 많은 실패를 했느냐."는 질문을 받았다. 그때 그는 "나는 실패한 적이 없다. 2,000번의 단계를 밟았을 뿐이다."라고 대답했다. 어떤 일이든지 하면 된다는 신념으로, 긍정적인 생각과 태도로 부단히 실행해야 한다.

아시아 출신 최다승 투수인 박찬호 선수가 2012년 11월 30일에 은퇴 기자회견을 했다. 그때 박찬호 선수는 이렇게 말했다.

"저는 참 운이 좋은 녀석입니다. 시골에서 태어나 뭣도 모르고 야구를 시작했어요. 친구나 선배보다 잘해 보겠다는 생각뿐이었는데 서울에 있는 대학에도 들어가고 메이저리그 진출이라는 영예도 얻었습니다. 한국 야구 역사상 저만큼 운이 좋았던 선수가 또 있을까요? 그동안 도움을 준 많은 분께 감사드립니다. 스스로에게는 지금껏 잘 견뎌 줘서 수고했고 장하다고 말하고 싶습니다."

많은 사람이 박찬호 선수처럼 성공한 사람들을 보면 그들의 화려함만 보려고 하지 그 뒤에 얼마나 많은 실패와 좌절, 노력이 있었는지는 보려고 하지 않는다. 성공은 거저 얻어지는 것이 아니다. 성공의 이면에는 수많은 실패가 있다.

그렇다면 과연 실행의 끝은 어디일까? 우리가 무언가를 이루기 전에는 실행의 끝을 알 수 없다. 많은 노력을 했음에도 불구하고 뜻한 바를 이루지 못하면 이런 말을 내뱉곤 한다.

"이제 더 이상 할 수 있는 힘이 없어!"
"얼마나 더 힘들어야 한단 말이야?"
"처음부터 불가능한 일이었어!"

이루고자 하는 목표 시점을 물이 수증기가 되는 시점인 100℃라고 가정해 보자(물은 100℃ 이상이어야 수증기가 된다.). 50℃에서 도저히 못하겠다며 포기하는 사람은 한심해 보일 것이고, 99℃에서 실행을 멈추는 사람은 너무 안타까울 것이다. 99℃에서는 물의 상태이지만, 100℃에서는 수증기가 된다.

우리가 늘 깜깜한 터널(물의 상태)에서 지낸다면 햇볕(수증기의 상태)을 상상할 수 없듯이 물의 입장에서 수증기는 상상할 수 없는 엄청난 상태이다. 액체와 기체는 전혀 다른 물질이기 때문이다. 1℃ 차이에 불과하지만 결과에는 엄청난 차이를 보인다. 안타깝게도 마지막 1℃가 모자라면 수증기가 되지 못한다. 그렇기 때문에 반복과 몰입을 통해 마지막 1℃를 채워야 하는 것이다.

연기자 장혁은 데뷔 시절 198번의 오디션 끝에 주인공으로 발탁되었다고 한다. 합격 기준이 따로 정해져 있는 것이 아니라 오로지 심사자의 마음에 들어야 하기 때문에 얼마나 더 노력해야 합격할 수 있을지 알 수 없었다. 그런 상태에서 계속해서 도전하기란 쉽지 않았을 것이다. 그러나 198번의 도전을 하는 동안 그가 얻은 것이 있다. 바로 일취월장한 연기력이었다.

평창의 동계올림픽 개최지 결정에서도 증명해 보였듯이 할 수 있다는 긍정과 하겠다는 결심만 있으면 이루지 못할 것이 없다. 평창군은 1999년에 동계올림픽 유치를 시도했지만 2003년에 실패했고, 2007년에 재시도했지만 역시 실패했다. 하지만 결국 2011년에 유치에 성공했다. 1만여 명의 군민이 1년도 아닌 12년 동안 오로지 '올림픽 유치'라는 꿈을 위해 달리고 또 달려 얻은 값진 결과이다. 어떤 일을 하려고 하지 않아서 이루지 못할 뿐이다. 하겠다는 마음만 먹는다면 운명은 우리 편에 설 것이다.

　신발제조 회사의 영업 사원 두 명이 아프리카에 시장 조사를 떠났다. 아프리카 공항에 도착한 순간, 영업 사원 한 명은 모든 사람이 맨발로 다니는 나라에서 신발을 판매하는 것은 어렵겠다고 낙심한 반면, 또 다른 영업 사원은 맨발로 다니는 모든 사람에게 신발을 판매할 수 있겠다고 생각했다. 결과는 어땠을까? 굳이 설명하지 않아도 잘 알 것이다.

　기업인 빌 게이츠는 "열정과 몰입은 기업과 개인의 발전 원동력이다. 인생 경영과 기업 경영은 한 뿌리이고, 진정한 성공은 부와 명예가 아니라 일하고 싶은 열정이다."라고 말했고, GE 코리아 이채욱 사장은 "긍정적인 자세로 목표를 향해 겸손하게 다가가면 세상의 모든 사람은 도와줄 준비가 되어 있다."라고 말했다.

**무엇이든 시작하고 또 시작하라.
경험은 그 무엇보다 아름답다.**

WOMAN'S SUCCESSFUL CAREER AND LIFE

PART 2

여자가 직장에서 살아남는 법

몇 년 전부터 TV에서 〈정글의 법칙〉이라는 리얼리티 프로그램이 인기이다. 지구에 남아 있는 최후의 오지를 찾아 나선 정글 팀이 원시적인 방법으로 생존하는 모습을 보여 주는 프로그램이다. 이 프로그램에서는 족장을 필두로 나머지 팀원들이 나무에 올라가 열매를 따기도 하고, 작살을 만들어 물고기를 잡는 등 생존을 위한 다양한 기술을 보여 준다. 열악한 환경에서 서로를 도와 가며 어려움을 극복해 나가는 모습을 보면 공감이 되기도 하고, 현대의 편의가 얼마나 대단한지 새삼 느끼게 된다.

그런데 〈정글의 법칙〉을 보고 있으면 묘하게 직장 생태계가 오버랩된다. 이 프로그램에는 꼭 홍일점 여성이 등장한다. 남성 위주로 돌아가는 정글의 생존 게임에서 홍일점 여성은 종종 남자보다 더 큰 활약을 하기도 하지만, 대부분 여성이기 때문에 약하고 보호받아야 하는 대상으로 여겨진다.

직장은 정글과 같다. 경쟁에서 살아남아야 하는 곳이다. '열 명의 동기생이 정년퇴직까지 행복하게 함께 일했습니다.'라는 이야기는 동화 속에서도 나오지 않는다. 승진으로 가는 길은 좁고 험난한 데다 여성들은 출발선에서부터 불리하다. 취업 단계에서부터 높은 진입 장벽, 보수적인 직장 문화도 여성이 극복해야 할 과제이다.

세상은 절대 공평하지 않다. 반드시 능력이 있는 순서대로 승진되지 않는다. 과거에 비해 많이 나아졌다고는 하지만 아직까지 보이지 않는 남녀 차별이 존재한다. 여성들은 이러한 상황을 받아들이고 이겨 내야 한다. 남성보다 더 빈틈이 없어야 하고, 더 열심히 해야 하며, 더 큰 실적을 내야 유리 천장을 깨뜨리고 리더가 될 수 있다.

미국의 동기부여 강사 앤서니 라빈스는 이렇게 말했다.

"우리가 무엇인지, 우리가 무엇이 될 수 있는지에 대한 믿음이 우리가 무엇이 될지를 결정한다."

여성이 리더가 되는 것은 쉬운 일이 아니다. 하지만 불가능한 것도 아니다. 홈 건축 자재 판매 온라인 쇼핑몰 빌드디렉트의 CIO(최고정보관리책임자) 댄 브로디는 이렇게 말했다.

"효과적인 리더가 되기 위해서는 감성 지능과 자각이 필요하다. 자신과 자신의 한계, 장단점을 알아야 한다. 그런 다음 당신의 단점을 덮어 주고, 장점은 강화해 주는 사람을 선별해 자신을 돕게 만드는 것이 아주 중요하다."

남성보다 여성의 감성 지능이 훨씬 뛰어나다. 자신이 부족한 점을 스스로 깨닫고 나아가고자 하는 방향이 확실하다면 분명 길은 있다. 또한 점점 세분화되고, 디테일을 강조하는 현대사회는 오히려 남성보다 여성에게 더 유리할 수 있다.

이미 취업의 관문을 뚫지 않았는가. 막연한 걱정과 공포를 훌훌 털어 내고 자신의 능력을 믿어라. 때로는 직관과 결단으로 몸을 던져야 할 때도 있다.

인품이 없는 상사라도 **상사로 대우**해 주어라

19

　　이 세상에서 이기지 말아야 할 상대가 있다. 바로 배우자와 상사이다. 가정의 평화를 위해서는 남편이 아내에게 지는 것이 현명하고, 순조로운 직장 생활을 하기 위해서는 상사를 이기려 들면 안 된다.

　어느 날, 다른 지점에 근무하는 후배가 이렇게 말했다.

　"이번에 새로 온 지점장이 너무 마음에 안 들어요. 앞으로 2년 동안(지점장의 인사이동 주기는 2년이다.) 함께 지낼 생각을 하면 머리가 아파요. 얼굴에 욕심이 덕지덕지 붙어 있어요. 딱 내가 싫어하는 스타일이에요."

　사실 후배가 불만을 토로한 그 지점장은 조직 내에서 그다지 평판이 좋지 않았다. 후배에게 "아침에 출근하면 모닝커피 한 잔 하실 건지 여쭤 보니?"라고 물었다. 후배는 예상대로 매몰차게 대답했다.

　"보기도 싫은데 커피는 무슨?"

조국과 부모를 선택할 수 없듯이 사표를 내지 않는 한 상사도 마찬가지이다. 상사에게는 인사고과권이 있고, 인사고과는 승진에 결정적인 영향을 미친다. 물론 인사고과 때문에 아부를 떨라는 말은 아니다. 인격적으로는 존경하지 못해도 상사로 대우해 주는 것이 아랫사람의 도리라는 의미이다.

입장을 바꿔 후배 중 누군가가 당신을 마음에 들어 하지 않을 수도 있다. 그 사람이 당신을 제대로 상사(선배) 대접을 하지 않는다면 당신은 어떻겠는가. 답은 정해져 있다. 결국 아랫사람이 상사를 상사로 대우해 주어야 본인도 상사는 물론 아랫사람에게 대우를 받을 수 있다.

후배에게 상사가 마음에 들지 않더라도 커피나 간식 등을 건네며 그에게 가까이 다가가 보라고 조언해 주었다. 상사보다 먼저 출근하고, 상사를 이해하고, 상사를 빛나게 하면 그 상사가 결국은 자신의 후배를 더욱 빛나게 해 줄 것이라고도 덧붙였다.

자신이 남을 비판할 만큼 완벽하지 않다면 상사나 동료의 단점을 드러내는 것이 아니라 그들의 장점을 배워야 한다. 부정적인 인식을 벗어던지고 긍정적인 마인드로 무장하면 스스로 변화하는 자신을 발견하게 될 것이다.

본인이 생각하기에 아무리 형편없는 상사라도 관심 있게 관찰하면 최소한 한 가지 이상의 장점을 발견할 수 있다.

'일하는 방식은 마음에 들지 않지만 인맥 관리 하나는 본받을만 하네?'
'거절을 하면서도 상대방의 기분을 상하지 않게 하네?'
이처럼 상대방의 장점을 찾다 보면 생각이 조금씩 달라질 것이다.

중요한 것은 그다음이다. 상사의 장점을 발견했다면 그것을 자신의 장점으로 만들어야 한다. 아프리카 속담 중에 '노인 한 사람이 죽는 것은 도서관 한 개가 불에 타 없어지는 것과 같다.'라는 것이 있다. 이 말을 기억하고 먼저 많은 것을 경험한 상사에게 하나라도 더 배우기 위해 노력해야 한다.

대부분의 기업에서는 최소 20년 이상 근무해야 임원이 될 수 있다. 20년을 근무하는 동안 30명 이상의 새로운 상사를 만나게 된다. 입사 초기부터 상사의 장점, 상황별로 발휘하는 역량과 기술을 유심히 관찰하고 메모해 두었다가 자신의 상황에 접목시켜 활용한다면 훗날 장점을 많이 가진 존경받는 리더가 될 것이다. 상사의 단점은 반면교사로 삼으면 된다.

다음 공자의 말을 가슴에 새겨 둘 필요가 있다.

"세 사람이 길을 가더라도 그중에 반드시 내 스승이 될 만한 사람이 있다. 그들 중 좋은 점을 가진 사람의 장점을 가려 이를 따르고, 좋지 않은 점을 가진 사람의 나쁜 점으로는 자신을 바로잡을 수 있기 때문이다."

반찬 재료는 기호에 따라 고를 수 있지만, 상사는 마트에 놓인 상품처럼 고를 수 있는 것이 아니다. 배울 것이 아주 많은 훌륭한 상사를 만난다면 더할 나위 없이 좋겠지만, 모든 상사가 그렇지만은 않을 것이다.

어떤 상사를 만나더라도
자신이 중심을 잃지 않으면
아주 작은 것이라도 배우면서
순조롭게 직장 생활을 할 수 있다.

팔로우는
잠재적 리더이다

20

　　　　　팔로우는 리더를 보좌하고 실무를 수행하는 조직 구성원이다. 팔로우십이 곧 리더십이 된다. 팔로우는 리더를 이해하고 함께 나아가고자 하는 마음가짐이 필요하다. 강점을 보고 보필해야 한다. 그러나 무조건 '네'라고 대답하는 예스맨이 되어서는 곤란하다.

　또한 상사를 비난하기 전에 상사의 입장을 이해하려고 노력해야 한다. 완벽한 리더는 없다. 상사를 존중하지 않으면 자신도 구성원의 일원으로 대접받을 수 없다. 세상에 공짜는 없다. 내가 존중받기 원한다면 남을 먼저 존중해야 하는 것이 세상의 이치이다.

　어느 대기업 임원은 이렇게 강조했다.

　"많은 사람이 왠지 아부하는 것 같아 상사 관리를 꺼리는 경향이 있다. 하지만 그 중요성과 영향을 감안한다면 상사 관리를 회피하는 것은 직무유기이다. 무조건 비위를 맞추라는 것이 아니라 안건을 보다 유리하게 이끄는 협상 능력을 키워야 한다는 것이다."

지금 생각해도 가슴 떨리는 일이 있었다. 공장을 마련할 때 대출을 받은 기업이 몇 달 후 기계를 추가로 설치하겠다며 이번에는 기계 마련 자금을 신청했다. 공장 마련 자금을 대출할 때 최대한 지원을 했기 때문에 추가 대출은 부담이 되었고, 공장 마련 과정에서 함께 검토되었어야 할 기계 자금을 또 지원해 달라는 요청이 미심쩍었다.

나는 담당 팀장을 불러 기계 견적서의 금액이 적정한지 알아보았느냐고 물어보았다(자금이 어려운 기업이 대출을 더 많이 받기 위해 대출 금액의 산정 기준이 되는 기계 견적서의 금액을 부풀리는 경우가 종종 있다.). 그러자 담당 팀장은 갑자기 버럭 화를 냈다.

"지점장님께서 이렇게 하시면 저는 앞으로 영업하지 않겠습니다."

상상도 못한 상황이었다. 나는 심호흡을 하고 자세를 바로잡았다. 잠시 침묵이 흘렀다. 나는 이렇게 말했다.

"우리의 역할은 자금이 필요한 기업에 건전한 대출을 하는 것입니다. 견적서의 금액이 적정한지 확인해 보는 것은 실무자로서 당연한 업무입니다. 물론 고객을 믿어야 하겠지만, 이건 신뢰의 문제가 아니라 업무 절차의 문제입니다. 무더운 날씨에 영업하느라 힘들었겠지만, 우리가 서로에게 마음의 상처를 주면서까지 실적을 올리는 것은 바람직하지 않다고 생각합니다. 실적보다 더 중요한 것은 우리입니다."

팀장은 아무 말 없이 방을 나갔다. 동료와 큰 충돌이 일어날 뻔한 상황을 슬기롭게 대처한 것 같아 다행스럽기도 했지만 그 당시의 일은 지금 생각해도 황당하다. 상사 관리 능력도 부하 관리만큼 중요하다는 사실을 기억하고 상사를 이기려고 해서는 안 된다.

　총기를 소지할 수 있는 미국에서는 총기를 난사해 억울한 사람이 참변을 당하는 경우가 종종 발생한다. 대부분 분노 조절이 문제이다. 화가 나는 일에 화를 내는 것은 성질이지만, 화를 어떻게 내느냐는 능력이다. 전문가들은 화를 내는 데도 연습이 필요하다고 말한다. 부부 사이에도 의견이 다를 수 있는데, 하물며 일할 때 동료와 갈등이 생기고 추진 방향이 다를 수 있는 것은 당연한 것이 아닌가.
　자기주장만 내세워 상사를 이기려고 하거나 너무 쉽게 상사가 지시한 대로 결정을 내리면 그 또한 진정한 팔로우가 아니다. 본인의 뜻을 전달하되 자신의 의견이 수용되지 않았을 때를 대비해 대안을 준비해 두어야 한다. 또 자신의 의견 없이 결재만 올리는 것은 무임승차하겠다는 것과 같다.
　팔로우는 리더의 비전을 정확하게 이해한 뒤에 이를 명확한 표현으로 부하 직원들에게 전달해야 한다. 명령식이 아니라 납득시켜 동참할 수 있도록 독려해야 한다.
　"나는 이 전략에 찬성하지 않지만 본사에서 그렇게 방향을 정했으니 그냥 하자.", "상사가 지시한 사안이지만 너무 벅차고 힘드니 50% 정도만 신경 써서 처리하자."는 식의 의사소통은 자신이 무능하다는 것을 인정하는 것과 다름없다.
　시도하지 않으면 아무것도 변하지 않는다. 조직력을 키우기 위해서는 정보를 공유하고 동료들을 발전시키는 데 관심을 가져야 한다. 나는 그 누군가가 팔로우가 되어야 한다고 생각한다. 팔로우는 조직에 긍정적 분위기를 형성하는 데 앞장서며 리더를 잘 따라야 한다. 완전무결한 신 같은 상사는 없다. 팔로우로서 품위를 갖추고 상사의 장점을 자기 것으로 만들어야 한다.

**팔로우는 잠재적인 리더 후보이다.
리더는 그냥 만들어지는 것이 아니다.**

팔로우일 때 이를 준비하지 않으면 막상 리더가 되었을 때 훌륭한 리더십을 발휘할 수 없다.

변화에 앞장서야 살아남을 수 있다

21

변화는 혁신의 근원이다. 하루하루의 일상은 어제와 같은 오늘이고, 또 오늘과 같은 내일이다. 그러나 1년 전을 돌아보면 많은 일이 있었고, 큰 변화의 중심에는 언제나 자기 자신이 서 있다. 변화란 어느 날 갑자기 찾아오는 것이 아니다. 아주 조금씩 매일매일 진행되기 때문에 체감하지 못할 뿐이다.

변한다는 사실만 변하지 않을 뿐 세상의 모든 것은 변한다. 주변은 조금씩 변하는데 자기 자신만 변하지 않는다면 뒤로 걷는 것과 다를 바 없고, 주변의 변화만큼 변한다면 제자리를 걷고 있는 것과 다를 바 없다. 하지만 미래를 생각하며 주변의 변화보다 더 큰 변화를 위해 노력하고 있다면 앞으로 걷고 있는 것이다. 그러므로 남들과 똑같은 속도로 걷지 않아야 한다.

라디오가 세상에 나온 뒤 5천만 명이 사용하기까지는 38년, TV는 13

년, 인터넷은 4년, 스마트폰은 3년, 아이패드는 80일 정도 걸렸다고 한다. 세상의 변화에 가속도가 붙은 것이다. 앞으로는 얼마나 많은 변화가, 얼마나 빨리 일어날지 알 수 없다. 변화해야만 살아남을 수 있다. 항상 배우고 도전하며 자신을 발전시키는 것이 중요하다.

청년 시절 고(故) 정주영 회장이 인천부두에서 막노동을 했을 때의 일화이다. 그는 한 푼이라도 아끼고자 노동자 합숙소에서 생활했다. 고된 노동으로 상당히 피곤했지만 빈대가 물어대는 통에 제대로 잠을 잘 수 없었다. 그래서 그는 합숙소 안에 있던 기다란 밥상을 가져와 그 위에서 잠을 청했다. 하지만 빈대들은 상 다리를 타고 올라와 계속해서 그를 괴롭혔다. 한참을 고민하던 정주영은 빈대는 헤엄을 치지 못할 것이라는 생각에 네 개의 상 다리를 물이 담긴 바가지 속에 담갔다.

예상대로 빈대들은 바가지 안에서 익사했다. 하지만 그것도 오래가지 않았다. 빈대들은 또다시 나타나 그를 괴롭혔다. 도무지 이해가 되지 않았던 정주영은 빈대들을 유심히 관찰했다. 빈대들은 물에 잠긴 상 다리를 이용하지 않고 벽을 타고 천장으로 기어 올라가 그를 향해 공중낙하를 하고 있었다. 그 모습을 본 정주영은 감탄하며 이렇게 생각했다.

'빈대들이 어떻게 이런 생각을 했을까? 빈대들도 살기 위해 저렇게 노력하는데, 내가 빈대만도 못한 인간이 될 수는 없다. 열심히 노력하여 반드시 꿈을 이루고 말겠어.'

이런 일화도 있다. 산등성이 위쪽에는 안기부가, 아래쪽에는 청와대가 있었다. 정주영은 안기부와 청와대 사이에 현대 사옥을 신축할 계획을 세

웠으나 모든 임원이 반대했다. 현대 사옥 때문에 안기부와 청와대 간의 전파가 방해를 받을 수 있다는 이유에서였다. 정주영은 임원들에게 다시 한 번 검토하라고 지시했지만 그들의 생각은 바뀌지 않았다. 이때 정주영은 이렇게 목소리를 높였다.

"우리가 안기부를 지금보다 더 높게 지어 주면 전파의 방해를 받지 않게 되니 사옥 신축이 가능하지 않겠나."

월마트의 성장 비결도 혁신에 있었다. 월마트의 창업주인 샘 월튼은 혁신의 열쇠를 현장에서 찾았다. 그는 매일 오후만 되면 회사에서 사라지는 것으로 유명했다. 그는 성황을 이루는 인근 동네 소매점을 일일이 찾아다니며 해당 가게의 장점을 살피고 연구했다. 샘 월튼은 이렇게 얻은 유용한 정보를 취합하여 상품의 진열 방식, 판매 방식, 직원 교육 등 분야를 가리지 않고 월마트에 도입했다. 이러한 샘 월튼의 혁신 유전자는 그가 세상을 떠난 후에도 월마트를 강하게 만든 원동력이 되었다.

암탉과 꿀벌은 하늘을 자유롭게 날아다니는 새가 너무 부러웠다. 꿀벌은 '작은 날개라도 있으니 한 번 도전해 보자.'라고 생각했지만, 암탉은 큰 날개를 가지고 있었음에도 불구하고 '하늘을 날기에 내 날개는 너무 작아.'라고 생각해 이내 포기했다. 결국 꿀벌은 하늘을 날았지만, 암탉은 날지 못했다. 변화하기 위해 부단히 노력하지 않으면 결국 퇴화하고 만다. 더듬이를 세워 변화의 흐름을 감지하고 스스로 변하는 것을 게을리하지 말아야 한다.

나는 임신했을 때 파마를 하면 태아에게 해롭다고 해서 생머리로 지낸 후로 10년이 넘게 파마를 하지 않았다. 2003년에 우연히 친구의 단골 미용실에서 파마를 하게 되었는데, 비용이 무려 10만 원이 넘는다는 말을 듣고 화들짝 놀랐다. 오랜만에 파마를 해서인지 어색하고 스타일도 썩 마음에 들지 않았지만 어쩔 수 없었다.

집으로 돌아와 아들에게 "이게 10만 원짜리 파마야. 너무 비싸지 않니?"라고 투정을 부렸다. 아들은 내게 이렇게 말했다.

"어머니! 10년 만에 변화를 주는 건데 10만 원이면 비싼 건 아니죠."

개인적이고 사소한 예이긴 하지만, 반대로 생각하면 나는 10년간 미용업계의 변화를 따라잡지 못한 셈이다. 변화에 적응하고, 그 이상을 뛰어넘는 혁신적인 사고를 하기 위해서는 항상 현장에 관심을 가지고 집중해서 관찰하며 사고해야 한다. 이것이 뒷받침되어야만 혁신적인 사고도 가능하다.

이 세상에
대충해도 되는 일은 없다

22

《손자병법》에 '풍림화산(風林火山)'이라는 말이 있다. '움직일 때는 바람처럼, 머물 때는 숲처럼, 공격할 때는 불처럼, 지킬 때는 산처럼'이라는 의미이다.

1997년에 대구 경제가 수년간 하향 곡선을 그리면서 지점들의 영업 실적이 좋지 않았다. 대구 지역 본부에서는 '수신 전략 방향 모색'을 위한 태스크 포스팀이 구성되었다. 나를 포함하여 팀원으로 선발된 8명의 관리자는 여러 차례의 회의를 통해 전략을 발표하며 결론을 이끌어 냈다. 홍일점인 나는 지인들을 통해 경쟁사들의 동향을 파악하고 해당 부서에 참고 자료를 요청했다. 그리고 우리 조직의 문제점 등을 분석하고 방향을 수립했다.

몇 주 후 전략회의가 마무리되고 각자의 발표 내용이 본부장에게 보고되었다. 그런데 그중에서 나의 보고서가 채택되어 40여 명의 지점장 앞에서 브리핑을 하게 되었다. 동료들을 대상으로 업무 연수를 해 본 적은 많았지만, 30대 후반의 과장이 기라성 같은 선배들 앞에서 브리핑해야 한다는 사실은 큰 부담으로 다가왔다(과거에는 지금과는 달리 상사와의 거리감이 매우 컸다.). 하지만 부담감 때문에 물러설 수는 없었다. 나는 나름대로 열심히 준비하여 선배들 앞에 섰다. 적어도 나 자신에게는 부끄럽지 않을 정도의 준비였다. 브리핑이 끝나자 선배들은 내게 이렇게 말했다.

"허 과장이 출근해서 퇴근할 때까지 시간대별로 하는 일을 적어서 주세요. 허 과장을 롤모델로 삼아야겠어요."

"서구 쪽의 직원들을 한자리에 모으면 백 명쯤 될 텐데, 오늘 우리들에게 들려준 이야기를 직원들에게 해 주세요."

노력이 빛을 발한 순간이었다. 나는 그 후에도 대구 본부를 위해 임무와 역할을 충실해 해내야 한다는 위기의식과 사명감을 가지고 성실하게 임했다. 만약 '함께하는 팀원들이 있으니 적당히 하면서 그냥 묻어 가야지.'라고 생각했다면 어떻게 되었을까. 이런 보람과 성취감을 느끼지 못했을 것이다. 어차피 해야 하는 일이라면 작은 것에 연연해하지 말고, 화끈하게 도전해야 한다.

그로부터 2년 뒤, 당시의 대구 지역 본부장은 인사담당 임원이 되어 있었다. 함께 근무한 적은 없지만 그는 태스크 포스팀에서 보여 준 나의 노력을 인정해 주었고, 이는 팀장으로 승진하는 행운을 안겨 주었다. 나는 그저 주어진 일에 최선을 다했을 뿐이다. 그것이 훗날 승진을 하게 된 결정적 요인이 될 것이라고는 전혀 생각하지 못했다.

2009년, 대한민국이 청소년 월드컵 16강에 진출했을 때 홍명보 감독은 이렇게 말했다.

"나는 희생하는 선수만 존중한다. 우리 팀에 필요한 스타는 밖에서 말하는 스타가 아니라 죽을힘을 다해 뛰어 줄 스타이다."

한 오디션 프로그램에서 성대결절이 있는 출연자가 목 관리를 소홀히 해 평소 실력을 발휘하지 못하자 심사위원들은 목 관리에 대한 무책임을 질타했다. 그들은 한목소리로 이렇게 말했다.

"성대결절이 있으면 말을 아끼면서 관리에 최선을 다해야 한다. 하지만 그런 노력을 하지 않았다. 이는 프로다움이 없다는 것이다. 가수는 재능만 있다고 될 수 있는 것이 아니다."

박완서의 소설《그해 겨울은 따뜻했네》에 이런 문장이 나온다.

기회는 앞머리만 있고 뒤통수는 대머리란 소리도 못 들었어? 어물쩡대다가 지나가 버린 후에 잡을래도 소용이 없거든.

'과연 이것이 내게 기회일까?'라는 생각에 이것저것 재기만 하다가는 기회를 놓쳐 버리고 만다. 그 기회를 잡기 위해 또다시 오랜 시간을 기다려야 할지도 모른다.

매 순간이 기회이며, 그 기회는 준비하는 자의 몫이라는 것을 기억하라. 매 순간이 모여 우리를 차근차근 정상으로 이끌어 줄 것이다.

보고할 때를 놓치지 말라

23

상사가 모든 구성원의 일거수일투족을 알 수는 없다. 현장에서 일어나는 작은 일까지 상사가 스스로 챙기기란 쉽지 않기 때문이다.

단가 인상 요구가 있었지만 평소 꾸준히 거래처를 관리한 덕분에 단가 인상 없이 납품 계약을 연장하는 데 성공했다면 그 후에는 어떻게 해야 할까? 단가에 변화가 없으니 그냥 가만히 있으면 되는 것일까? 이럴 때는 상사에게 보고해야 한다. 만약 보고하지 않으면 납품 계약 연장 과정을 모르는 상사는 결과만 알게 될 것이고, 결국 본인은 자신의 공로를 인정받을 수 없다.

"○○회사 김 사장에게 감사 전화를 해 주시면 좋을 것 같습니다. 단가 인상 요구가 있었지만, 인상 없이 계약 연장에 성공했습니다. 여기 김 사장의 연락처입니다."

상사에게 본인의 역량과 거래처 관리에 대한 열정을 자연스럽게 표현할 수 있는 것은 물론, 감사 인사를 받은 거래처 관계자와의 관계가 더욱 돈독해지는 효과를 볼 수 있을 것이다. 부끄러워하거나 머뭇거릴 필요도 없다. 이것은 자기 자랑이나 아부가 아닌 현황 보고이다.

주위를 살펴보면 자신이 이루어 낸 성과를 알리는 데 익숙하지 않아 상대방이 알아주기만을 기다리는 사람도 있고, 자신이 일부만 관여했음에도 혼자서 성과를 낸 것처럼 과대 포장하여 보고하는 사람도 있다. 두 유형 모두 바람직하지 않다. 사실을 있는 그대로 알리는 것이 모두에게 유익하다.

보고를 할 때는 몇 가지 사항을 주의해야 한다. 첫 번째는 나쁜 상황일수록 가능한 한 빨리 보고해야 한다는 것이다. 보통 나쁜 일이 생기면 어찌할 바를 몰라 허둥대다가 보고할 때를 놓치고 만다. 좋은 상황일 때는 보고가 늦어도 무관하지만, 나쁜 상황을 늦게 보고하여 수습할 타이밍을 놓치면 돌이킬 수 없는 일이 발생한다. 절대 혼자 수습하려고 하거나 조용히 무마되기를 바라서는 안 된다. 무소식이 희소식이 아니다. 늑장 보고는 커뮤니케이션 능력이 의심되는 태도이다.

은행의 경우 입사 초기에는 숫자에 대한 감이 잡히지 않아 대부분 고생을 많이 한다. 어느 날 밤 11시 정도에 신입 직원이 숫자를 잘못 읽어 현금 130만 원을 출금해 달라고 요청한 고객에게 1,300만 원을 내주어 현금 잔고가 1,170만 원이 모자란다는 보고를 받았다. 현금을 더 받아간 고객의 통장에는 자동화기기를 이용하여 입출금을 반복하며 자기앞수표를 발행했기 때문에 잔액이 남아 있지 않았다.

　자기앞수표 번호를 알아내고 분실신고를 하는 등 시간을 다투는 긴박한 상황이 벌어졌다. 다행히 다음날 고객을 만날 수 있었고 우여곡절 끝에 현금을 모두 돌려받아 상황이 마무리되었다. 하지만 늑장 보고로 인해 지옥을 다녀온 기분이었다. 현황 보고를 잘하는 것도 구성원이 갖추어야 할 능력이라는 것을 반드시 명심해야 한다.

　두 번째는 중간 보고를 잘해야 한다는 것이다. 시간이 소요되는 일을 추진할 때 중간 보고는 필수이다. 보고할 때는 두괄식(글의 첫머리에 중심 내용이 오는 산문 구성 방식)으로 결론부터 말하는 것이 좋다. 리더가 되면 힘든 점이 여러 가지 있지만, 그중 한 가지가 기다림이다. 어떤 문제가 발생했을 때 최고 관리자의 눈에는 해결 방법이 뻔히 보인다. 하지만 중간 관리자가 있기 때문에 바로 나설 수가 없다. 기다림도 리더의 역할 중 하나이다. 기다리지 못하고 모든 사안에 대해 리더가 직접 나선다면 부하 직원들이 문제 해결 능력을 키울 기회를 빼앗게 될 뿐 아니라 중간 관리자의 존재를 무시하는 꼴이 되어 온전한 조직이 될 수 없다.

　한 번은 이런 일이 있었다. 월요일 회의에서 신상품을 홍보하기 위해 현수막을 설치하기로 하고 일정을 감안하여 주말에는 현수막 설치를 완료하기로 했다. 그 후 담당자에게 아무런 말이 들려 오지 않아 직접 물어 보았다. 그때서야 담당자는 다른 일로 바빠서 시안도 결정하지 못했다고 보고했다. 그순간 얼마나 실망했는지 모른다. 일단 방향이 정해지면 속도를 내야 한다. 만약 담당자가 사안에 대해 중간 보고를 했다면 의견을 조율했을 것이고, 현수막 설치는 계획대로 진행되었을 것이다.

중간 보고는 일을 계획대로 추진할 수 있도록 할 뿐 아니라 진행 과정에서 일어나는 생각지 못한 문제점을 발견하고 개선할 수 있게 해 준다. 일이 매끄럽게 추진되고 있다면 추진되고 있다고, 애초 계획했던 대로 진행되고 있지 않다면 제대로 되고 있지 않다고 중간중간 보고를 해야 한다. 그래야만 문제점을 개선하며 효율적으로 일을 추진할 수 있다. 특히 시간이 걸리는 일이라면 중간 보고는 더욱더 중요하다.

봄에 씨를 뿌려야 가을에 수확할 수 있다. 겨울에 씨를 뿌리고 여름에 수확하려고 하는 것은 계절의 변화를 모르는 '철'이 없는 행동이다. '철이 없다'의 '철'이 계절을 가리키는 뜻인지 40대가 되어서야 알았다. 제때 보고하지 않는 것은 제때를 모르고 경거망동하는 철없는 행동과 같다.

'보고'라는 단어가 주는 무거운 어감 때문인지 보고를 부담스럽게 생각하는 사람이 많지만, 보고는 상황이나 결과를 알리는 것이다. 보고를 해서 문제가 되는 것은 아무것도 없다. 늑장 보고, 보고 누락이 오히려 더욱 큰 문제를 만든다는 것을 기억하라.

일을 **일처럼** 하지 말라

24

경쟁 사회에서는 일을 즐기는 것이 최고의 힐링이다. 무조건 '열심히'에만 초점을 맞출 것이 아니라 과정을 즐기면서 성과를 내야 한다. 일을 일처럼 하지 말고 잘해서 즐겨야 한다는 것이다.

한국코닝 이행희 사장은 이렇게 말했다.

"열심히 일하지 않는 사람은 없다. 중요한 것은 일 자체를 즐기는 것이다. 즐기다 보면 주위에서 자연스럽게 인정한다."

투자의 귀재 워런 버핏 역시 2008년 5월에 있었던 버크셔 해서웨이 주주총회에서 이렇게 말했다.

"고용계약서대로 족친다고 펀드매니저들이 잘하는 것은 아니다. 펀드매니저는 분초를 다퉈 가며 한 푼이라도 돈을 더 버는 것이 목적이지만, 중요한 것은 돈이 아니라 일을 사랑하도록 만드는 것이다."

모 대기업의 마케팅 전무는 자신의 성공 비결을 '꾸준한 노력'이라고 말했다. 그는 "타고난 재능도 있지 않느냐?"라는 질문에 "재능이란 노력하려는 열망이다. 다만 노력의 의미는 양보다 질이다."라고 말했다. '잘해서' 스스로 재미를 느끼는 선순환이 일어나도록 해야 한다는 것이다.

누군가가 뇌종양과 싸우면서도 15년간 연구에 몰두한 서울대학교 금장태 교수에게 "왜 책을 쓰는 압박감에서 벗어나지 못하는가. 몸의 병을 생각하면 연구 활동도 가끔은 덧없다는 생각이 들지 않느냐."라고 질문하자 그는 이렇게 답했다고 한다.

"공부하는 삶 속에 내가 사는 의미가 있다. 산악인들이 아주 위험한 고산을 등반하는 것은 그 속에서 삶의 의미와 즐거움을 느끼기 때문이다. 그렇기에 많은 위험이 존재한다는 것을 잘 알면서도 등반하는 것을 멈추지 않는 것이다. 자신이 추구하는 삶의 의미가 일을 하는 동력이 된다. 내가 공부하는 것도 마찬가지이다. 어떤 비장한 각오 때문이 아니라 그냥 좋아서 하는 것이다."

오늘날의 근무 환경은 예전과 많이 달라졌다. 주5일제가 도입되었고, 기업에서도 근무 시간 탄력제나 '가정의 날'을 정해 일주일에 하루는 강제적으로 퇴근 시간을 정확하게 지키게 함으로써 생산성을 높이려 애쓰고 있다. 그로 인해 사람들은 휴식을 위해 많은 시간을 투자하게 되었다. 최근 한국 영화를 본 관객 수가 1억 명을 넘어섰다고 한다. 관객들이 늘어난 것은 좋은 영화가 많아졌기 때문이기도 하지만 사람들이 영화에서 아이디어를 얻고 삶의 균형을 찾기 때문이 아닐까 생각한다.

그러나 레이디 가가, 마이클 잭슨, 오프라 윈프리 등의 영적 멘토인 디팩 초프라 박사는 힐링이 반드시 휴식과 등치되는 것은 아니라며 일의 중요성을 강조했다.

"세상 사람 중 20%만이 자신의 일을 좋아한다는 연구 결과가 있다. 인생에서 대부분을 차지하는 일이 휴식보다 더 중요하다. 일이 재미있다면 그만한 힐링이 없다."

성공한 사람들은 쉬는 동안에도 자기 일과 연관시켜 끊임없이 사고한다. 누군가가 루이비통 가문의 5대 손자이자 주문 제작 라인의 장인 페트릭 루이비통에게 "명품 업체 집안에 태어났으면 큰 걱정 없이 자랐을 텐데 굳이 하루 종일 공방 안에서 꿰매고 다듬고 붙이는 일을 할 필요가 있느냐?"라고 질문했다. 그는 이렇게 답했다.

"일하는 사람이야말로 인생의 가치를 아는 사람이다."

일이 일이 아닌 힐링이 되기 위해서는 지금 하는 일이 행복해야 한다. 일이 행복하기 위해서는 자신이 어떤 일을 할 때 가장 기쁜지 알아야 하고, 행복한 일과 잘하는 일을 일치시킬 수 있어야 한다.

남녀를 떠나 일은 삶의 중요한 요소이다. 직장인들은 아침에 출근해 퇴근하기까지 하루의 절반 이상을 회사에서 보낸다. 다시 말해 일을 즐기지 못한다면 인생의 절반 이상을 우울하고 지겹게 살게 되는 것이다.

자신이 즐길 수 있고, 좋아하는 일을 선택하는 것은 아주 중요하다. 일이야말로 삶의 질을 결정짓는 가장 중요한 요소가 될 것이다.

신나는 해결사가 되어라

25

어렵고 힘든 일이 생겼을 때 기피할 것이 아니라 역량을 키울 수 있는 기회로 삼아야 한다. 문제가 생겼을 때 그에 대처하는 모습을 보면 개인의 역량 차이가 확연하게 드러난다. 책임을 회피하는 사람, 시간을 끄는 사람, 변명부터 늘어놓는 사람, 다른 사람을 무시하는 사람, 잘못을 인정하지 않는 사람 등은 문제 해결에 대한 의지가 없는 사람이다.

인간은 시련을 통해 성장한다. 문제를 해결하는 과정에서 노하우가 생기고 역량도 커져 내공이 쌓인다. 미국 회사의 한 영업 사원이 실수를 하여 회사에 약 20만 불의 손실을 입혔다. 그는 계속 회사에 다니는 것은 염치가 없는 것 같아 사표를 제출했다. 그러나 회사 대표는 "당신이 회사를 그만두면 새로운 담당자가 당신과 똑같은 실수를 해 또 손실을 보게 될 텐데 그럴 수는 없다."라고 말하며 사표를 반려했다고 한다.

'똑똑한 실패'라는 제목의 기사를 본 적이 있다. 똑똑한 실패란 준비 부족이나 반복되는 실수로 인한 실패가 아니라 치밀한 계획과 다양한 시도를 했지만, 애초에 기대했던 목표를 달성하지 못한 경우를 말한다. 실패를 통해 교훈을 얻고 혁신을 이끌어 내 미래의 발전에 기여할 수 있어야 한다는 것이다.

BMW, 3M, 혼다 등 해외 기술 기업들은 '똑똑한 실패'를 장려하기 위해 '실패상'을 제정하는가 하면 실패 파티까지 열어 실패에 대한 인식을 바꾸고 있다고 한다.

영국 총리였던 마가렛 대처는 이렇게 말했다.

"실패는 단지 더 현명하게 시작할 기회일 뿐이다."

또한 더글라스 맥아더는 "인생에 확실한 것이란 없다. 오로지 기회만 있을 뿐이다."라고 말했다. 이들의 말처럼 일을 두려워하지 말고 일단 부딪혀 보아야 한다.

그렇다면 업무 실수를 줄이기 위해서는 어떻게 해야 할까? 먼저 분야별 업무의 기본 지침서 등을 활용하여 빠른 시간 내에 업무를 파악해야 한다. 이때 고객의 불만 사례나 실무 법률에 관한 사례 등 현장 사례를 함께 익히는 것이 좋다. 이는 이론과 현장의 갭을 줄여 주는 효율적인 방법이다. 현장 감각을 익히면 상대방의 입장에서 생각할 수 있는 안목도 기를 수 있다.

일을 더 빨리 배우고 싶다면 문제가 생겼을 때 해결사를 자청해 보라.

업무 교본에도 없는 자기만의 다양한 경험을 쌓을 수 있다. 그동안 외국인 남성만을 총지배인으로 임명하던 인터컨티넨탈 호텔이 최근에는 내국인 여성을 총지배인으로 임명했다. 그녀는 호텔 내에서 '불만 해결의 여왕'이라는 별명을 갖고 있었다. 평소 고객의 불만 사항을 적극적으로 해결하여 그런 별명이 붙은 것이다.

많은 사람이 적극적으로 문제 해결에 나서지 않는 이유는 복잡하고 어려워 보이기 때문이다. 그러나 막상 문제를 접하면 생각했던 것보다 쉽게 풀리는 경우가 많다. 그런 과정을 반복하다 보면 문제를 푸는 재미와 보람도 느끼게 된다. 일의 진행 과정에서 문제가 생기는 것은 당연하다. 문제가 생겼다는 사실을 힘겨워하지 말고 있는 그대로 받아들이는 노력을 해야 한다.

열 손가락 깨물어 아프지 않은 손가락이 없다지만, 무슨 일을 맡겨도 전혀 걱정이 되지 않는 사람이 있는가 하면 반대로 맡기고도 불안해서 여러 차례 확인해야 하는 사람이 있다. 탁월한 업무 능력을 가졌을 뿐 아니라 무슨 일이든지 긍정적으로 대하는 사람은 절로 신뢰가 간다. 그러나 불만 사항이 많고 비협조적인 사람은 불안함이 느껴진다.

한 취업 포털사가 기업 인사 담당자를 대상으로 '퇴사시키고 싶은 직원'과 관련한 조사를 실시했다. 그 결과, 응답자의 83%가 '퇴사시키고 싶은 직원의 블랙리스트가 존재한다.'라고 답했다. 퇴사시키고 싶은 직원 유형 1위는 '매사에 불평불만이 많은 직원'이었고, '근무 태도가 불량한 직원', '업무 능력 및 성과가 떨어지는 직원', '시키는 일만 하는 소극적인 직원', '협동심이 없는 이기적인 직원', '자신의 업무를 떠넘기는 직원'이 뒤를 이었다.

20여 년 전의 일이다. 남편이 갑자기 포항 지역으로 발령이 났다. 걱정스러운 마음에 혼잣말을 하며 퇴근을 했다.

"어떻게 출근해야 하지? 기차를 타야 하나? 직행버스를 타야 하나?"

그런데 다음날 아침에 출근해 보니 책상 위에 포항으로 가는 교통편 시간표가 놓여 있었다. 신입 직원이 내 넋두리를 듣고는 부탁도 하지 않았는데 상사를 위해 시간표를 구해다 놓은 것이다. 평소 오후 5~6시가 되면 출출한 배를 채우기 위해 동료들과 함께 간식 사 오기 게임을 하곤 했다. 이때도 이 직원은 자청해서 심부름을 하곤 했다. 이런 부하직원을 어찌 예뻐하지 않을 수 있겠는가.

문제가 발생하면 다음과 같이 긍정적으로 생각할 필요가 있다.

'유리창을 많이 닦는 사람이 적게 닦는 사람보다 유리창을 깰 확률이 높은 것처럼 열심히 했기 때문에 문제가 발생한 것이구나.'

'역량을 키울 수 있는 기회가 왔구나.'

자신이 어떻게 생각하든 문제는 이미 발생되었다. 그러니 서둘러 절망감에서 빠져나와 문제 해결을 위해 노력해야 한다.

긍정적인 생각으로 해결사 역할을 하다 보면 업무 역량이 커지고 전문성도 커진다. 번거롭지만 누군가는 해야 할 일, 남들이 꺼리는 일의 해결사 역할을 하다 보면 조직이, 동료가 그 열정을 인정해 줄 것이다. 자신에게 주어진 일은 대충하고 문제가 발생할 때만 주위의 시선을 의식하여 해결사 역할을 해서는 곤란하다. 진정성 없이 해결할 수 있는 것은 아무것도 없다.

해결사에서 한 발자국 더 나아가
문제가 발생하기 전에 미리 문제점을 발견해 내는
'문제 발견자'가 된다면
진정한 리더가 되는 것은 시간문제이다.

적자생존,
적는 사람이 살아남는다

26

　　　　　　　　　일을 하다 보면 안타까운 일들이 종종 눈에 띈다. 그 중 하나가 직원들이 매년 회사에서 나누어 주는 수첩을 제대로 활용하지 못하는 것이다. 회의 내용을 메모하는 정도로만 사용하다 보니 빈 페이지가 훨씬 많았다. 일기를 쓰듯 매일 중요한 내용을 헤드라인 정도만이라도 기록해 두면 업무에 많은 도움이 될 텐데, 메모의 중요성을 인식하지 못하는 것 같다는 생각이 들었다. 대부분의 업무는 매년 반복되는 일이 많기 때문에 과거의 활동을 참고한다면 새로운 아이디어를 도출할 가능성이 크다.

　메모를 잘하면 상사의 지침을 잘 지킬 수 있을 뿐 아니라 그것을 방어막으로도 활용할 수 있다. 회의할 때는 반드시 메모할 수 있는 수첩을 지참하도록 한다. 지시 내용이 이해가 되지 않을 때는 즉석에서 물어보고 메모해야 한다. 또한 상사가 내린 지시는 상사의 말이 끝난 후에 다시 한 번 확인하는 것이 좋다. 내용을 정확히 파악하지 않은 채 대충 알아듣고 진행하다 보면 다른 결과를 초래할 수 있다. 빨리 알아듣는 것보다 정확하게 알아듣기 위해서도 메모는 필수이다.

말을 바꾸거나 자신이 지시한 내용을 잘 잊어버리는 상사와 일한다면 메모는 훌륭한 아군이 된다. "지난번 본부에서 요청한 사안은 언제까지 마무리해야 했지?"라는 질문에 "다시 확인해 보겠습니다."라고 답하는 것보다 메모 수첩을 보며 즉시 답한다면 일의 효율성뿐 아니라 상사에게 신뢰감을 줄 수 있다. '적는 사람만이 살아남는다'라는 뜻의 '적자생존'이라는 말이 많이 사용되고 있다. 메모는 기억력의 한계를 극복하는 유용한 수단이며, 창의성과도 연관이 깊은 방법이다.

깊은 생각을 통해 문제에 대한 답을 얻기도 하지만, 언뜻 스치는 생각이 결정적인 역할을 할 때도 많다. 그러나 아이디어가 떠올랐을 때 메모하지 않고 시간을 흘려보내면 시간이 흐른 뒤에 그때 무슨 생각을 했는지 기억이 나지 않아 답답할 때가 있다. 그런 안타까운 상황에 처하지 않기를 바란다.

역사적으로 큰 발자취를 남긴 위인이나 성공한 CEO 중에는 메모광이 많다. 미국의 전 대통령인 링컨은 늘 모자 속에 노트와 연필을 넣고 다니며 좋은 생각이 떠오르거나 유익한 말을 들으면 즉시 메모하는 습관이 있었다. 에디슨은 평생 메모한 노트가 3,400여 권이라고 하고, 다산 정약용은 습관적으로 한 메모를 기반으로 18년 유배 생활 동안 다양한 분야에서 600여 권의 저서를 남겼다.

메모의 중요성은 아무리 강조해도 지나치지 않다. **순간적으로 떠오른 아이디어가 당신의 미래를 바꿀 수도 있고, 놓쳐 버린 중요한 사실을 메모에서 찾아낼 수도 있다.** 기억력에 의존하여 아이디어나 수치 기록 등을 날려 버리지 말고, 메모로 확실하게 붙들어 두어야 한다.

이미 일어난 일은 겸허하게 받아들여라

27

고객과 있었던 일이다. 사장이었던 고객은 본인이 관여하는 법인회사가 다른 은행과 거래하고 있어 금리 등 여러 가지 조건이 불편하다며 우리 지점으로 대출 거래 이전을 요청했다. 사장의 요구 조건을 수용하기가 쉽지 않았지만, 숙고 끝에 그의 요청에 응하기로 했다. 실무적인 준비를 마치고 대출 계약을 하기로 약속한 날, 약속 장소에서 사장을 기다렸다. 그러나 약속 시간이 한참 지나도 그는 모습을 드러내지 않았다. 잠시 후, 그 회사의 부사장이 느닷없이 나타나 계약을 없었던 일로 하자고 말했다. 바로 사장에게 전화를 걸었지만 전화기는 꺼져 있었고, 우리는 현장에서 철수할 수밖에 없었다.

거래 은행을 옮기겠다고 하자 기존의 거래 은행에서 고객을 빼앗기지 않으려고 우리 지점보다 더 유리한 조건을 제시했고, 이에 사장은 변심하여 약속을 어기고 연락을 피한 것이다. 본인의 요청으로 진행된 약속을 눈앞에 보이는 당장의 이익 때문에 헌신짝처럼 저버린 사장으로 인해 큰 상처를 받았다. 차라리 직접 약속 장소에 나와 사과라도 했다면 나았을 텐데 다른 사람을 보내 대충 넘어가려고 하다니! 무척 혼란스러웠다. 요구 조건을 수용하기 위해 애쓴 동료들도 마찬가지였다. 그러나 얼마 되지 않아 '수연낙명'을 가슴에 새기며 마음을 정리할 수 있었다.

'수연낙명(隨緣樂命)'

이는 '닥쳐 온 모든 일이 나에게 인연이 되는 일이니 거부하지 말고 겸허하게 받아들여야 한다.'는 의미이다.

대부분의 일은 진심으로 최선을 다하면 좋은 결과를 선사해 준다. 그러나 최선을 다했는데도 상대방이 마음을 열지 않아 성사되지 않는 일도 있다. 신입사원 시절에는 생각대로 일이 진행되지 않으면 오기가 생겨 이를 악물고 계속해서 시도했지만, 결국은 상처만 받고 끝이 났다.

만약 누군가와 인연을 맺기 위해 최선을 다했지만 진척이 없을 때는 거기까지가 인연이라고 생각하고 '수연낙명', 이 사자성어를 떠올리며 다른 인연을 찾아 나서는 것이 현명하다. 단, 대충의 노력이 아니라 최선을 다했다는 전제 조건을 반드시 지켜야 한다.

2014년 소치올림픽에서 심판들의 이해할 수 없는 판정에 의해 은메달에 머물렀던 김연아 선수의 모습은 무척이나 의연했다. 국내는 물론 해외

언론까지 부당한 판정이라며 목소리를 높였지만, 정작 김연아 선수는 담담한 모습으로 끝까지 미소를 잃지 않아 전 세계 피겨팬들의 가슴을 아프게 했다. 24세의 어린 선수라기보다 18년의 선수 생활을 통해 '수연낙명'을 깨친, 성숙한 인간으로 성장한 아름다운 모습이었다.

상처받는 것이 두려워 시도하지 않는 것도 문제이지만 상처에 너무 깊이 골몰하는 것도 문제이다. 최선을 다했음에도 이루어지지 않는다면 그것은 이미 내 손을 떠난 것이다.

인정할 것은 인정하고 재빨리
다음 일로 돌아서는 것이 프로다운 모습이다.

공과 사를
철저하게 구분하라

28

　　　　　　　고교 시절의 동아리 활동은 나의 가치관 형성에 적지 않은 영향을 미쳤다. 도산 안창호 선생은 나라의 부흥을 위해 흥사단이라는 단체를 만들고, 산하단체인 수양동우회를 만들어 청년들의 애국심을 도모했다. 우리 동아리는 이를 본떠 모임 이름을 '수양동우회'라 칭하고 매주 일요일에 모여 미리 정한 주제에 대해 토론하곤 했다. 자료를 열심히 준비하고 열띤 토론을 하며 비판적인 사고를 길렀다.

　나는 흥사단의 4대 이념, 즉 언제나 참되야 한다는 '무실', 몸소 행하고 실천해야 한다는 '역행', 사물이나 일을 대할 때에는 정성을 다하고 사람을 대할 때에는 신의와 믿음으로 대해야 한다는 '충의', 옳음을 보고 나아가며 불의를 보고 물러서지 않는다는 '용감'을 생활신조로 삼고 이에 벗어난 행동을 하지 않을 것을 다짐했다. 어릴 적의 다짐은 오랫동안 가슴에 새겨져 내가 정직하게 사회생활을 할 수 있도록 만들어 주었다.

고객이 다급한 상황에 빠졌을 때 자금을 지원해 줄 수 있는 여건이 되면 얼마나 행복한지 모른다. 한 번은 대출을 받은 고객이 결정적인 도움이 되었다며 현금이 든 봉투를 건넸다. 정중하게 사양했지만 고객은 막무가내였다. 어쩔 수 없이 봉투를 받아 들고 고객의 정성만 받을 수 있는 방법을 고민했다. 그리고 고객 명의로 불우이웃돕기 성금을 내고, 고객에게 영수증과 편지를 보내 양해를 구했다.

'돈 앞에 장사 없다.', '소를 탐하다가 대를 잃는다.'와 같은 말이 있다. 사적인 이득을 취하고자 돈 앞에서 무기력해지면 그것은 나중에 자신의 발목을 붙잡을 수도 있다.

우리 주변에는 공과 사를 구분하지 못하고 자신의 지위를 이용하여 이득을 보려고 하는 사람이 많다. 하지만 지금 소개하는 이 사례는 당신의 가슴을 훈훈하게 만들어 줄 것이라 생각한다.

대통령 8명을 보좌한 미국의 로버트 게이츠 국방장관은 자신의 퇴임식을 마친 뒤 군용기를 이용하여 미국 서부 워싱턴주에 있는 자택으로 이동했다. CIA에서 27년, 대학 강단에서 13년, 국방부에서 4년 7개월을 보내고 45년 만에 맞는 휴식이었다. 그는 공식적으로는 퇴임식 날 자정까지 국방장관이었지만 사적으로 군용기를 이용한 데 대한 비용을 따로 지불했다고 한다.

독일에서는 직장에서 휴대폰을 충전하는 것도 부정적으로 생각한다고 한다. 휴대폰 충전은 사적인 일이라는 것이다. 한 번은 자녀에게 전화가 걸려 오자 전화 요금이 올라가니 엄마가 다시 전화를 걸겠다고 하고 사무실 전화기로 전화를 거는 동료의 모습에 당황한 적이 있다.

과거에는 어느 정도의 문제가 생겨도 묻어 두고 지나치는 경우가 많았지만 지금은 상황이 다르다. 직장에서 살아남으려면 회사의 규율을 존중하고, 공과 사를 구별하며, 자신의 모든 것을 쏟아부어야 한다.

**평소 일하는 모습이 차곡차곡 쌓여
자신의 이미지가 되고
그렇게 만들어진 이미지는 바꾸기가 쉽지 않다.**

누군가 당신의 모습을 항상 지켜보고 있다는 것을 잊지 말아야 한다.

끊임없이 **생각**하고, 끊임없이 **관리**하라

29

나는 새 지점을 맡으면 6개월 동안은 무조건 기존 고객을 관리했다. 철저한 기존 고객 관리는 기대 이상의 성과로 연결되었고, 조금씩 고객들의 만족도가 높아지면서 충성 고객이 생겨났다. 충성 고객들은 자신의 지인을 소개해 주기도 했다. 이렇게 기존의 고객이 새로운 고객을 소개해 주는 것을 'MGM(Members Get Members) 마케팅'이라고 한다. 그들은 본인이 거래하는 은행이 잘되어야 한다며 적극적으로 고객을 소개해 주며 우리 지점의 든든한 지원군이 되었다.

자주 접하는 고객은 자연스럽게 편안해진다. 그러나 편안함에 현혹되어서는 안 된다. 편하다고 예의를 갖추지 않거나 감사의 표현을 하지 않으면 고객은 실망하고, 결국 떠나 버리고 만다. 고객을 가족처럼 편하게 대하다가 큰코다칠 수 있음을 명심하라.

실제로 상품 정보를 기존 고객에게 적극적으로 설명해 주지 않아 기존 고객이 타 경쟁사의 상품을 구매하는 경우도 있다. 경쟁사는 신규 고객을 확보하기 위해 최상의 서비스를 약속하며 적극적인 마케팅을 펼친다. 때로는 신규 고객 확보를 위해 기존 고객들에게 제공되는 서비스보다 더 파격적인 서비스를 제공하기도 한다. 경쟁 회사의 적극적인 구애에 흔들리는 기존 고객들은 복수 거래를 통해 양쪽을 비교해 보며 최종적으로 어느 쪽을 선택할지를 저울질한다. 이는 기존 고객에 국한된 이야기가 아니다. 대부분의 고객이 이처럼 양쪽을 비교하며 언제든지 떠날 준비를 한다.

매켄지의 금융설문 조사에 의하면 조금이라도 금리 차이가 나면 거래 은행을 바꿀 의사가 있느냐는 질문에 한국은 51%, 선진국은 32%의 피설문자가 그렇다고 대답했다. 고객은 항상 떠날 준비가 되어 있다. 특히나 한국은 더욱 까다롭다.

기업의 입장에서 신규 고객을 늘리는 것은 급한 일이지만, 기존 고객을 관리하는 것 역시 중요하다. 기존 고객에 대한 철저한 관리 없이 신규 고객을 유치하기 위해 동분서주하는 것은 밑 빠진 독에 물을 붓는 것과 다름없다. 신규 고객 유치 비용은 기존 고객 관리 비용의 5배라고 하니 기존 고객의 거래 점유 비중을 높이는 것이 신규 고객을 유치하는 것보다 훨씬 경제적이라 할 수 있다.

신규 고객에 대한 정보 부족으로 신규 고객을 늘리는 데 어려움을 겪으면서도 정작 이미 확보된 기존 고객들에 대한 정보는 적극적으로 활용되지 않고 있는 것이 현장의 모습이다. 기존 고객은 계속 거래하고 있기 때문에 언제든지 접근할 수 있다는 생각에 우선순위에 두지 않는 실수를 범하는 것이다.

휴대폰 시장 역시 비슷하다. 신규 고객 유치에만 열을 올려 다양한 혜택을 마련하고, 5~10년 되는 장기 이용자들은 뒷전인 경우가 많다. 그렇다 보니 장기 이용자들 사이에서는 푸대접에 대한 불만이 나오고, 결국 이동사를 이탈하고 만다. 자식이 효도할 때까지 부모가 기다려 주지 않는 것처럼 자신에게 관심을 줄 때까지 기다려 줄 너그러운 고객은 그리 많지 않다.

업계의 치열한 경쟁과 다양한 서비스 등으로 고객의 기대 수준은 점차 높아지고 있다. 이런 기대에 부응하기 위해서도 고객 관리는 철저하게 이루어져야 한다.

시가 총액 1위인 미국 알짜 은행 웰스파고는 워런 버핏이 통째로 사고 싶다고 공개적으로 러브콜을 보낸 금융회사이다. 웰스파고의 존 스텀프 회장은 회사의 성공 요인에 대해 이렇게 말했다,

"회사의 성공 요인은 세 가지, 즉 인재 양성, 인수 합병, 기존 고객 활용 극대화가 있다. 그런데 기존 고객을 제대로 활용하지 못하면 앞의 두 가지 사항은 아무 소용이 없다."

아무리 내부적으로 탄탄한 시스템이 갖추어져 있다 해도 고객이 떠나버리면 모든 것이 무용지물이다. '불황에는 단골 마케팅이 최고이다.'라는 말이 있다. 지금 거래하고 있는 기존 고객이야말로 제1호 관리 대상임을 잊지 말아야 한다.

대면하지 못하는 고객을 위한
서비스를 강구하라

30

　　　　　　　　　　이제 마음만 먹으면 얼굴을 보지 않아도 얼마든지 업무를 처리할 수 있다. 정보 기술이 발달하면서 과거에는 상상도 하지 못했던 일들이 일어나고 있다. 해외에는 사무실을 최소화하거나 아예 없애는 등 직원들에게 재택근무를 권장하는 곳도 늘고 있다.

　　은행 업무 역시 텔레뱅킹, 인터넷뱅킹 등 비대면 채널을 이용하여 일을 처리하는 사람이 90%에 육박하고 있다는 통계 자료가 있다. 한국은행 발표에 의하면 2010년 12월 전체 입출금, 이체 거래 중 15.5%가 지점 창구에서 이루어졌지만, 불과 1년 반 만에 이 비율이 12.3%로 줄어들었다고 한다. 2011년 모 은행 노조는 두 달간 장기 파업을 하면서 340개 지점 중 42개를 폐쇄했지만, 예금 이탈은 1.8%에 그쳐 영향이 미미했다. 전문가들은 이러한 상황을 비대면 거래의 비중이 커졌기 때문이라고 분석했다.

　　이 통계는 다른 업종에도 대입할 수 있다. 유통구조의 변화로 인해 직접 매장에 나오지 않는 사람이 더욱 많아지고 있다. 주변을 둘러보면 컴퓨터, 스마트폰으로 쇼핑을 하는 사람이 상당히 많다. 컴퓨터나 스마트폰을 통해 언제, 어디서든 최신 정보를 알아낼 수 있기 때문에 활용도가 더욱 높아졌다. 최근에는 국내뿐 아니라 해외 사이트를 통해 쇼핑을 즐기는 사람이 늘어나고 있다. 차별화된 서비스로 승부를 걸지 않으면 살아남기 힘든 시대가 된 것이다.

앞으로 디지털 기술을 활용한 비대면 채널은 더욱 다양화되고, 창구를 이용하지 않는 비대면 채널 고객의 관리는 매우 중요해질 것이다. 직접 방문하는 약 10%의 고객만을 위해 일하는 창구 직원은 생산성이 없다는 이유로 '지점 무용론'을 제기하는 사람도 있다. 이제부터 내점하지 않는 약 90%의 고객을 어떻게 관리할 것인가가 관건이다.

나는 90%의 비대면 고객에게는 주기적으로 전화를 걸어 관리했다. 그리고 명함을 건네듯 "제 휴대전화 번호를 문자메시지로 보내겠습니다. 은행에 나오시면 꼭 연락 주십시오."라며 연결 고리를 만들었다. 대화 중에 고객의 관심사를 파악하게 되면 평소에 스크랩해 둔 자료를 메모와 함께 우편으로 보냈다. 전화로 미리 접점을 만들어 둔 고객이 직접 은행에 방문하면 오래전부터 알고 지낸 사람을 만난 것처럼 어색함 없이 대화를 나눌 수 있게 된다.

매년 11월이 되면 새해 달력이 준비되고 고객들에게 전달할 계획을 세운다. '힘찬 출발을 기원하며 내년 달력을 준비했습니다.'라고 문자메시지를 보내는 것으로 달력 교부를 시작한다. 이때 은행에 자주 방문하는 고객에게는 전달이 용이하지만, 그렇지 않은 고객에게는 전달하기 쉽지 않다. 그래서 나는 비대면 고객의 명단을 따로 만들어 전화 통화를 했다. "직접 가져다 드리지 못해 죄송합니다. 우편으로 보내도 괜찮을까요?"라고 말하면 고객들은 무척 고마워한다.

달력을 전달하고자 하는 것이 주목적이지만 이 짧은 통화를 통해 감사의 인사를 전하고 연락처도 알릴 수 있다. 또한 고객의 자금 규모, 고객이 필요로 하는 서비스 등의 정보를 파악하여 이를 바탕으로 거래 비중을 확대해 나갈 수 있다.

어느 은행이든 직접 방문하여 1개월 동안 30억 원을 저축하겠다고 하면 직원은 본부와 협의하여 특별 금리를 제시하고 다양한 선물을 증정할 것이다. 또한 지점장이 직접 찾아와 고맙다고 인사하고, VIP 대접을 해 줄 것이다.

그렇다면 입출금이 자유로운 통장에 1억 원을 저축하고 3개월을 보낸다면 어떨까? 아마 특별 금리도, 선물도, 지점장의 인사도 받기 어려울 것이다. 은행의 수익 측면에서는 두 경우가 크게 다르지 않다. 하지만 표면적으로 30억 원은 거액이므로 VIP 대우를 해 주지만 1억 원은 현장에서 놓치는 경우가 많다.

마찬가지로 이윤이 개당 100원인 상품을 1만 개 구입하는 고객과 이윤이 1원인 상품을 100만 개 구입하는 고객은 구매량은 다르지만, 판매자에게 똑같이 100만 원의 수익을 준다. 회사에 수익을 주는 고객이 나에게 월급을 주는 고객이다. 1만 개의 소량을 구입하는 고객도, 100만 개를 구입하는 고객과 똑같이 감사하는 마음으로 관리해야 한다.

정기예금 고객은 대부분 지점 주변의 대면 고객이지만, 통장 고객은 다른 지점이나 비대면 채널을 이용하는 비대면 고객이어서 관리의 사각지대에 놓이게 된다. 그러나 수익을 주는 비대면 고객 관리를 소홀히 해서는 좋은 성과를 기대하기 어렵다.

물론 일을 하다 보면 여건이 뒷받침되지 않기 때문에 모든 고객을 똑같이 관리할 수는 없다. 그러나 고객을 향한 한결같은 마음이 있다면 비대면 고객에게 다가갈 수 있는 여러 가지 방법을 찾을 수 있을 것이다.

고객이 항상 **1순위**이다

31

일을 하다 보면 종종 다른 기업의 사례에서 경영 아이디어를 얻기도 한다. 매년 2천만 명이 넘는 환자를 맞으면서도 환자 만족도가 가장 높다는 미국 미네소타주 로체스터시에 있는 세계 최고의 병원 '메이요 클리닉'에 대한 기사를 보면 그들이 끊임없이 서비스 혁신을 이루어 내고 있음을 알 수 있다.

메이요 클리닉은 1889년에 세워졌다. 그곳은 설립 초기에 처음으로 수술 장면을 공개하며 외부 의사들과 수술 노하우를 공유했다. 대부분의 병원 진료실은 의사와 환자가 책상을 사이에 두고 마주 보게 되어 있다. 하지만 메이요 클리닉은 의사와 환자가 같은 테이블이나 소파에 앉아 진료를 진행한다. 의사가 컴퓨터 모니터만 들여다보며 환자를 진료하면 제대로 대화를 주고받기 어렵다는 것이다.

이를 다른 서비스업에 적용해도 좋을 것 같다. 직원이 고객의 요청 업무를 처리하는 동안 고객의 시선은 허공을 떠돌거나 일하는 직원에게 향해 있다. 직원과 마주 앉아서 컴퓨터를 조작할 수 있다면 재테크 기사 검색, 이메일 검색, 관심 뉴스 검색 등을 하며 지루함을 덜 수 있을 것이다. 식당에서도 주문한 음식이 나올 때까지 재료 구입, 레시피, 요리 과정 등을 컴퓨터 화면으로 볼 수 있다면 입맛도 돋우고 음식에 대한 신뢰감도 얻을 수 있을 것이다.

메이요 클리닉이 이루어 낸 혁신에는 '고객 중심' 철학이 있었다. 많은 기업이 '고객 중심' 경영을 중요하게 생각하지만 생각에 멈추고 만다. 그러나 메이요 클리닉은 문제를 꾸준히 연구하며 혁신을 이루어 냈다. 고객이 존재해야 회사도 존재하고, 사장도 존재한다. 그러므로 고객을 언제나 1순위로 생각해야 한다.

만약 고객을 응대하고 있는데 사장님이 등장했다면 당신은 어떻게 하겠는가. 많은 사람이 하던 일을 멈추고 자리에서 벌떡 일어나 사장에게 인사를 한다. 하지만 응대 중인 고객에게 양해를 구하지 않고 자리에서 일어나는 것은 잘못된 행동이다. 고객 응대 중에 전화를 받는 것도, 다른 고객이나 동료와 대화를 섞는 것도 마찬가지이다. 무엇이든 내 앞의 고객이 우선이라는 생각을 가져야 한다.

만약 고객이 찾아온다면 일어나 인사를 해야 한다. 그 이유는 서 있는 고객과 눈높이를 맞추기 위해서이다. 앉은 자세에서는 시선을 올려야만 서 있는 고객과 눈을 마주칠 수 있다. 앉아서 시선을 올려다보면 흰색 눈동자가 더 많이 보여 노려보는 듯한 인상을 심어 줄 수 있다. 단지 이 이유가 아니더라도 고객의 의미를 가슴속 깊이 담고 있다면 고객이 찾아왔을 때 자연스럽게 일어나게 된다. 만약 부모님이 아무런 연락 없이 회사에 찾아왔다면 어떨까? 너무 반가워서 나도 모르게 벌떡 일어서게 될 것이다. 고객은 부모와 같다. 부모가 있어 내가 존재하는 것처럼 고객이 있어야 내가 존재할 수 있다.

나는 종종 영업 시간이 지나면 은행을 방문했던 고객들에게 전화를 걸어 불편한 점은 없었는지, 다른 궁금한 내용은 없는지 물어보고 감사의 마음을 전했다. 나를 만나고 간 부모님이 집에 잘 도착하셨는지 궁금해서 전화를 걸고 싶은 마음이 드는 것처럼 고객에게도 똑같은 마음이 들어야 한다. 고객이 우리에게 어떤 존재인지 깊이 고민하면 고객은 늘 반가운 사람이 된다. 고객은 언제, 어떤 모습으로, 어떤 내용으로 찾아올지 모르기 때문에 언제나 완벽하게 준비하고 있어야 한다.

그러나 사람이 로봇이 아닌 이상 기분이 매일 똑같을 수 없다. 조직의 분위기가 문제가 될 수도 있고, 개인적으로 좋지 않은 일이 생길 수도 있다. 인간이기 때문에 좋지 않은 마음이 겉으로 드러나는 것은 당연하지만 직장에서는 최대한 개인 감정을 드러내지 말아야 한다. 앞뒤 사정을 모르는 사람이 감정을 주체하지 못하는 사람을 보면 그냥 어리둥절할 뿐이다. 일은 일이다. 현재 자신의 감정이 어떠하든 프로의식을 가지고 자제할 필요가 있다.

단적인 예로 영업 시간 전이나 영업 시간 후에 찾아오는 고객에게는 시큰둥하기가 쉽다. 고객도 시간을 지키지 못해 미안한 마음을 가지고 있을 것이다. 그런데 그때 고객이 염려했던 것과 달리 친절하게 대해 준다면 고객은 더욱 크게 감동할 것이다.

　입사 시험을 볼 때 면접관에게 언제나 웃는 얼굴로 고객을 맞이하겠다는 감정 노동을 약속하며 뽑아 달라고 어필하지 않았는가? 고객이 있어야 살아남을 수 있고, 성장할 수 있다.

고객은 우리를 있게 하는 존재임을 꿈에서도 잊어서는 안 된다.

매 순간을 마케팅의 기회로 활용하라

32

수백 년 동안 대를 이어 오고 있는 '오사카 상인의 정신'에 대한 글이다.

하늘에 해가 없는 날이라 해도 나의 점포는 문이 열려 있어야 한다.
하늘에 별이 없는 날이라 해도 나의 장부에는 매상이 있어야 한다.
메뚜기 이마에 앉아서라도 전은 펴야 한다.
강물이라도 저당 잡히고 달빛이라도 베어 팔아야 한다.
일이 없으면 별이라도 세고 바닷가의 모래라도 세야 한다.
손톱 끝에 자라나는 황금의 톱날을
무료하게 잘라 내고 앉았다면 옷을 벗어야 한다.
옷을 벗고 힘이라도 팔아야 한다.
힘을 팔지 못하면 혼이라도 팔아야 한다.

상인은 오직 팔아야 하는 사람,

팔아서 세상을 유익하게 해야 하는 사람이다.

그렇지 못하면 가게 문에 '묘지'라고 써 붙여야 한다.

마케팅에서는 파는 것이 중요하다. 아무리 좋은 상품이라도 팔지 못하면 소용없다. "학생들도 세금 우대가 되나요?"라는 고객의 질문에 직원들은 다양한 답을 내놓는다. 직원 A는 "만 20세 이상이면 세금 우대 한도가 1천만 원입니다."라고 대답했고, 직원 B는 "자녀가 몇이신가요? 대학교 2학년과 4학년이면 각각 세금 우대 한도 1천만 원으로, 1년 만기 상품으로 가입하신다면 2천만 원까지 절세하실 수 있습니다. 최근 세금 우대 한도가 줄어들어서 많은 분이 자녀 명의로 가입하고 계십니다."라고 대답한다.

대출 상담을 위한 전화가 걸려 왔다. 고객은 이렇게 물었다.

"저는 ○○방송국에 근무하는데 신용대출이 얼마까지 됩니까?"

이때 직원 A는 "연봉과 타 은행의 신용대출 금액에 따라 달라집니다. 전화상으로 자세한 상담은 어렵습니다. 은행에 들러 주십시오."라고 대답했고, 직원 B는 "고객님의 경우 ○○원 신용대출이 가능하십니다. 필요한 서류 목록을 팩스로 보내 드리겠습니다."라고 대답했으며, 직원 C는 "고객님께서 편한 시간을 말씀해 주시면 제가 대출 서류를 가지고 직접 찾아가 설명해 드리겠습니다."라고 대답했다. 똑같은 질문이라 해도 직원의 열의와 능력에 따라 대응 방법은 이렇게 달라진다.

유능한 마케터라면 마케터 정신으로 무장하고 매 순간을 마케팅 기회로 활용할 줄 알아야 한다. 놓친 기회는 언제 다시 찾아올지 모른다. 고객은 당신이 판매하고 있는 모든 상품을 알지 못한다. 고객이 관심을 보이는 상품이 있다면 그것과 유사한 상품도 함께 소개하여 선택의 폭을 넓혀 주는 것이 마케터의 역할이다.

스테이크가 주 메뉴인 식당에서 새로운 샐러드를 개발했다면 메뉴판에만 이름을 올려놓고 고객이 주문하기만을 기다리는 것보다 주문을 받는 직원이 "이 스테이크와 잘 어울리는 샐러드를 새로 개발했습니다. 요즘 제철인 시금치를 사용해서 감칠맛을 더해 줍니다."라고 소개한다면 고객은 그 샐러드에 관심을 가질 것이다.

물론 말처럼 쉬운 것은 없다. 그렇기 때문에 몰입해서 방법을 찾고 개발해야 한다.

오사카 상인의 정신처럼
밑바닥부터 철저히 마케터의 정신으로
무장해야 살아남을 수 있다.

미팅 전에 **대화 내용**을
미리 그려 보아라

33

　　　　　　　요즘 병원들은 건강검진 고객을 유치하기 위해 홍보에 열을 올린다. 홍보 부스를 설치하거나 정기 검진일이 다가오면 문자메시지로 알려 주기도 한다. 은행 역시 마찬가지이다. 전화나 문자메시지를 통해 예금, 대출 만기일 등을 안내한다. 만약 1년제 상품에 가입한 고객이라면 1년에 한 번만 만날 수도 있다. 그러므로 오랜만에 대면하는 고객을 맞이할 준비를 철저히 해야 한다. 만약 기회를 놓친다면 언제 또 그 고객을 만나게 될지 모른다.

　고객을 만나기 전에 고객에게 맞는 상품을 고민하고 제안할 수 있는 내용을 만들어야 한다. 다시 말해 고객을 만나기 전에 디자인 설계를 마쳐야 하는 것이다.

　대출 상품은 급여 통장 또는 신용카드 이용으로 대출 금리를 낮출 수 있는 조건들이 있다. 대출 기간을 연장해야 할 고객일 경우 대출 만기일을 안내할 때 금리를 낮출 수 있는 조건도 함께 안내해야 착한 안내라고 할 수 있다. 만약 사전에 그러한 정보를 전달하지 않고, 고객이 은행에 찾아왔을 때 안내한다면 어떻게 될까. 고객이 신용카드 이용으로 금리를 낮추기를 희망한다면 신용카드 가입에 필요한 서류를 준비하여 재차 은행을 방문해야 한다. 이 얼마나 고객을 번거롭게 만드는 일인가.

은행에서 카드 업무에 대해 상담한 사례를 소개한다.

"만약 백화점에서 100만 원짜리 컴퓨터를 구입하고 카드로 결제하시면 고객님의 통장에서는 다음 달 결제일에 100만 원이 출금되지만 은행에서는 수수료 약 3%를 제외한 나머지 금액을 3~4일 후에 백화점에 지불합니다. 은행은 나중에 고객님께 돈을 돌려받고 백화점에 미리 돈을 넘겨 줍니다. 그 대신 백화점에서 수수료 3%를 받습니다. 고객님께서 자금의 여유가 있어 1년 동안 1억 원을 예금하신다면 0.1%의 수익이 발생합니다. 신용카드 이용은 예금보다 은행에 30배의 수익을 가져다줍니다. 그래서 고객님께 대출 금리를 우대해 드릴 수 있습니다."

"아니, 그런 이야기를 왜 이제 합니까? 아이가 유학 중이라서 카드 이용을 많이 하는데 소용없는 카드를 사용해서 여태 손해를 봤네요."

이번에는 예금 만기를 알리는 전화 통화 내용을 소개한다.

"며칠 뒤에 만기 예금을 찾으시면 세금을 공제하고 ○○원의 이자를 받으실 수 있습니다. 혹시 다른 상품에 가입할 계획이 있으십니까?"

"금리가 자꾸 내려가서 예금이 만기가 되어도 재미가 없네요. 원금은 보전되면서 수익이 좋은 상품은 없나요?"

"고객님, 만기는 다음 달 10일인데 원하시는 원금 보전 상품은 11일에 출시됩니다. 그리고 지금 가입해 놓으신 인덱스펀드 수익률이 현재 15%입니다. 전문가들은 이 펀드의 비중을 확대하는 것을 권하고 있습니다."

"그렇다면 그 예금은 그대로 연장하고 이자는 펀드에 입금하면 되겠네요. 11일에 다른 은행 만기예금이 있으니 곧 출시된다는 그 상품에 가입하는 것으로 하겠습니다."

질문을 받고 허둥지둥 답변을 생각해 내는 것이 아니라 고객에게 필요한 정보를 미리 준비하고 안내하여 신상품과 펀드 추가 입금도 약속받게 된 경우이다. 만약 사전 디자인 설계가 없었거나 사전에 고객과 대화를 나누지 않고 단순히 만기 일정만 알렸다면 경쟁사의 치밀한 구애로 예금이 이탈되었거나 이탈이 없다고 하더라도 예금 만기일만 연장하게 될 확률이 높다. 또한 만기예금 고객이 은행에 왔을 때 기다리는 고객이 너무 많아 상담다운 상담을 하지 못할 수도 있다. 다행히 이탈 없이 예금 만기일만 연장했다면 1년 전과 비교하여 날짜만 연기되었을 뿐 발전된 것은 아무것도 없다. 이렇듯 사전 준비 없는 업무 처리는 생산성 없는 구태의연한 업무 자세이다.

단순히 은행에서 일어나는 예를 들었지만, 일반 기업에서도 거래처 직원이나 바이어를 만나는 일은 비일비재하다.

고객을 만나기 전에 상대방이 진정으로 필요로 하는 것이 무엇일지 미리 파악하고 철저히 준비해야 한다. 그것이 상대방에 대한 정성이자 배려이다. 이러한 과정이 몸에 배었다면 실적은 저절로 따라온다.

아날로그의 힘은 강하고 아름답다

34

　　　　　　　새 지점에 부임한 지 한 달도 채 되지 않았을 때의 일이다. 연세가 지긋하신 고객에게 항의 전화가 걸려 왔다.

"지점장! 내가 한 번도 만난 적은 없지만, 이거 너무한 거 아니야? 대출 금리 8%가 말이 돼? 작년에 매출이 줄었다고 기업을 홀대하는 거야? 사채 금리를 받으면 은행이 사채업자가 아니고 뭐냔 말이야."

전화를 받은 나는 바로 현장으로 달려갔다. 창립한 지 10년이 된 주방용 고무장갑을 만드는 회사였다. 현장을 직접 챙기는 CEO의 열정과 현장 직원의 밝은 모습에서 좋은 느낌을 받았다. 게다가 새로운 기술 개발과 시설 투자로 매출이 점차 개선되고 있는, 앞날이 유망한 기업이었다.

CEO에게 대출 금리에 대해 설명해 주었지만, 그는 그동안의 기술 개발과 시설 투자로 자금 사정이 어려워져 금융 비용에 대해 민감했고, 오랫동안 믿고 거래했는데 사전 안내 없이 금리를 올린 것에 대해 배신감까지 느낀다며 막무가내로 화를 냈다. 재무 상황, 제품 경쟁력, 재고 관리, 현금 흐름 등이 좋은 기업은 신용 위험이 낮아서 대출 금리가 낮게 산정되지만, 상대적으로 재무 상황이 나쁜 기업은 신용 위험이 커 대출 금리 역시 높아진다.

상황이 어려울 때 금융 비용까지 줄여야 하는 기업 입장에서는 당연한 불만이었다. 제품 개발, 제조, 홍보, 판매, 자금 관리, 직원 관리까지 하면서 시황도 읽어 내야 하는 중소기업인은 북 치고 장구 치는, 그야말로 종합 예술인과 다름없다.

무거운 마음으로 사무실에 돌아온 나는 지점장으로서 할 수 있는 최선의 노력을 하겠다는 진심과 현장에서 느낀 CEO의 열정, 자신의 모든 것을 사업에 쏟아 내는 CEO의 집념에 대한 생각을 담아 편지를 보냈다. 며칠 뒤 그 회사의 생산품인 고무장갑이 소포로 도착했다. CEO는 내게 전화를 걸어 자신이 너무 지나쳤다며 사과를 했고, 전화를 받고 단숨에 달려와 준 성의에 좋은 인상을 받았다고 말해 주었다.

문제가 생기면 현장부터 점검해야 한다. 그리고 방법을 찾아 해결해야 한다. 나는 편지를 해결법으로 사용했다. 우리 주변에서 우체통이 점점 사라지고 있지만 편지의 힘은 여전히 세다.

'친구와 헤어질 때 60대는 편지를 쓰라고 하고, 50대는 전화를 걸라고 하며, 40대는 이메일을 보내라고 한다. 또한 30대는 문자메시지를 보내라고 하고, 20대는 페이스북을 하라고 한다.'라는 우스갯소리가 있다. 요즘은 편지보다 이메일이나 문자메시지를 많이 이용하지만, 상황에 따라서는 편지를 이용하여 상대방의 감성에 다가갈 필요가 있다.

항의 전화를 받고 전화로만 응대했다면 혹은 현장에서 만남을 가진 후 전화를 걸거나 문자메시지를 보내는 것으로 끝냈다면 그 CEO의 마음을 움직일 수 있었을까? 만약이라는 섣부른 추측을 해서는 안 되지만 나는 아날로그의 강력한 힘을 믿는다.

세계 3대 자동차 디자이너로 꼽히는 이언 칼럼은 영국 스코틀랜드의 시골 마을에서 살았다. 그는 14세가 되던 해에 영국 재규어 본사에 무작정 편지를 보냈다.

제가 직접 그려 본 스포츠카예요. 제 생각엔 제가 재능이 있는 것 같아요. 저를 디자이너로 뽑아 주실 수 없나요?

얼마 뒤 그는 전설의 영국 자동차 엔지니어로 인정받고 있는 윌리엄 헤인스에게서 기대하지도 않았던 답장을 받았다.

아이디어와 드로잉이 좋네요. 하루라도 빨리 체계적인 디자인 교육을 받고 열심히 훈련하세요.

이언 칼럼은 당장 부모에게 윌리엄 헤인스의 편지를 보여 주었고, 결국 영국 왕립예술학교로 유학길에 올랐다. 한 장의 편지가 부모를 설득시켰고, 먼 훗날 세계적인 자동차 디자이너를 탄생시킨 것이다.

아날로그의 힘을 증명하는 또 하나의 예가 있다. 과장이었을 때의 일이다. 한 남성 고객이 거의 매일 은행에 방문하여 딸의 교육 문제, 아버지의 외도 문제, 어머니의 병환, 공장 경영 문제, 향후 사업 계획 등 자신의 마음속 이야기를 털어놓았고, 나는 그의 말에 귀를 기울여 주었다.

당시 그는 40대 중반이었고, 50억 원 정도의 현금 자산이 있었다. 그는 50억 원을 현금 자산으로만 관리하기에는 삶이 단조로운 것 같다며 새로운 사업을 찾고 있었다. 그가 어떤 사업을 시작할 것인지 결정하기 전에 나는 다른 지점으로 발령이 났다.

그로부터 10년 후, 지점장으로 근무하던 영업장에서 우연히 다시 그를 만났다. 그는 새 사업을 하게 되었으나 신통치 않고, 다른 은행과 비중을 반반으로 나누어 거래를 하고 있다고 말했다.

그동안의 자금 흐름을 감안하면 그의 현금 자산이 40억 원 정도는 될 것 같았다. 타 은행과 반반으로 나누어 거래하고 있다고 했으니 타 은행에 20억 원 정도가 예치되어 있을 것이라 추측했다. 그 후 그 고객을 다시 만났을 때 타 은행의 20억 원에 대한 자금 운용에 대해 제안을 했다. 다음 날 그에게서 전화가 걸려 왔다.

"허 지점장! 다른 은행에 예치된 내 예금이 20억 원이라고 누가 알려 줬는지 이름을 대세요. 그 직원을 금융감독원에 고발할 거예요. 그런 정보를 교환하면 어떻게 은행을 믿고 거래를 할 수 있겠어요?"

나는 그동안의 자금 흐름을 감안하여 예측했을 뿐인데 공교롭게 금액이 일치하여 오해가 생긴 것이다. 이러한 사정을 설명했지만, 고객은 의심을 거두지 않았다. 너무 어처구니없고 답답하여 눈물이 왈칵 쏟아졌다.

그러나 나로 인해 이러한 상황이 벌어졌기 때문에 어떻게든 수습을 해야만 했다.

나는 고객에게 편지를 쓰기로 결심했다. 어떻게 고객의 자금을 예측했는지 다시 한 번 설명했고, 고객의 예금 정보를 은행끼리 절대 주고받지 않는다는 점과 금융기관의 전산 시스템, 평소 나의 직업관 등을 나열하며 본의 아니게 오해를 일으켜 진심으로 미안하다는 마음을 담았다. 며칠 뒤, 고객은 새 사업이 적자를 보고 있어 본인이 너무 예민했다고 말하며 오해를 풀었다.

온갖 커뮤니케이션 수단이 난무하는 21세기에 편지가 고리타분해 보일 수도 있다. 그러나 진심을 담는다면 때로는 편지가 유용한 갈등 관리 수단이 될 수 있다.

편지는 잘 활용하면 고객과 소통할 수 있는 좋은 도구가 되지만, 그렇지 않으면 한 장의 종이 쓰레기에 불과하다. 특히 단체로 발송하는 편지는 시선을 끌지 못하면 금세 쓰레기가 되어 버린다. 형식적이고 밋밋한 편지를 읽고 싶은 사람은 아무도 없다.

다수에게 편지를 보낼 때는 헤드라인을 신경 써야 한다. '어떻게 하지요? 작년에 이어 올해도 또……', '감사합니다. 명예 회복을 했습니다.', '10년 동안 길러 주신 부모님을 모시는 마음으로……' 등과 같이 궁금증을 자아내야 고객의 관심을 끌 수 있다.

편지와 성격이 다르지만 다수의 사람이 접하는 광고지도 비슷한 역할을 한다. 광고지는 저렴하고 쉽게 고객에게 접근할 수 있는 장점을 가지고 있다. 광고지를 받고 6개월 후에 찾아온 한 고객은 "광고지를 받았을 때는 당장 예치할 자금이 없어 메모만 해 두었다가 자금이 생겨 문의하게 되었다."라고 말했다. 이처럼 누가 볼까 싶은 편지나 광고지에 집중하는 사람도 있다는 것을 간과해서는 안 된다.

광고지는 고객에게 알리고자 하는 내용이 눈에 잘 띄게 디자인해야 한다. 광고지에 지점의 위치를 안내하는 것은 필수이다. 광고지를 기획할 때는 담당 부서에서 고객 문의가 오면 어떻게 응대할 것인지, 담당자가 부재중일 때는 어떻게 응대할 것인지 등을 치밀하게 준비해야 한다. 그래야만 처음 방문하는 고객에게도 좋은 인상을 심어 줄 수 있다.

광고지를 내보내면 문의 전화가 많이 걸려 온다. 이 순간이 가장 중요하다. 직접 얼굴을 마주 보며 고객을 응대하는 것보다 더 어려운 것이 바로 전화 응대이다. 롤플레잉(role-playing, 역할연기법)을 통해 동료들을 무장시켜야 한다.

**서비스맨의 생각과 행동은
고객에게 큰 영향을 미친다는 사실을
항상 기억해야 한다.**

누구에게나 친밀한 **감성 파트너**가 되어라

35

인간은 감성적인 존재이다. 사람을 상대할 때 논리를 내세우는 것보다 감성적으로 접근하는 것도 하나의 방법이다.

2008년, 인터컨티넨탈 호텔은 NCSI(국가고객만족도) 조사에서 호텔 부분에서뿐 아니라 전 업종에서 1위를 차지했다. 인터컨티넨탈 호텔에는 편안한 잠자리를 위해 높낮이가 다른 베개, 알레르기 방지 베개, 혈액순환과 신진대사를 돕는 옥 베개 등 10가지 종류의 베개가 마련되어 있다. 또한 기본 매트리스 외에 약 5cm의 오리털 매트리스를 추가하여 여름에는 더 시원하게, 겨울에는 더 따뜻하게 잠을 잘 수 있도록 세심하게 준비한다. 호텔 시설이 아무리 훌륭하더라도 집보다 불편할 것이라는 점을 고려하여 고객이 최대한 안락하게 휴식을 취할 수 있도록 배려한 것이다. 감동은 아주 작은 곳에서 나온다. 앞서 강조한 디테일의 힘이 상대방에게 얼마나 큰 영향력을 미치는지 다시 한 번 강조하고 싶다.

2008년 겨울은 미국발 금융위기의 여파로 많은 사람이 힘든 시간을 보냈다. 나는 그때 '재미있고 따뜻한 이벤트로 고객들의 고달픈 마음을 달랠 수 없을까.'를 생각하다가 붕어빵을 떠올렸다.

  길에서 붕어빵을 굽는 상인을 설득해 포장마차를 영업장 안에 설치하고 오전 10시부터 오후 4시까지 700여 개의 붕어빵을 구워 냈다. 행사 전부터 문자메시지와 구전으로 홍보한 덕분에 400여 명의 고객이 은행을 찾아왔다. 단돈 20만 원으로 400여 명의 고객에게 아련한 옛 추억을 선물하며 잠시나마 그들의 지친 마음을 달래 준 것은 물론, 은행 호감도를 높일 수 있었다.

  감성 마케팅에는 큰 비용이 들지 않는다. 사람들은 큰 것이 아니라 작더라도 마음이 깃든 것에 감동한다. 그러므로 고객과의 접점을 가능한 한 많이 만들어서 고객의 시시콜콜한 정보를 많이 수집해야 한다. 자수성가한 우수 고객을 지점으로 초청해 '행복한 성공 이야기'라는 강연을 들은 적이 있다. 동료들과 함께 시련을 극복하고 도전한 백만 불짜리의 열정 스토리를 들으면서 열의를 다졌고, 강연 모습을 담은 미니 앨범을 만들어 고객에게 추억을 선물해 주었다.

  생일을 맞은 우수 고객에게는 흔하디 흔한 축하 카드와 케이크 대신 손으로 직접 쓴 편지와 함께 상황에 맞는 선물을 전달하여 차별화를 꾀했다. 예금 신청서 등을 작성할 때 도장 지갑 없이 도장만 들고 다니는 고객에게는 도장 지갑을 선물해 주기도 했고, 낡은 지갑을 들고 다니는 고객에게는 새 지갑을 선물해 주기도 했다.

  거래 기업을 방문했을 때의 일이다. 사장이 펜으로 결제를 하다가 잉크가 잘 나오지 않자 입으로 호호 불어 가며 펜을 사용했다. 나는 사무실로 돌아오는 길에 펜을 구매하여 작은 메모와 함께 선물로 보내 드렸다. 이후 사장은 우리 지점의 든든한 응원군이 되었다. 예상하지 못한 선물을 받은 고객들은 행복한 표정을 지었고, 나 역시 그들을 통해 행복함을 느꼈다.

스크랩한 자료도 마케팅 도구로 활용할 수 있다. 와인에 입문한 고객에게는 와인에 대한 자료가 반가운 선물이 될 수 있다. 평소에 건강에 대한 자료, 경제 흐름에 대한 자료, 먹거리 및 여행지에 대한 자료 등을 스크랩해 두었다가 고객의 관심사를 파악하여 빠르게 전달해 주었다.

'그런 건 누구나 할 수 있는 거 아냐?'라고 생각할 수도 있다. 물론 누구나 한 번은 할 수 있다. 중요한 것은 꾸준함이다. 지속적으로 실행해야 상대방의 마음을 내 것으로 만들 수 있다.

신문에서 접한 글을 소개한다. 글을 기고한 사람은 평소 가까이 지내던 어른과 이런저런 대화를 나누다가 "최근에 종합검진을 받았는데 당뇨병 초기 증상이 발견되었다."고 말했다. 며칠 뒤 그 어른은 기고자에게 요가매트와 편지를 보냈다. 편지에는 이렇게 적혀 있었다.

당뇨에 걸렸을 때는 운동을 꾸준하게 하는 것이 중요하다고 합니다. 일이 바빠 헬스클럽은 다니지 못할 것 같아 요가 매트를 보냅니다. 아침마다 이 요가 매트를 깔아 놓고 백팔 배라도 하세요. 15분만 투자하면 큰 운동 효과를 볼 것입니다.

기고자가 얼마나 감동받았을지 눈에 선하다. 감성 마케팅은 디테일의 결정판이다. 그것은 결코 어렵거나 거창하지 않다. 상대방이 생활 속에서 무엇을 불편해 하는지 관찰하면 된다. 요즘은 사소한 불편을 해소해 주어 고객의 정서적 만족도를 높이는 '마이크로 밸류 마케팅(Micro Value Marketing)'이 중요한 가치로 여겨지고 있다.

10여 년 전 서울 압구정동에 있는 백화점에서 발레파킹 서비스를 받으며 '대구에는 언제 이런 서비스가 시작될까.'라는 생각을 한 적이 있다. 그러나 요즘 대형마트에서는 비어 있는 주차 칸을 초록등으로 표시하는 교통 통제 시스템과 주차를 하고 차에서 내리면 주차한 곳의 위치를 음성으로 알려 주는 서비스까지 하고 있다.

또한 깨알같이 적혀 있는 상품의 표시 성분을 확인할 수 있도록 돋보기를 비치해 둔 마트도 있다. 이처럼 평소에 고객이 아쉬움을 느꼈을 만한 부분을 찾아내 고객 중심으로 서비스를 개선하는 것이 바로 감성 마케팅이다.

거리를 다니다 보면 과거에 비해 커피숍이 상당히 늘어난 것을 알 수 있다. 많고 많은 커피숍이 어떻게 생존할 수 있을까 생각해 보다가 나름 이런 결론을 내렸다. 과거의 다방과 오늘날의 커피숍은 기능면에서 확연히 다르다. 차 한 잔을 시켜 놓고 볼일이 끝나면 서둘러 자리에서 일어났던 과거와 달리 요즘은 혼자서 책을 읽고 노트북으로 업무를 보고, 낮잠을 즐기기도 한다. 눈치를 보지 않고 음악과 향기로운 커피 향에 빠져 몇 시간 동안 여유를 부리며 편안하게 보낼 수 있다. 커피숍은 차를 마시기 위한 공간이기도 하지만 문화공간이기도 하다. 커피숍마다 분위기가 다르기 때문에 취향에 따라 선택할 수 있다. 커피숍은 그런 충성 고객에 의해 계속해서 유지가 된다.

 진정한 서비스맨이라면 커피숍처럼 머물고 싶은 사람이 되어야 한다. 용무가 없더라도 따끈한 차 한 잔이 생각나면 찾아가고 싶은 감성 파트너가 되어야 한다.

누군가의 머릿속에 떠올려지는
주인공이 된다면 직장에서뿐 아니라
인생에서도 성공을 거둔 것과 다름없다.

타인의 **성장**을 돕는 사람이 되어라

36

　　　　　　궁극적인 목표는 고객임에도 불구하고 실적에 대한 부담감 때문에 성장이 전부인 것처럼 인식하고 행동하는 경우가 있다. 오랜만에 만난 지인과 유명하다고 소문이 난 초밥집에서 점심 식사를 하게 되었다. 1시 정도에 식당에 도착했지만 사람이 많아 20분을 기다린 후에 식사를 할 수 있었다. 지인과 그동안 밀렸던 이야기를 하며 식사를 하는데 갑자기 식당 주인이 다가와 약속이 있어 문을 닫아야 한다며 양해를 해 달라고 했다. 식사를 시작한 지 10분 정도 지났을 무렵이었다. 당황한 우리는 허겁지겁 남은 음식을 먹고 씁쓸해하며 자리에서 일어났다. 고객을 배려하는 마음이 있었다면 주문을 받기 전에 그러한 상황을 미리 알려야 하지 않았을까.

　다른 경우도 있다. 나를 포함하여 5명의 지점장이 12시에 점심 식사를 하기로 했다. 일행 중 한 명이 갑자기 일이 생겨 1시 정도에 합류할 수 있다고 하여 4인분을 먼저 주문해 식사를 시작했다. 1시 정도에 합류하기로 한 지점장은 예상보다 30분 일찍 식당에 도착했다. 그는 음식이 많이 남았으니 더 시키지 않고 그것으로 함께 식사하겠다고 했고, 다른 사람들도 공감했다. 그런데 식당 종업원이 다가와 단호한 목소리로 인원대로 주문해야 한다고 말했다. 우리는 어쩔 수 없이 불편한 마음으로 추가 주문을 할 수밖에 없었다. 물론 나중에 추가한 음식은 거의 남겨졌다. 적절하지 못한 대응과 돈만 생각하는 식당에 신뢰감을 잃어 두 번 다시 그곳을 찾지 않았다.

우리는 그날 그들에게 소중한 고객이 아니라 현금인출기가 되어 버렸다. 당장 눈앞의 매출보다 고객이 다시 방문하고 싶은 마음이 생기도록 서비스한다면, 고객을 만족시키고 신뢰를 판다면 실적은 저절로 좋아질 것이다. 이러한 생각을 가지고 실천하는 구성원이 많을수록 잘나가는 조직이 된다.

불만족을 느끼고 떠난 고객이 전자제품이나 자동차처럼 애프터서비스를 받기 위해 다시 방문하는 경우는 거의 없다. 고객 만족을 위해서는 비포서비스(before service)가 절대적이다. 비포서비스를 잘하기 위해서는 고객에 대한 따뜻한 마음으로 무장하고, 업무 지식을 완벽하게 익혀야 하며 품격 있고 단정한 매무새로 고객을 맞이해야 한다. 전쟁터에 나가는 마음으로 완전무장해야만 고객이 다시 뒤를 돌아봐 줄 것이다. 고객은 언제든 떠날 준비를 하고 있다는 것을 잊지 말아야 한다.

세계 3대 자동차 디자이너로 꼽히는 현대기아 자동차그룹의 디자인 수장 피터 슈라이어는 이렇게 말했다.

"돈만 버는 비즈니스는 제대로 된 비즈니스가 아니다. 우리는 혼과 열정을 다해 일하며 자동차 산업이 소비자에게 특별한 행복을 준다고 믿는다. 열정과 꿈을 좇으면 위기는 그를 좇지 못한다."

미국 미시간대학의 클래스 포넬 교수는 "시장점유율보다 고객 만족이 중요하며 만족도 높은 기업이 실적도 좋다."라고 말했고, 2011년에 타이틀리스를 인수한 휠라코리아 윤윤수 회장은 "사람을 움직이는 것은 사람이다. 파는 것이 먼저가 아니라 신뢰를 얻은 것이 먼저이다."라고 말했다. 2000년부터 2002년까지 미국의 종합 경제지《포춘》에서 3년 연속 100대 기업으로 선정된 컨테이너 스토어 역시 '박스(box)를 파는 것이 아니라 신뢰를 파는 것이다.'라는 원칙을 강조했다. 이는 자신이 대접받기를 원하는 만큼 다른 사람들이 성장할 수 있도록 도와주라는 의미이다. 고객이 플라스틱 박스(box) 하나를 사고 싶어 하면 점원은 단순히 박스가 놓인 위치만 가르쳐 주는 것이 아니라 박스에 물건을 담을 때 테이프를 어떻게 붙이는지, 박스를 어떻게 포장해야 하는지, 어떻게 발송해야 하는지 등을 세세하게 설명해 준다. 즉 고객이 예상한 것 이상의 정보를 알려 줌으로써 박스 하나만 파는 것이 아니라 신뢰를 판다는 원칙을 지키는 것이다.

KB금융경영연구소가 서울과 수도권 부자 306명을 조사한 결과, 한국의 부자들은 평균 4.2개의 금융기관을 중복 거래하고 있다고 한다. 그중 72%는 '은행의 부실 가능성 때문에', '여러 군데에서 정보를 얻기 위해서', '서비스를 비교해 보기 위해서' 등의 이유로 한 기관의 모든 상품에 가입하기보다 여러 금융기관과 거래하면서 기관별로 강점을 가진 상품에 투자하고 싶다고 답했다.

한 사례를 소개한다. 무척 목이 마른 운동선수가 가게 주인에게 시원한 콜라가 없느냐고 물었다. 가게 주인은 마침 콜라가 떨어졌다고 말했다. 그때 옆 가게 주인은 그에게 콜라는 없지만 아주 시원한 사이다는 있다고 말해 사이다를 판매했다. 그는 고객이 콜라를 마시고 싶은 것보다 갈증이 나서 시원한 음료수를 마시고 싶다는 욕구를 파악한 것이다.

1965년, 스웨덴의 노벨 위원회는 노벨 물리학상을 받게 된 미국의 리처드 파인만 교수에게 시상식에 참석해 달라고 요청했다. 하지만 그는 번거롭고 귀찮다며 불참석을 통보했다. 노벨 위원회는 이제까지 수상자가 불참석한 경우는 없었다며 참석을 재차 부탁했지만 그의 생각은 바뀌지 않았다. 그러나 결국 그는 아내의 말 한마디에 시상식에 참석했다.

"여보! 가기 싫다면 가지 마세요. 당신이 시상식에 참석하지 않으면 역사상 최초로 시상식에 불참한 수상자가 되겠죠. 수많은 기자가 당신을 취재하러 몰려올 거예요. 기자들을 만나는 일이 시상식에 참석하는 것보다 덜 귀찮을까요?"

유능한 커리어우먼이라면 따뜻한 마음으로 까다로운 고객의 마음을 읽어 내야 한다. 까다로운 고객의 마음을 읽는다는 것은 고객의 요구가 아닌 욕구를 정확하게 읽어 내는 것이며, 고객이 성장할 수 있도록 곁에서 적극적으로 지원하는 것이다. **고객을 먼저 생각하면 쉽게 답을 찾을 수 있다.**

긍정의 에너지를 흡수하라

37

CEO를 위한 전문 잡지에서 읽은 글을 소개한다.

자신의 마음이 따뜻함으로 차고 넘쳐서 타인에게까지 미치는 것이 '덕(德)'이다. 스스로를 따뜻하게 감싸 주지 않고 위로해 주지 않는 사람이 어떻게 타인을 따뜻하게 대할 수 있겠는가. 자신을 따뜻한 마음으로 감싸 안아야 스스로 마음의 안정과 평화를 얻을 수 있고 나아가 가족, 친구, 직장, 사회에 그 따뜻함이 퍼져 나간다.

일을 하다 보면 응대하기 까다로운 고객, 함께하기 힘든 동료, 버거운 목표 등으로 '힘듦의 끝이 어디인가.'라는 생각이 들 때가 있다. 이럴 때 일을 그만두고 싶다는 생각이 들지 않는다면 거짓말일 것이다. 나는 그럴 때마다 주위 사람들을 둘러보았다.

사람들은 늘 행복한 것만도, 늘 불행한 것만도 아니다. 쉽고 편안할 때보다 힘들고 걱정스럽고 염려되는 일이 더 많은 것이 삶이다. 만약 힘들 때마다 포기하고 슬퍼한다면 삶 전체를 포기하는 것과 같다.

인생에서 진정한 패자란 힘들 때마다 포기하는 자가 아닐까. 때론 사는 것이 아니라 살아 내야 할 때도 있다. 삶을 영위한다는 것은 힘듦도, 편안함도 모두 가진다는 의미이기 때문이다.

많은 책이 그리고 많은 선배가 '일하면서 스트레스를 받지 말라.', '최선을 다하라.', '노력하라.'고 조언한다. 하지만 스스로 일 자체를 긍정적으로 받아들이고 즐기는 것만큼 좋은 방법은 없다.

직장에서 살아남는 방법은 삶에 긍정적인 모습으로 대응하는 것이다. 평소 어머니는 "삶은 고행이다. 시간이 지나서 보면 참고 이겨 낸 자신이 대견스럽게 생각된다."라고 말씀하셨다. 그리고 "열심히 하는 것도 중요하지만, 세상사가 결코 쉽지 않기 때문에 즐길 수 있어야 한다."라고 조언하셨다.

'긍정(肯定)'의 '肯'은 '즐길 긍'이다. 어릴 때부터 끊임없이 듣던, 세상을 긍정적으로 살라는 말은 곧 인생을 즐기라는 의미였던 것이다. '천재는 노력하는 사람을 이기지 못하고, 노력하는 사람은 즐기는 자를 이기지 못한다.'라는 말을 되새겨 보자.

2003년에 공모지원으로 지점장이 되었지만, 갑작스러운 정책 변화로 10개월 만에 지점이 통폐합되면서 다시 팀장으로 강등된 적이 있다. 열악한 영업 환경을 극복하고 성과를 내기 위해 동료들과 함께 앞만 보고 달린 10개월이 얼마나 허무했는지 모른다. 1년 앞도 내다보지 못하는 인사 정책이 원망스러웠다. 오늘까지 지점장이었다가 내일부터 팀장이라니! 내 자신이 추락하는 비행기의 날개와 다를 것이 없다고 생각되었다.

어머니께서는 "10개월 동안 리허설을 잘했기 때문에 다음에 지점장이 되면 더 잘할 수밖에 없다."라고 위로해 주셨다. 그로부터 1년 뒤 나는 지점장으로 다시 발령을 받았고, 그 후 퇴직할 때까지 어머니의 위로처럼 고객들과 후배들의 격려로 불미스러운 일 없이 약 8년간 지점장 역할을 잘할 수 있었다.

혜민 스님은 이렇게 말했다.

"나는 독신입니다. 그런데도 독자들은 나에게 자녀 문제, 남편의 폭음 등 가정사를 상담하곤 합니다. 그럴 때 자녀가 공부는 못해도 건강하니 감사하고, 남편이 술은 많이 마셔도 외도는 하지 않으니 감사하지 않느냐고 말해 줍니다."

가족과 동료들에 대해 소중함을 느끼고 감사하는 마음을 가진다면 긍정적인 마음은 더 커질 것이다. 성공이 행복을 가져다주는 것이 아니라 행복해야 성공할 수 있다.

얼마 전에 〈황혼의 반란〉이라는 다큐멘터리가 방영되었다. 엘렌 랭어 미국 하버드대 교수의 '시계 거꾸로 돌리기 실험'을 우리나라에서 최초로 시행한 기록이었다. 평균 82.6세의 노인 5명에게 30년 전 마음가짐으로 돌아갈 수 있게 환경을 만들어 주고 일주일간 생활하게 한 뒤 다양한 검사를 실시했다. 놀랍게도 노인들은 신체와 정신 기능뿐 아니라 피부까지 좋아졌다. 또한 연구진은 마음가짐을 긍정적으로 바꾸면 수명이 7년 늘어난다는 사실을 밝혔다.

삶이 빡빡한 것은 당연하다. 하지만 모든 것은 마음먹기에 달렸다. 당장 힘이 드니 왜 나에게만 이런 시련이 생기는 것인지 좌절하게 되지만, 시간이 지나고 보면 그 힘들었던 경험이 전화위복이 되어 내공도 쌓이고 더 많은 기회로 작용했음을 알게 된다. 삶의 과정에서 시련은 꼭 필요하고, 역경은 인생에 필요한 일부분이다.

물이 부족해야 꽃이 핀다고 했다. 물이 풍족하면 뿌리가 썩지만, 물이 부족하면 종자를 번식하기 위해 안간힘을 다해 뿌리를 뻗는다. 시련은 극복할 수 있는 사람에게만 다가간다고 한다. 어려운 일에 부딪혔을 때 포기하지 말고 더 발전하기 위한 과정이라고 생각하며 극복해야 한다. 운동 경기에도 전반전과 후반전이 있듯이 지금 겪는 시련이 인생 전부가 아니기 때문이다.

만약 역경이란 단어가 없었다면 성공, 불굴의 의지, 극복, 끈기, 인내라는 단어가 생겼을까? 역경만 있는 인생이 있던가? 역경은 성공을 위해 뿌려지는 자양분과 같은 것이다.

잘 알려진 이야기를 소개한다. 노모가 말을 타다가 다리를 다친 아들 때문에 크게 낙담했다. 몇 년 후, 그 나라에 전쟁이 일어났다. 마을 청년들은 전쟁터로 나가 싸우다 모두 목숨을 잃었지만 노모의 아들은 다친 다리 때문에 전쟁터에 나가지 않게 되어 목숨을 건질 수 있었다. 이처럼 고난 뒤에 어떤 일이 벌어질지 아무도 모른다. 그러니 고난에만 집중하여 자신의 삶을 더욱 피폐하게 만들어서는 안 된다.

2008년 금융위기 때, 미국 뉴욕시에서 낙담하고 있는 시민들을 위해지하철 승차권 뒷면에 'Optimism(긍정, 낙관주의)'이라는 단어를 인쇄하여 희망의 메시지를 전했다. 시민들이 조금이라도 더 힘을 냈으면 하는 따뜻한 배려가 느껴지지 않는가. 실제로 시민들도 이 메시지를 통해 긍정적인 생각을 하게 되었다고 한다.

각양각색의 사람이 모여서 일하는 곳이 직장이다. 승승장구할 때가 있는가 하면 좌절할 때도 있다. 이때 리더가 전하는 위로와 용기의 메시지는 동료에게 긍정의 에너지가 된다. 희망의 인생을 말하는 듯한 장석주 시인의 '대추 한 알'이라는 시를 소개한다.

대추 저게 저절로 붉어질 리는 없다.
저 안에 태풍 몇 개
저 안에 천둥 몇 개
저 안에 번개가 몇 개가 들어서서 붉게 익히는 것일 게다.
저게 저 혼자 둥글어 질리는 없다.
저 안에 무서리 내리는 몇 밤
저 안에 땡볕 한 달
저 안에 초승달 몇 날이 들어서서 둥글게 만드는 것일 게다.
대추야
너는 세상과 통하였구나.

사거지악(四去之惡)을 피하라

38

직장 생활뿐 아니라 살아가는 동안 무조건 피해야 할 것들이 있다. 그것은 바로 사거지악(四去之惡)이다. 첫째는 연대 보증이다. 모든 것을 잃을 수도 있는 연대 보증을 서지 말아야 하는 것은 삼척동자도 안다. 부모와 자식 간에도, 형제지간에도 연대 보증은 절대 하지 말아야 한다. 잘못되면 온 가족이 빈털터리가 될 수 있다.

연대 보증인에게는 주 채무자와 똑같은 변제 의무가 있고, 채권자는 주 채무자이든 연대 보증인이든 상관없이 변제가 용이하다고 생각되는 사람 누구에게나 변제를 요구할 수 있다. 주 채무자가 돈을 갚을 능력이 있는데도 불구하고 변제하지 않을 경우는 물론, 주 채무자에 앞서 연대 보증인에게 먼저 변제하라고 해도 연대 보증인은 아무 말 없이 변제해야 할 의무가 있다. 연대 보증인에게는 항변권이 없고 그저 변제 의무만 있을 뿐이다. 연대 보증은 돈은 구경도 못해 보고 의무만 있는 황당하고 무서운 것이다.

물론 평소에 가깝게 지낸 사람이 찾아와 눈물을 보이며 부탁을 하면 거절하는 것이 쉽지 않겠지만 앞날을 생각하여 단호하게 거절해야 한다. 하지만 정 마음에 걸린다면 "미안하지만 보증까지 서 줄 수는 없어. 대신 계좌번호를 알려 주면 내가 도움을 줄 수 있는 만큼 도와 줄게."라고 말하는 것도 방법이다. 단, 이때는 돈은 받지 못한다고 생각하고 빌려 주는 편이 현명하다.

둘째는 음주운전이다. 2013년 안전행정부가 발표한 것에 따르면 우리나라에서 하루 동안 음주운전으로 사망하거나 다치는 사람이 평균 142명이라고 한다. 또한 음주운전으로 적발되는 사람이 하루 평균 700여 명이라고 한다. 여기에 적발되지 않는 사람까지 감안한다면 음주운전자는 상상할 수 없을 정도로 많을 것이다.

단속에 걸리지 않는다고 해서 다행이라고 생각할 것이 아니라 음주운전에 대한 생각 자체를 바꾸어야 한다. 요즘은 대리운전을 부르기도 편해졌고, 금액도 예전과 달리 많이 낮아졌다. 그러나 많은 사람이 좀 덜 취한 것 같거나 가까운 거리라면 대리운전을 부를지 말지를 갈등한다. 평소에 '한 잔 정도면 괜찮겠지.'가 아니라 '한 잔이라도 입에 대면 절대 운전대를 잡지 말아야지.'라는 마음가짐을 가지고 있어야 한다.

음주운전은 운과 무관하다. 백 번을 잘해도 결정적인 단 한 번의 실수 때문에 모든 것을 잃을 수 있다. 또한 자신만 무언가를 잃는 것이 아니라 다른 사람들에게 치명적인 아픔을 줄 수 있다는 사실을 명심해야 한다. 지금까지 쌓아 온 자신의 모든 것을 잃고 싶지 않다면 음주운전은 절대

하지 말아야 한다.

셋째는 직접주식투자이다. 대출 계약을 100건 체결했다고 해도 한 건의 부실이 생기면 그해 영업은 실패한 것이다. 그래서 고객의 대출 요청이 있을 때는 반드시 현장에 방문하여 대출을 해 줘도 괜찮은지 명확하게 파악해야 한다.

사장이 직접주식투자를 하고 있는 기업을 방문해 보면 대부분 분위기가 어수선하고 직원들도 긴장감이 없다. '사장이 자신의 방에서 몰래 주식투자를 하는데 직원들이 어떻게 알 수 있지?'라고 의문을 가질 수도 있지만, 직원들은 평소 사장의 언행을 통해 많은 것을 파악한다.

사장이 온라인으로 주식매매 거래를 하고 있을 때와 신제품 개발에 대한 자료들을 분석하고 있을 때의 표정과 행동은 분명 다르다. 사장이 무엇을 하는지 관찰하겠다는 의도를 가지고 있지 않아도 지금 현재 업무를 수행하고 있는 것인지 그렇지 않은지 를 파악할 수 있을 정도로 사람의 감각은 생각보다 예민하고 정확하다. 사장에게서 무언가 이상한 점을 발견하면 직원들은 사장에게 신뢰를 갖지 않고, 그러한 분위기는 사무실에 금세 전염된다.

1,000만 원을 투자하여 운 좋게 1,200만 원이 되면 앞으로도 성공할 것이라는 자신감에 빠진다. 하지만 그것은 자신감이 아니라 욕심과 오만이다. 직접주식투자 실패 사례의 공통점은 몇 차례의 성공이 투자에 대한 확신을 하게 만들고 그 확신이 무리한 투자로 이어진다는 것이다. 강한 확신 때문에 지인에게 돈을 빌리거나 대출을 받아 어마어마한 돈을 투자한 뒤 반토막이 났다며 땅을 치고 후회하는 사람을 여럿 보았다.

또한 개인이 외국인과 기관 투자자들과 경쟁하는 것은 계란으로 바위를 치는 것과 다름없다. 없어도 되는 소액으로 재미 삼아 투자를 하는 경우가 아니라면 금전적인 손해뿐 아니라 사업에도 악영향을 미친다. 없어도 되는 돈이 아니라면 금융기관 등을 통한 간접투자를 이용하는 것이 바람직하다.

넷째는 상사를 이기려고 하는 것이다. 상사와의 싸움에서 백전백승하는 구성원은 직장을 잃을 수 있고, 아내와의 싸움에서 백전백승하는 남편은 가정을 잃을 수도 있다. 부부싸움은 양말을 뒤집어 벗어 놓았을 때, 가족과의 선약을 무시했을 때, 연락 없이 늦게 귀가할 때, 아이의 교육과 집안일에 무관심할 때, 주말에 잠만 자거나 텔레비전만 볼 때처럼 사소한 것으로 시작된다.

결혼 생활이 오래될수록 남편은 전과가 쌓이고 아내는 한이 쌓인다고 말한다. 사소한 일이라도 싸움을 한 뒤에 서둘러 화해하지 않으면 심각한 상황이 벌어질 수도 있다. 잘잘못을 떠나 먼저 화해의 제스처를 취하는 것이 좋다. 가정이 편안해야 편안한 마음으로 회사에 나가 일에 열중할 수 있다. 상대방에게 져 주는 것이 진정으로 이기는 것이다.

가정과 마찬가지로 직장에서는 상사를 이기려 들어서는 안 된다. 상사에게는 승진에 큰 영향을 미치는 인사고과권이 있다. 자신의 의견을 관철시키고 싶을 때 협의하려고 하지 않고 감정적으로 대들어 상사를 당황스럽게 할 때가 있다. 화를 내면 불리한 입장에 놓이는 것은 상사가 아닌 부하 직원이다.

결재 라인이 있다는 것은 사안에 대한 서로의 의견들을 조율하며 좋은 답을 찾고자 하는 것이다. 그런데 자신의 의견을 관철시키기 위해 언성을 높이는 것은 바람직하지 않다. 나 자신, 내 부서만 챙기는 이기적인 생각에서 벗어나 회사 전체의 이익을 생각할 수 있어야 한다. 만약 상대방이 흥분할 때 감정을 누르며 지혜롭게 대처하지 못하고 상대방의 감정적인 발언에 바로 대응한다면 모두가 피해자가 된다.

    우리는 항상 이 말을 명심해야 한다.

'인간관계에서 즉각적으로 반응할 일은
칭찬 외에는 아무것도 없다.'

WOMAN'S SUCCESSFUL CAREER AND LIFE

PART 3

남녀 차별을 넘어 여성 리더가 되는 법

남자와 여자의 차이를 말할 때 많이 회자되는 책이 있다. 그것은 바로 2010년에 출간되어 많은 사람에게 사랑받은 존 그레이의《화성에서 온 남자 금성에서 온 여자》이다. 이 책은 제목처럼 남녀 간의 차이가 얼마나 극명한지 여실히 보여 준다. 이 책에서 남자는 능력, 효율, 업적, 명예에 대한 것을 중요시하는 반면, 여자는 친밀감, 대화, 아름다움을 중요시하는 경향이 있다고 말한다.

이 책에서 명시한 남녀 차이를 보면 여성은 일보다 사랑을 하거나 가정을 꾸미며 꽃꽂이를 하면 적합한 것처럼 느껴진다. 그러나 다른 시각으로 생각해 보면 여성의 이런 감성적인 면은 기업에서 필요로 하는 디테일의 힘, 섬세함 등을 더 잘 살릴 수 있는 요인이다.

사회에서 리더로 성공한 여성을 보면 많은 사람이 이렇게 생각한다.

'여자가 얼마나 독하면 저 위치에 올라? 가정도 내팽개친 거 아냐?'

여성이 리더로 성공하는 것은 욕심이 많고 독하기 때문이 아니라 사회가 변했기 때문이다. 그동안은 남성 중심의 문화에서 살았지만 이제는 여성들이 자신의 역할을 해내고, 당당하게 목소리를 내며 남자와 동등하게 겨룰 수 있어야 한다.

그러나 여전히 많은 여성이 "여성이 성공하기 위해서는 남성보다 두세 배 더 많이 일해야 한다."라고 입을 모아 말한다. 황정미 〈세계일보〉 편집국장은 한 신문 기사 인터뷰에서 이렇게 말했다.

> "여성은 사회에서 너무 앞서 나가면 총에 맞아 죽고, 너무 늦으면 밟혀 죽는다."

그만큼 너무 튀어 보여도 시기의 대상이 되고, 조금만 못해도 매도당하기 쉽다. 아직도 많은 사람이 여성들이 무언가를 잘못하면 이렇게 생각한다.

'여자들이 다 그렇지 뭐.'

'여자들한테 뭘 기대하겠어.'

아이러니한 것은 이런 질타가 비단 남성뿐 아니라 같은 여성 사이에서도 일어난다는 것이다. 우리 눈에는 보이지 않지만, 생각보다 더욱 두껍고 강한 유리 천장이 버티고 있는 것이다.

여성에게 불리하고 불합리한 것 같은 이런 사회에서 유리 천장을 깨뜨리고 성공하기 위해 가장 중요한 것은 무엇일까? 내가 왜 일을 해야 하는지에 대한 정확한 목표를 설정하는 것이 아닐까. 하기 싫은 일을 억지로 하는 것만큼 고통스러운 것도 없다. 앞서 거론했듯 일은 일 자체로 힐링이 되는 것이 가장 좋다.

'피겨 퀸' 김연아 선수도 2010년 밴쿠버 올림픽에서 금메달을 획득하여 목표를 달성하고 한동안 딜레마에 빠져 방황하던 시절이 있었다. 많은 사람이 지금까지 거둔 성과도 대단하다며 그 이상 무언가를 이루지 않아도 괜찮다고 말했다. 하지만 그녀는 멈추지 않았다. 자신의 목표를 다시 한 번 명확하게 세운 뒤 끊임없이 노력했고, 결국 부진을 털어 내고 다시 세계 정상의 자리에 올라 사람들의 가슴에 감동을 심어 주었다.

일도 마찬가지이다. 목표가 없으면 일에 대한 열정과 도전 정신이 무색해진다. 또한 아주 작은 위기만 닥쳐도 쉽게 무너져 내린다. 내가 일을 하고 있는 목적이 무엇인지, 지금 왜 그 자리에 서 있어야 하는지, 어떻게 해야 행복을 찾을 수 있는지 고민하고 또 고민해야 한다. 남들이 가는 길이라고 해서, 그저 편해 보이는 길이라고 해서 그 길을 선택했다가는 쉽게 길을 잃고 헤맬 가능성이 크다.

얼마 전 학군단(ROTC) 임관식에서 동국대 경찰행정학과 출신인 남녀 과(科) 동기가 나란히 수석과 차석을 차지해 각각 대통령상과 국무총리 표창을 받았다. 115개 대학의 학군단 출신이 참여하는 임관식에서 한 학교에서, 그것도 같은 과 출신이 1, 2등을 차지한 것은 ROTC 역사에서 찾아 볼 수 없는 일이다. 또한 동국대 학군단 출신이 임관식에서 표창을 받은 것도 40여 년 전인 ROTC 6기 임관식 때 단 한 번 있었던 일이라고 한다.

국무총리 표창을 수상한 여학생은 희소병인 횡문근 융해증(허벅지의 세로 근육이 녹는 병)에 걸려 해군사관학교에 입학한 뒤 중간에 포기한 아픈 경험을 가지고 있었다. 하지만 그녀는 다시 ROTC에 도전했고, 최초의 여성 국방장관이 되겠다는 꿈을 위해 이를 악물고 노력하여 재활에 성공했다.

이미 북대서양조약기구(나토, NATO)의 28개 회원국 중 다섯 개 나라(이탈리아, 알바니아, 노르웨이, 네덜란드, 독일)의 국방장관은 여성이다. 남자의 마지막 성역이라 여겨지던 국방 분야에도 이렇듯 여성들이 저력을 보이고 있다. 이러한 변화의 움직임을 보았을 때 이 여학생의 꿈도 머지않아 실현될 수 있으리라 믿는다.

우리나라의 맞벌이 비율이 점차 늘어나고 있다. 유배우(15세부터 49세까지 여성 중 혼인한 여성) 가구 중 맞벌이 가구 비율은 2009년도 40.1%에서 2011

년도 43.6%로 늘었다. 이 비율은 점차 늘어나면 늘어났지 결코 줄어들지 않을 것이다.

지금 이 시점에서 여성들은 무엇을 생각해야 할까. 사회의 차별을 억울해하고 자신이 여자로 태어난 것을 한탄만 해야 할까? 아니면 굳은 의지를 다지며 새롭게 출발선에 서야 할까. 답은 굳이 설명하지 않아도 잘 알 것이라 생각한다.

전문가와 리더는 다르다

39

남성은 결론부터 말하고 여성은 배경부터 말하는 경향이 있듯 남성과 여성은 말하는 방식, 동료를 챙기는 방식, 팀을 이끄는 방식 등 모든 면에서 다르다. 또 여성은 상대적으로 남성보다 커뮤니케이션 기술이 부족하고, 이는 네트워크 형성의 부족으로도 나타난다.

남성들은 본능적으로 조직에 들어가면 네트워크 형성을 하는 데 많은 시간을 들이지만, 여성들은 조직에서 살아남기 위해 일적인 능력을 보여주어야 하기 때문에 자기 일에만 몰두한다. 그렇게 승진을 한 여성은 커뮤니케이션 능력이나 네트워크가 부족하여 더 이상 높이 올라가지 못하고 주저앉게 된다.

자기 일을 완벽하게 하는 '전문가'와 다른 사람을 선도하는 '리더'는 다르다. 이것이 무엇을 의미하는지 여성들은 곱씹어 볼 필요가 있다. 직장인이라면 자신이 일하고 있는 분야에서 전문가가 되어야 한다. 이것은 더 이상 설명이 필요 없는 당연한 말이다. 그러나 리더의 기반에는 전문성만 있는 것이 아니다. 전문성, 평판, 업적 등 갖추어야 할 요소가 상당히 많다. 이 중에 가장 중요한 것은 리더가 되겠다는 자발적인 의지이다.

여성은 가장 먼저 스스로 마음속의 장벽을 깨뜨려야 한다. 남녀 차이는 분명히 존재하지만, '여자이니까'라는 안일한 생각은 버리고 스스로 움츠러들지 말아야 한다. 또한 승진하기 위해 발버둥 치기보다 다른 직원들과 협력하여 다 함께 성장해 나가야 한다.

많은 여성이 내가 튀어야 살아남는다는 생각을 가지고 있다. 반면 남성들은 나를 내세우기보다 전반적으로 평균을 유지하려는 경향이 강하다고 한다. 남성들은 스포츠 활동, 군대 등을 통해 팀워크가 몸에 배어 본인이 골을 넣지 않더라도 우리 팀이 이겼다는 사실을 인식하지만, 여성은 본인이 골을 넣어야만 한다고 생각하는 경향이 있다는 것이다.

조직은 사실상 남성 위주의 문화이다. 그렇기 때문에 구성원에 대한 존경심과 팀플레이를 익힐 필요가 있다. 남성을 적으로 여기기보다 보듬어 주는 '소프트 카리스마'를 가져야 한다. 때로는 부드러움이 강함보다 더 큰 힘을 발휘한다. 앞서 말했지만, 남성들이 지적하는 여성들의 약점은 '일은 잘하는데 함께하는 것은 잘하지 못하고, 혼자서 잘하려고 한다.'는 것이다.

남성들은 각종 상황에서 소대장, 회장, 종손, 장남 등의 역할을 통해 리더를 할 수 있는 기회가 많이 주어지지만, 여성들은 상대적으로 기회가 많지 않다. 여성들이 리더가 되었을 때 이런 약점을 보완해야 한다.

리더는 일에서도 큰 역할을 해야 하지만 팀원들이 동기부여를 하고 힘을 낼 수 있도록 격려해 주어야 한다. 또한 열정이 넘치는 조직 문화를 만들고 팀원들이 실수나 잘못을 계기로 더 크게 발전할 수 있도록 도움을 주어야 한다.

리더는 팀원들이 자신보다 더 크게 성장하여 훌륭한 리더가 될 수 있도록 잘 이끌어야 한다. 그들의 성장과 발달에 도움을 주려는 자신감과 겸손함을 가지고 배려와 존중으로 상대방의 마음속 깊이 파고들어 조직 전체를 따뜻하게 하면 스스로도 발전할 수 있다. 팀워크는 배려 속에서 더욱 환하게 빛난다.

리더가 되는 것은 쉬운 일이 아니다. 그러나 스스로 포기하지 않는다면 어린아이가 자연스럽게 어른으로 성장하는 것처럼 언젠가는 리더의 자리에 오르게 될 것이다.

몸값을 올리는 것이 가장 훌륭한 재테크이다

40

어려운 취업 문턱을 넘었다고 해서 안도해서는 안 된다. 취업 성공은 끝이 아니라 또 다른 시작이다. 이제부터는 자신의 몸값을 올리기 위해 부단히 노력해야 한다. 은행에 근무하다 보니 이런 질문을 자주 받는다.

"어떻게 하면 부자가 될 수 있습니까?"

"목돈을 모을 수 있는 가장 빠른 방법은 무엇입니까?"

목돈이 있다면 입지가 좋은 부동산을 매입하여 임대 수익도 올리고 시세 차익을 얻을 수 있겠지만, 월급을 받으며 살아가는 대부분의 사람은 돈이 되는 알짜 부동산을 매입할 종잣돈을 가지고 있지 않다. 주식도 위태로워 기대할 수 없고, 물려받을 유산도 없다면 빨리 승진해서 연봉을 올리는 것이 재테크의 지름길이다. 자신의 몸값을 올리는 것이 가장 쉬운 방법이다.

입사 동기보다 먼저 승진했다면 재테크를 잘한 것이다. 간단하게 예를 들어보겠다. 승진을 해서 연봉이 4천만 원에서 5천만 원으로 올랐다면 재산을 4억 원 늘린 것과 같다. 금리 연 3%인 비과세 상품에 13억 원을 예금하면 1년 동안의 예금이자가 약 4천만 원, 17억 원을 예금한다면 약 5천만 원이 되기 때문이다.

혹시 월급날만 기다리며 하루하루를 흘려 보내고, 건성으로 일하고 있지는 않은가? 자신이 지금 하고 있는 일이 하찮은 것 같아서, 지금보다 더 많은 돈을 벌고 싶어서 맡은 일을 등한시하고 재테크에만 몰두한다면 그것만큼 어리석은 일도 없다. 몸값은 시간이 흐른다고 해서, 가만히 있다고 해서 저절로 높아지지 않는다.

그렇다면 빨리 승진하기 위한 비결은 무엇일까?

첫째, 기본과 원칙에 충실하라

2014년 전국 유·초·중·고·대학 교원들은 '본립도생(本立道生)'을 올해 교육이 나아갈 방향을 염원하는 사자성어로 선정했다. 가정과 사회가 기본을 바로 세우는 데 협력하는 해가 되었으면 좋겠다는 바람을 담은 것이다. '본립도생'은 《논어》〈학이편(學而篇)〉에 나오는 말로, '기본이 바로서야 나아갈 길이 생긴다.'라는 뜻이다.

농구 황제 마이클 조던을 슈퍼스타로 길러 낸 딘 스미스 감독의 지도력에 대한 글을 본 적이 있다. 딘 스미스는 36년 동안 감독을 맡아 879승이라는 전무후무한 기록을 세웠다. 마이클 조던은 또래보다 키가 작아 번번이 고교 농구부 입단을 거부당했다. 그러나 그의 성장 가능성을 알아본

노스캐롤라이나대학의 딘 스미스 감독은 마이클 조던을 농구 장학생으로 받아들였다. 마이클 조던을 키운 8할은 딘 스미스의 인품과 게임의 원칙, 리더십이었다. 그가 농구에서 가장 중요하게 생각한 것은 승리가 아니라 선수를 사람으로 성장시키는 것이었다. 기본에 충실하기, 동료의식과 가족적인 팀 분위기, 성공에 대한 비전, 긍정적인 사고 등이 딘 스미스 리더십의 핵심이었다.

무슨 일을 하든지 기본과 원칙에 충실해야 한다. 조직 핵심 가치의 기본은 상호 존중과 신뢰이다. 아무리 유능해도 협력할 수 없다면 함께 갈 수 없다. 기업(企業)의 '企'는 '人(사람 인)'과 '止(그칠 지)'의 합자이다. 人은 '사람'을 뜻하고, 止은 '모이다', '모여들다'라는 의미를 가지고 있다. 기업은 사람이 모여서 일하는 곳이며, 사람이 하는 비즈니스이기 때문에 서로에 대한 존경심과 팀플레이에 대한 믿음을 갖는 것이 기본이다.

둘째, 자신만의 브랜드와 이미지를 만들어라

사람은 누구나 상대방에게 비치고 싶어 하는 이미지가 있다. 그러나 느껴지길 바라는 모습과 자신의 실제 모습, 상대방이 실제로 느끼는 자신의 모습은 모두 다를 수 있다. 건강한 사회 구성원으로 살아가려면 자신의 이미지가 상대방에게 좋게 전달될 수 있도록 노력해야 한다.

이미지는 자신의 내면에서부터 시작되지만, 평가는 상대방이 하는 것이다. 요즘은 영어를 자유롭게 구사하는 직원이 많지만, 과거에는 상황이 달랐다. 은행에 외국인이 찾아오면 담당자는 당황하며 영어를 잘하는 동료에게 협조를 요청했다. 이처럼 '영어를 잘하는 직원'으로 동료들에게 인식되는 것이 바로 자기 브랜드이다. '회계의 여왕', '영업의 제왕', '걸어다니는 업무 사전' 등 자신만의 무기, 자신만의 노하우를 차곡차곡 쌓아서 자신만의 브랜드를 만들어야 한다.

누군가 "○○부서의 박 과장 말이야……."라고 말하면 "아, 그 광고 카피의 달인!"이라고 답이 나올 정도로 자신의 이미지를 구축해야 한다. 그것이 바로 자신의 무기이며, 자신의 무기를 업계 최고, 국내 최고로 발전시킨다고 생각하고 이미지를 만들어야 한다. 김영삼 전 대통령은 중3 때부터 책상머리에 '대통령 김영삼'이라는 글귀를 붙여 두고 공부하기가 싫을 때마다 그 글귀를 보며 자신을 관리했다고 한다.

몸값을 올리기 위해서는 자신을 하나의 브랜드라고 생각하고 성장시켜야 한다. 철저한 자기 관리와 몸값은 비례한다. 꾸준한 자기계발로 자신을 브랜드화하고 리더가 되겠다는 자발적인 의지를 가져야 한다.

만약 당신의 연봉이 5천만 원이라면 일 년에 한 번 정도는 스스로에게 이런 질문을 던져야 한다.

'만약 내가 사장이라면 나 같은 정도의 능력을 가진 사람에게 5천만 원의 연봉을 주고 함께 일을 할까?'

그리고 깊이 고민하며 자신의 브랜드를 심사해 보아야 한다.

셋째, 작은 목표를 세워라

현대경제연구원은 정부가 산더미같이 쌓인 과제들을 해결하려면 독일 메르켈 정부를 벤치마킹할 필요가 있다고 주장했다. 메르켈 총리가 독일을 '유럽의 리더'로 다시 세울 수 있었던 성공 요인 중 하나는 거대한 목표를 세우기보다 여러 개의 작은 목표를 세우고 이를 꾸준히 추진하는 '스몰 스텝 전략'을 활용했기 때문이다.

'스몰 스텝 전략'은 작은 개혁을 통해 정책의 일관성을 유지하면서도 큰 변화를 이끌어 내는 효과가 있다는 평가를 받고 있다. 큰 목표는 시간도 오래 걸릴 뿐 아니라 성공시키기도 어렵다. 오랫동안 준비하다 목표에 도달하지 못하고 실패하면 좌절감도 크다. 그러나 작은 목표들은 시간도 적게 걸리고, 도달했을 때 성취감도 맛볼 수 있다.

'올해는 꼭 면허증을 따자.'고 다짐했다면 당장 운전면허학원에 등록해야 하고, '책을 많이 읽자.'고 다짐했다면 책을 읽기 위해 당장 도서관으로 향해야 한다. 또한 '올해는 꼭 여행을 떠나자.'라고 다짐했다면 당장 여행을 위한 적금 통장을 만들어야 하고, 해외시장을 개척하고 해외 근무를 하며 새로운 도전을 하고 싶다면 당장 그 나라의 언어를 배울 수 있는 어학원에 등록해야 한다.

작은 성공을 맛보면 긍정적인 기분을 만끽할 수 있다. 작은 성공의 희열은 또 다른 성공에 대한 갈망을 불러일으킨다. 이렇게 작은 성공들이 쌓이면 자신의 몸값이 올라간다.

자신을 진실로 리드할 수 있는 것은 자기 자신뿐이다. 조직에서도 다른 사람을 효과적으로 리드하기 위해서는 자신을 리드할 줄 알아야 한다. 변화를 통해 자기 자신을 잘 이끌어야 조직에서도 성공할 수 있다. 강한 의지를 가지고 자신의 목표를 향해 순간순간 최선을 다하며 한 단계 한 단계 자신만의 탑을 쌓아야 한다. 목표가 없으면 자신만의 브랜드를 갖기 어렵다. 목표를 제대로 잡으면 실패를 통해서도 자신감을 얻을 수 있고 실패를 하더라도 열정으로 극복할 수 있다.

준비된 사람만이 기회를 잡을 수 있다. 말단 직원에서 피자가게 점장으로 부임한 여성이 있었다. 그녀에게 성공 비결을 묻자 이렇게 답했다.

"시키는 일만 하지 않고, 항상 내가 왜 이 일을 해야 하는지, 어떻게 하면 더 효율적으로 일할 수 있을지를 생각했다. 이것이 남보다 한발 앞설 수 있었던 비결이다."

시키는 일만 해서는 승승장구할 수 없다. 작은 목표를 세우고, 그 목표들을 하나씩 이루어 가면서 자신의 역량을 보여 주어야 한다.

넷째, 읽고, 읽고, 또 읽어라

모든 리더(Leader, 지도자)는 리더(Reader, 독자)이다. 대부분의 비즈니스는 고객과의 품격 있는 대화를 통해 고객의 마음을 읽어 내야 한다. 폭넓은 대화를 나누기 위해서는 다양한 지식이 필요하다. 사람의 마음을 읽어 내기 위해서는 사람 냄새가 담겨 있는 책을 읽어야 한다. 삶에 대한 통찰력을 얻는 데 책만 한 것이 없다.

유럽과 미국의 전통 사교클럽 안에는 반드시 도서관이 있다고 한다. 그들이 지식을 위해 투자하는 시간과 관심은 결국 높은 품격으로 이어진다. 미국의 명문인 다트머스대학를 수석으로 졸업한 리온 블랙은 금융사모펀드의 거물이다. 그에게 성공 비결을 묻자 그는 이렇게 말했다.

"하버드의 경영대학보다 다트머스대학에서 셰익스피어의 작품을 배우며 인간의 본성에 대해 배운 것이 가장 도움이 되었다. 세상의 모든 일은 인간의 본성을 이해하고 사람들이 어떻게 반응할지 이해하고 사회적 상황을 이해하는 것이 가장 중요하다."

인간 사회를 이해하고 금융에 적용했기 때문에 금융계의 거물이 될 수 있었다는 것이다.

스티브 잡스도 학창 시절부터 인문고전을 즐겨 읽었다고 한다. 그가 "스마트폰은 인문학과 기술의 교차점에서 만든 것이다."라고 말하며 "소크라테스와 점심 식사를 함께할 수 있다면 애플이 가진 모든 기술을 내놓을 수 있다."라고 한 것을 보면 그도 기술과 인문학의 융합을 보여 준 인문주의자가 아니었을까 싶다.

세계적인 부자들이 대학을 졸업한 경우는 많지 않다. 80~90%가 대학을 중퇴했거나 고등학교만 졸업했다. 하지만 대학 졸업자들보다 훨씬 더 많은 책을 읽으며, 책이라는 세계를 통해 간접 경험을 쌓아 더 많은 마음의 세계를 깊이 있게 읽어 내는 능력을 쌓았다.

책이나 신문, 잡지 등을 꾸준히 읽어 세상의 흐름을 파악하고 자신만의 기준을 만들어야 한다. 부자들은 보통 사람들보다 일주일에 신문이나 잡지를 보는 시간이 5시간 더 많다고 한다. 어느 대기업 인사 책임자는 신입 사원을 채용할 때 스펙보다는 균형 잡힌 판단력을 중요시한다며 판단력을 기르기 위해 종이 신문 읽기를 권장하기도 했다.

훌륭한 리더로 평가받는 인물들의 공통점은 독서량이 많다는 것이다. 가장 기본적인 준비는 독서이다. 독서 경험을 '돌덩이'라는 낱말에 압축한 어느 프로듀서의 말이 귀에 맴돈다. 그는 이렇게 말했다.

"책은 이 세상 모든 미디어 중에서 사람의 가슴에 던지는 가장 크고 묵직한 돌이라고 생각해요. 저자의 인생이 내 몸에 부딪히는 것이죠. 그런

돌을 여러분 가슴에 계속해서 던져 보세요."

다섯째, 평판을 관리하라

평판은 다른 사람에 의해 평가되는 것이지만 본인이 만들어 가는 것이기 때문에 흔히 '평판은 남이 써 주는 나의 이력서'라고 말한다. 워런 버핏은 돈보다 명성을 중요시하는 것으로 유명하다. 그는 항상 "잘못된 의사결정으로 돈을 많이 잃는 것은 괜찮지만, 극히 작은 평판이라도 잃어서는 안 된다. 사업상 하는 모든 일이 뉴욕타임스 1면에 나와도 떳떳할 수 있게 하자."라고 말하며 직원을 독려한다고 한다.

누군가가 인사 발령이 나면 함께 근무한 경험이 있든 그렇지 않든 그를 바라봐 왔던 사람들은 이렇게 말한다.

"매사에 적극적이어서 그를 따르는 사람이 많아."

"항상 성실하게 일을 하는 것 같았어."

"일을 할 때 보니 조금 답답한 것 같기도 해."

"옆에서 지켜보니 다른 사람에게 의지하는 경향이 있어."

평판은 하루아침에 만들어지는 것도 아니고, 하루아침에 바꿀 수 있는 것도 아니다. 누구나 좋은 평판을 받기 원하지만, 평판은 벼락치기로 얻어지는 것이 아니기 때문에 언제나 자신의 평판을 관리하며 긴장을 늦추지 말아야 한다.

좋은 평판을 원한다면 탄탄한 업무 실력을 갖추는 것은 기본이다. 여기에 올바른 인격과 성품으로 기본과 원칙을 지키며 따뜻한 마음과 긍정적인 자세로 동료들의 존경과 신뢰를 받을 수 있도록 관리해야 한다. 한마디로 좋은 평판을 받는 사람들은 탄탄한 업무 실력을 갖추었으며 인간성도 좋고 회사에 충성심도 강하다. 업무 실력은 탄탄하고 명석하지만 잘난 척하거나 거친 성격이라면 좋은 평판을 받기 어렵다.

두뇌나 실력만 갖춘 사람보다 도덕성을 갖춘 성실한 사람이 평판이 더 좋다. 성실함이란 자신이 해야 할 일만 열심히 하는 것이 아니라 자신이 하지 않아도 될 일까지 열심히 하는 것이라는 글을 본 적이 있다. 앞장서서 누군가를 대신하는 성실함이라면 평판이 좋지 않을 수가 없다.

조직은 똑똑한 사람보다 조직과 융화하는 인재를 선호한다. 반면 업무 실력, 인간성 모두 갖추었지만 조직에 기여하는 바가 없다면 평판의 의미도 없다.

자신이 CEO가 아닌 이상 모두 월급쟁이이다. 그렇다면 월급 이상의 일을 해야 한다. 이 말은 CEO나 다른 사람을 위해 일을 하라는 것이 아니다. 일은 자신을 위해 하는 것이다. 월급 이상의 일을 함으로써 자신의 계발은 물론 능력, 평판까지 잡을 수 있다.

언제부터인가 능력보다 평판의 힘이 더 크게 작용해 실력이 조금 미흡해도 평판이 좋은 사람이 더 빨리 승진한다. 만약 승진이 늦다면 평판 관리를 잘하지 못한 탓은 아닌지 되짚어 봐야 한다.

특히 여성 관리자의 경우 평판이 무엇보다 결정적이다. 남자 동기와 업무 역량이 비슷해도 남자 동기와 같은 시기에 승진하기 어려운 것이 현실이다. 그렇다고 왜 남자 동기보다 승진이 늦냐며 인사 책임자에게 불만을 쏟아 내어서는 안 된다. 그가 불만에 동의했다고 승진을 시켜 주는 것은 아니다. 경솔한 행동은 평판만 나빠지는 결과만 낳을 뿐이다.

보이지 않는 차별을
극복할 수 있는 방법 중 하나가 모성이다.
여성은 모성으로 솔선수범하며
따뜻한 마음으로 배려할 수 있다.
이를 잘 발휘한다면
평판 경영이 한결 더 수월할 것이다.

> # 여자라고 특별하지 않다.
> # **솔선수범**하라
>
> **41**

　　　　　　사람은 좋은데 배울 것이 없는 상사가 옆에 있으면 참으로 답답하다. 지적 자극과 훈련을 통해 동료를 발전시키는 리더라면 누구에게나 존경받을 것이다. 리더가 최선을 다해야 구성원들에게도 최선을 다하라고 말할 수 있다.

　말과 행동이 일치하지 않는 리더는 구성원들에게 신뢰를 얻지 못한다. 상사에 대한 신뢰가 없는 조직에서 성과를 기대하는 것은 어불성설이다. 내가 하기 싫은 일을 남에게 시키는 리더는 누구에게서도 인정받지 못할 뿐 아니라 평판도 좋지 않다. 외국계 기업의 회장을 지낸 어느 CEO는 이렇게 말한 바 있다.

　"한국의 리더들은 권한 이양을 한다며 자기가 할 일을 부하 직원에게 떠넘기는 경향이 있다. 한국 기업은 실무자들이 일을 많이 하지만 미국 기업은 위로 갈수록 업무가 폭주한다. 받는 만큼 일을 하니 임원들의 퇴근이 늦을 수밖에 없다."

중국의 최고(最古) 병법서인 《육도(六韜)》와 《삼략(三略)》에서는 '장수는 추운 겨울철에도 혼자 털 가죽옷을 입지 않고, 무더운 여름철에도 혼자 부채를 잡지 않으며, 비가 내리더라도 혼자 우산을 펼치지 않아야 한다.'고 말한다. 그리고 이렇게 설명한다.

이를 예의 바른 장수라 하고, 좁고 험한 길을 행군하거나 진흙탕을 거쳐 가야 할 때 반드시 수레나 말에서 내려 함께 걸으며 병사들과 더불어 괴로움을 나누어야 한다. 이를 힘을 같이하는 장수라 하고, 군사들이 앉기 전에 먼저 앉지 말고 군사들이 먹기 전에는 먹지 말 것이며 추위와 더위를 군사들과 반드시 같이 하는 이를 욕심을 절제하는 장수라 한다.

즉 전장에서 병사에게 예를 갖추는 장수, 병사와 같이 힘을 쓰는 장수, 욕심을 절제하는 장수에게는 부하들이 목숨을 초개 같이 바친다는 의미이다.

월마트의 성공은 창업자 샘 월튼의 따뜻하면서 카리스마 넘치는 리더십이 바탕이 되었다. 헨리 포드 이후 세계에 가장 큰 영향을 끼친 경영자로 평가받고 있는 그는 픽업트럭을 직접 몰고 다녔으며, 비행기도 이코노미 클래스만 탔다. 또한 골프장 출입도 멀리할 정도로 검소하고 청렴했다. 국내외 출장을 갈 때는 동행한 직원과 함께 방을 쓸 정도였다.

고(故) 이종욱 세계보건기구(WHO) 사무총장은 국가원수 예우를 받지만, 1,500cc급 소형 하이브리드카를 타고 다녔다. 그리고 항상 운전자 옆에 앉았다. 자신 역시 같은 세계보건기구 직원이라는 의미라고 한다.

연말이 되면 배정된 예산을 모두 소진하려고 애쓴다. 소진하지 않으면 예산을 반납해야 하기 때문이다. 써야 할 데가 있다면 당연하지만, 단순히 반납을 피하기 위해 예산을 소진하는 것은 구태의연한 생각이다. 예산이란 지출을 예상하여 계획된 비용인데 모자라면 추가로 예산을 받고 남으면 반납하는 것이 당연하다.

매월 전기요금 결제 금액을 기록해서 동료들에게 변화의 추이를 알리고 절약할 수 있는 방법을 함께 모색했다. 수시로 드나드는 금고, 복도, 지하주차장에는 필요한 부분만 켤 수 있도록 스위치에 스티커를 붙이고 누구든지 스티커가 부착되지 않은 스위치가 켜져 있으면 끌 수 있도록 관리했다. 점심시간에 자리를 비울 때는 각자가 사용하는 사무기기의 전원을 끄고, 환율 게시판 등 영업 마감 시간 전과 영업 마감 시간 이후에는 업무에 지장을 주지 않는 부분은 일부 소등했다. 이런 사소한 규율로 전기 절약과 함께 전자파도 차단할 수 있었다. 복사기를 사용한 후 절전 모드로 옮기고 마르면 못 쓰게 되는 인주와 스탬프는 퇴근할 때 뚜껑을 닫았다.

펜을 하나 받으려면 잉크가 다 소모된 볼펜심을 보여야 새 볼펜심을 받을 수 있었던 30년 전에 비하면 사무실에서나 가정에서나 문구용품이 넘친다. 일상의 업무들이 반복되는 가운데 서랍 속에는 펜, 클립, 형광펜, 고무줄 등 문구 용품들이 수북이 쌓인다. 한 달에 한 번은 서랍 속에서 잠자는 문구 용품을 수거해서 종류별로 정리하며 절약했다.

왜 이렇게까지 해야 하느냐고 의구심을 가질 수 있다. 그러나 당신이

CEO라면 어떻게 할지 생각해 보라. 직원이 주인의식을 가지지 않으면 기업은 성장할 수 없다. 회사 살림도 내 살림처럼 알뜰히 하는 데 솔선해야 한다.

꽃 화분 하나에도 리더의 마음을 담아야 한다. 나는 봄에는 철쭉, 가을에는 국화를 직접 고르기 위해 꽃시장을 찾았다. 꽃향기가 가득 찰 사무실과 꽃을 보고 행복해 할 고객을 떠올리면 무척 행복했다. 물론 꽃집 사장은 "전화 한 통이면 배달까지 해 드리는데 해마다 고생스럽게 오십니까?"라고 말하며 너스레를 떨지만, 사실 전화로 주문하면 꽃의 상태가 직접 고른 것보다 못할 뿐 아니라 화분에 스토리를 담을 수 없다. 내가 화분을 하나하나 고르며 담은 스토리를 고객에게 전하면 그들은 더욱 기뻐했고, 화분은 더욱 빛났다.

해가 바뀌고 시간이 지나도 변함없이 솔선하는 내 모습을 본 동료들도 조금씩 달라지기 시작했다.

진정한 리더십은 말이 아니라 행동에서 나온다.

꾸준함이
가장 강력한 무기이다

42

《꾸준함을 이길 그 어떤 재주도 없다》라는 책이 있다. 꾸준함은 어떤 분야에서든 가장 강력한 무기가 될 수 있다. 이 책의 저자인 나우콤 문용식 대표는 누구나 시행착오는 할 수 있지만, 갈지자(之)로 좌충우돌해서는 안 된다며 어려움이 있더라도 일관성 있게 밀어붙이는 힘이 중요하다고 역설하였다. 그리고 그 힘은 바로 꾸준함에서 온다고 주장했다.

퇴직을 할 때 "선배님! 후배들에게 강조하고 싶은 한마디가 있을까요?"라는 질문을 받는다면 무슨 말을 할까 고민한 적이 있다. 그리고 "꾸준하게!"라고 답해야겠다고 스스로 정해 두었다.

미국 소매상협회 조사 결과에 따르면 '상품을 팔 때 세일즈맨 중 48%는 단 한 번 권유하고 포기하고, 25%는 두 번 권유하고 포기하며, 15%는 세 번 권유하고 포기한다. 네 번 이상 권유하는 사람은 12%밖에 없다. 그런데 더 놀라운 사실은 네 번 이상 권유한 12%의 세일즈맨이 전체 판매량의 80% 이상을 차지한다.'고 한다.

거절을 당하면서 네 번 이상 권유하는 것은 쉬운 일이 아니다. 하지만 성과를 내고 싶다면 꾸준해야 한다. 세일즈는 거절을 극복하고 자신을 이겨 가는 승부의 과정이다. KFC의 창업자 커널 할랜드 샌더스 역시 끈질긴 사람으로 유명하다. 그는 파산한 식당을 살리기 위해 그의 요리법을 사 줄 후원자를 찾아다녔지만, 1,008번의 거절을 당했다. 보통 사람이라면 열 번도 되지 않아 포기했을 텐데, 그는 포기하지 않았고, 결국 1,009번만에 후원자를 찾을 수 있었다.

환경에는 두 가지가 있다. 내 의지로는 어떻게 할 수 없는 외적인 환경과 내 의지대로 할 수 있는 내적인 환경이 바로 그것이다. 러시아워마다 막히는 차와 도로는 내가 어떻게 할 수 없지만, 마음만 먹는다면 다른 사람보다 20분 일찍 출발해서 러시아워를 피할 수 있다. 매일 20분 일찍 출근하는 꾸준함이 출근 환경을 바꿀 수 있다.

막다른 곳에 도달했다고 생각했지만 그것을 뛰어넘으면 무엇이든지 할 수 있는 용기가 생긴다. '만약 당신이 힘들지 않으면 내리막길을 가고 있다는 것이다.'라는 말이 있듯이 멈추지 않으면 언젠가는 정상에 오를 수 있다. 삶이란 한 점 한 점 찍으면서 계속 나아가는 것이다. 꾸준함의 중요성은 누구나 알고 있고 할 수 있지만, 누구나 하지 못한다는 사실을 기억하라.

영국의 유명 작가인 말콤 글래드웰은 자신의 저서 《아웃라이어》에서

'1만 시간의 법칙'을 이야기했다. 특정 분야에서 장인이 되려면 1만 시간을 투자해야 한다는 것이다. 하루 세 시간씩 매일 10년간 투자하면 1만 시간이 된다. 올림픽에서 금메달을 수상한 선수들은 보통 10년 이상의 운동 경력을 가지고 있다. 꾸준함이란 쉼 없는 노력과 인내가 필요하며 그러한 과정을 거치면서 성장하고 또 잘하게 된다. 잘하게 되었을 때야 비로소 그 일을 즐길 수 있게 된다.

내게는 '432일'의 기억이 있다. 연금보험 10억 원 가입을 위해 2007년 1월에 상품 소개를 시작해서 2008년 3월에 고객이 상품에 가입할 때까지의 활동 내용을 수첩에 기록했다. '432일'의 의미는 고객에게 꼭 필요한 상품이지만, 단순히 판매를 위한 상품 권유가 아니라는 진정성과 신뢰감을 보여 주는 데 걸린 꾸준함의 시간이었다.

쉬운 것 같지만 결코 쉽지 않으며, 어려운 것 같지만 결코 어렵지 않은 것이 꾸준함이다. 사람들은 빨리 가기 위해 편법을 생각하지만, 꾸준함은 무언가를 이룰 수 있는 지름길이다. 만약 '단어 1만 개 외우기'라는 새해 계획을 세워 매일 30개의 단어를 외운다면 어렵지 않게 1년 동안 1만 개의 단어를 외울 수 있을 것이다. 그러나 11월까지 행동에 옮기지 못하다가 연말이 다가와 마지막 한 달 만에 1만 개를 외워야 한다면 하루에 300여 개를 외워야 한다. 쉽지 않은 일이다.

**경쟁자가 꾸준한 사람과 같은 능력을 가지려면 꾸준함을 위한 시간이 필요하다.
따라서 꾸준한 사람을 이기기는 쉽지 않다.**

준비에 실패하는 사람은 실패를 준비하는 것이다

43

무엇이든 철저하게 준비하면 자신감이 생긴다. 자신감이 있어야 집중할 수 있고 상대방에게 신뢰를 줄 수 있다. 신뢰를 주지 못하면 좋은 성과를 기대하기 어렵다. 우리 회사에서는 신상품이 나오면 최소 일주일 전에 신상품 출시 예고 문서를 전 직원들에게 보낸다. 그러나 그때는 반응하지 않다가 시행 문서가 전달되고 지점별로 신상품에 대한 본부의 실적 관리가 시작되면 그제서야 문서 내용을 열람하고 직원을 교육시킨다.

출발이 늦으면 선두를 따라 잡기가 만만치 않다. 단체로 달리기를 할 때나 산을 오를 때도 선두에서 오르는 것보다 뒤처져서 오르는 것이 훨씬 힘든 것처럼 어차피 정상에 올라야 한다면 철저하게 준비하여 구성원들이 성공적인 출발을 할 수 있도록 해야 한다.

영업 현장은 총알 없는 전쟁터와 다름없다. 예고 문서는 작전 개시를 의미하고 시행 문서는 발사 명령을 의미한다. 작전이 개시되면 각자의 포지션을 정하고 발사 명령에 즉각 행동할 수 있도록 총을 닦고 점검해야 한다. 발사 명령이 떨어졌는데 총을 쏠 수 없다면 적을 방어할 수 없어 적의 총탄에 쓰러지고 만다. 잔인한 비유이지만 준비 단계에서부터 긴장감을 가져야 한다는 말이다. 예고 문서의 내용을 파악하여 직원을 교육하고 지점 상황에 맞는 전략 방안 수립을 완료해야 시행일부터 바로 실행에 옮길 수 있다.

일과의 시작도 마찬가지이다. 출근을 하면 제대로 준비하지 못하고 시간에 쫓겨 부랴부랴 집에서 나온 직원을 자주 보게 된다. 면도를 하지 않고 나온 직원, 머리카락을 제대로 말리지 않고 나온 직원, 충분히 헹구지 않아 입가에 치약이 남아 있는 상태에서 출근한 직원, 화장을 완성하지 못한 직원, 얼룩이 묻은 옷이나 구겨진 옷을 입고 출근한 직원 등 그 모양도 참 다양하다.

출근을 하기 위해 집을 나서면 그때부터가 직장인이다. 집을 나선 순간 어디에서 거래처 직원, 상사, 동료, 고객 등을 만날지 누구를 만날지 알 수 없다. 그러므로 모든 준비를 끝내고 집을 나서야 한다. 그것이 바로 프로의 모습이다.

대부분의 직장인은 출근해서 컴퓨터를 켜고 커피잔을 손에 들고 문서를 열람하거나 뉴스 등을 검색하며 하루를 시작한다. 여유 있는 하루의 시작 풍경이다. 여유 있는 시작도 필요하지만 그보다 더 중요한 것은 아침의 여유와 더불어 업무를 완벽하게 준비해 놓아야 한다는 것이다. 업무 시작 전의 완벽한 준비는 업무의 효율을 극대화시킨다.

은행의 경우라면 고객의 업무 처리를 위해 각종 장표, 당일 상담할 고객의 자료, 동전 혹은 현금을 담을 봉투, 스테이플러와 심, 돈 묶는 띠지, 고객이 사용할 펜, 도장에 묻은 인주를 닦을 휴지, 명함, 감사의 마음을 전할 소품 등 하루 동안 영업에 필요한 모든 것을 완벽하게 준비해 놓아야 한다.

완벽한 서비스는 쉽지 않지만 완벽한 준비는 가능하다. 고객을 앞에 두고 필요한 장표나 비품들을 가지러 가기 위해 자리를 비우는 것은 큰 결례이다.

붐비는 시간에 식당에 가면 테이블을 치우자마자 바로 앉게 되는 경우가 있다. 때때로 직원이 물기를 덜 짠 행주나 고객이 사용했던 물수건을 이용하여 식탁을 닦기도 한다. 고객 입장에서는 음식을 먹기 전에 입맛이 떨어지는 행위이다. 한꺼번에 몰려오는 고객 때문에 시간적인 여유가 없어서 그런 것이라면 하루에 필요한 양만큼 세탁한 행주를 미리 준비하면 될 일이다. 완벽한 준비로 위생과 맛을 동시에 지켜 내야 경쟁에서 살아남을 수 있다.

미국의 미래학자 제임스 보트킨은 일을 시작하기 전 15분 동안 무엇을 할 것인지 생각하라고 조언했다. 그로 인해 나중에 4시간을 절약할 수 있다는 것이다. 그는 미리 하루의 일을 생각해서 우선순위를 정해 두고 하루의 업무를 조직화한 사람은 생각 없이 하루를 보내는 사람보다 성공할 가능성이 훨씬 높다며 시간을 절약하고 효율을 높이기 위해 15:4의 법칙을 따르라고 강조했다.

"장작을 패는 데 쓸 수 있는 시간이 8시간이라면 나는 그중 6시간 동안 도끼날을 날카롭게 세울 것이다."라는 링컨의 말처럼 성공을 위해서는 철저한 준비가 필요하다. 사전에 도끼날을 제대로 관리하지 않은 상태에서 장작을 패다가는 날이 무디거나 날이 부러져 장작을 제대로 팰 수 없을 것이다.

우리나라의 독보적인 양궁 실력은 철저한 준비로 만들어 낸 당연한 결과이다. 선수들은 최악의 상황을 만들어 훈련하고 이겨 내기를 반복하였다. 시차 적응을 위해 새벽 1시부터 아침 7시까지 영하 18℃의 추운 길을 천천히 걷기도 했고, 수만 명이 운집한 시끄러운 운동장이나 공동묘지에서 활을 쏘는 훈련을 하기도 했다. 그러한 과정은 어떤 상황에서도 흔들리지 않는 최고의 선수를 만들어 냈다. 최고의 선수는 타고난 것이 아니라 철저한 준비를 통해 만들어진다는 신념하에 강한 사람을 뽑는 것이 아니라 극도의 힘든 훈련을 통해 마지막까지 살아남는 자를 대표선수로 만드는 것이다.

2003년 8월 은행에서 보험 상품을 겸업하게 되었을 때 여러 보험사에서 지점장들을 대상으로 보험 상품을 소개한 적이 있다. 그 당시에는 보험에 대한 인식이 매우 미흡해서 지인으로부터 보험 상품에 가입해 달라는 부탁을 받으면 상품 내용도 모르고 가입하는 경우가 많았다. 보험사의 팀장들은 자신들의 상품은 매우 우수하다는 점을 강조했지만 보험이 무엇인지, 보험이 왜 필요한지 잘 알지 못하는 지점장들에게 상품 내용은 어렵기만 했다.

그때 한 보험사는 머리카락이 희끗희끗한 노부부가 따뜻한 스웨터를 걸치고 낙엽이 가득한 공원 벤치에 편안히 앉아 있는 사진을 보여 주는 것으로 상품 소개를 시작했다. 누구나 소망하는 노후의 모습이었다. 그 보험사는 편안한 노후를 위해서는 준비가 필요하며 보험이 노후를 준비하는 확실한 방법이라고 설명했다. 보험의 필요성을 한 장의 사진으로 보여 준 것이다. 철저히 준비된 교육이었다.

철저히 준비하면 나중이 쉬워지는 법이다. 업무에서도 준비를 철저히 하면 서비스의 질이 달라진다. 학교에서 예습을 중요시하는 것과 별반 다를 바가 없다. '준비에 실패하는 사람은 실패를 준비하는 것이다.'라는 말을 항상 기억하라.

알 수 없는 내일을 위해
오늘 긴장하라

44

평소에 동료들에게 늘 강조했던 규칙이 있다. 분기마다 대청소 실시, 사전 예고 없는 업무 감사 실시, 고객의 눈을 피곤하게 하지 않기, 책상 위에 고객과 무관한 물건 놓지 않기, 직원용 수첩과 친해지기, 의자 등받이에 옷 걸지 않기, 긴 머리는 리본망으로 정리하기, 볼 터치 하기, 고객의 요청 사항에 무조건 반응하기, 거절할 일이 있으면 상사에게 요청하기, 회의 자료는 회의하기 전에 미리 전달하기, 교육에 적극적으로 참석하고 그 내용을 동료들에게 전달하기, 자리를 비울 때는 개인용 사무기기 전원 끄기, 영업 시간 후에 불필요한 전등 소등하기, 무슨 시험이든 한 번에 합격하기, 신상품 시행 전 교육 및 전략 수립 등이 바로 그것이다.

별것 아닌 것 같지만, 이런 작은 것 하나하나가 한 가지를 가리키고 있다. 업무에 집중할 수 있는 여건 조성이다. 내가 부임하는 지점은 여직원들의 머리 모양부터 바뀐다는 소문이 날 정도로 나는 위의 규칙을 수시로 강조하며 관리했다.

매월 실적 평가에서 1위를 하더라도 안주하지 않고 항목별로 만점 득점을 위한 방안을 함께 모색하며 동료들을 긴장시켰다. 각 지점에 대한 최종 평가는 12월 말이기 때문에 긴장을 늦출 수 없다. 강점을 살리며 예상하지 못한 변수에 대응했다. 어려운 항목과 경쟁력 있는 항목을 동료들에게 인식시키고 어려운 항목을 보완하기 위한 선택과 집중의 필요성을 강조하며 방향을 알렸다. 방향 설정이 속도보다 먼저이기 때문에 일단 방향이 설정되면 속도를 낼 수 있도록 세부 실행안을 구체적으로 만들고 주기적으로 포지션을 알리며 피드백했다.

최근에 세계적 경영사상가인 짐 콜린스가 평소 내가 동료들에게 강조했던 규칙과 피드백, 긴장감을 '규율과 생산적 편집증'으로 설명한 인터뷰 기사를 본 적이 있다.

1911년 10월, 남극점 최초 도착을 놓고 로알 아문센과 로버트 스콧이 대결을 벌였다. 결과는 로알 아문센 팀의 완승이었다. 로버트 스콧 팀은 지친 나머지 눈 속에 갇혀 전원 사망했지만, 아문센 팀은 가장 먼저 남극점에 도달하고 안전하게 복귀했다.

짐 콜린스는 로알 아문센 팀의 승리 요인을 성공한 기업 경영 사례에서 찾아냈다. 그는 9년간의 연구를 통해 2만 400개의 미국 상장 기업 가운데 1972년부터 2002년까지 30년 동안 동종업계 경쟁사보다 10배 이상 높은 수익률을 투자자에게 안겨 준 기업과 아문센의 공통분모 가운데 가장 중요한 것은 '광적인 규율'이라고 분석하며 이것이 기발한 혁신이나 단순한 창의성보다 훨씬 중요하다고 주장했다.

로버트 스콧은 날씨 좋은 날은 체력이 고갈될 때까지 대원들을 혹사시켰고, 나쁘면 텐트 안에 있었다. 반면 로알 아문센은 아무리 날씨가 좋아도 대원들이 체력을 소진하지 않도록 적정선을 유지해 항상 15~20마일 행진을 고수했고, 아무리 날씨가 나빠도 15마일 정도를 행진했다. '20마일 행진'은 로알 아문센에게 '광적인 규율'이었다. 규율은 일관된 행동방식이며, 성공한 기업의 리더들은 규율을 지키는 정도가 아니라 광적으로 그것을 준수한다는 결론을 내렸다.

짐 콜린스는 자신의 생활에서도 광적인 규율을 추구한다고 했다. 그는 깨어 있을 때 하루 일과를 생각하고 글 쓰는 창조적인 일 50%, 인터뷰와 가르치는 일 30%, 생활 속에서 꼭 해야 할 일 20%로 꾸린다는 5 : 3 : 2 원칙을 세워 놓고 사무실 화이트보드에 매일 이행 현황을 적는다. 심지어 자신의 열흘 동안의 수면 시간은 반드시 70~75시간이어야 한다는 원칙에 따라 수면 시간을 분 단위로 체크한다.

삼성전자는 2012년 3분기에 8조 1,200억 원이라는 사상 초유의 영업 이익을 기록했다. 국내 단일 기업의 역대 최대 기록이다. 그러나 이건희 회장은 최대 흑자임에도 불구하고 2013년 창립 43주년 행사에서 직원들에게 "정신 차려라!"라고 말했다. 그리고 수원 사업장 외벽에 'Discovery starts here(발견은 여기서 시작된다)'라는 문구를 내걸었다. 글로벌 불황 돌파를 위해 혁신 제품 개발에 매진하라는 뜻이었다.

짐 콜린스는 이건희 회장처럼 경기 침체에도 좋은 실적을 올리고 있는 직원에게 "위기가 다가오고 있다."고 다그치는 것을 편집증이라고 했다. 그리고 "편집증이란 우리가 예측하지 못하는 미래를 우려하고 이에 대비하는 것을 말하는데, 리더는 항상 미래를 대비한 '생산적 편집증'을 가져야 한다."라고 말했다.

동전을 던져서 앞면이 나오면 운이 좋은 것이고, 뒷면이 나오면 운이 나쁜 것이라고 가정해 보자. 어떤 기업이 일곱 번 동전을 던졌는데 계속해서 뒷면이 나왔다. 하지만 그렇게 운이 나빠도 기업이 문을 닫지 않는다면 여덟 번째 동전 던지기에서 앞면, 즉 좋은 운을 만날 수도 있다. 이때 행운을 잘만 활용하면 거대한 기업으로 성장할 수 있다. 생산적 편집증을 가진 리더여야만 동전 던지기에서 일곱 번 모두 뒷면만 나올 수 있는 상황에 대비하고 좋은 운을 만났을 때 이를 낚아챌 수 있다는 것이다.

《삽질 정신》의 저자 박신영은 강연 요청이 상당히 많지만 주중에는 일에 집중하고, 주말에는 사랑하는 사람들과 함께 시간을 보내기 위해 휴대폰을 진동으로 해 두고 가능한 한 전자 기기를 멀리한다고 한다.

일하는 사람이라면 직장 내에서도, 직장 밖에서도 항상 미래를 대비하며 긴장해야 한다. 그렇다고 365일 내내 긴장하고 있을 수만은 없다. 오랜 시간 계속 긴장 상태로 있다가는 언젠가 방전되어 쓰러지고 말 것이다. 박신영 저자의 사례처럼 **적절한 긴장과 이완을 통해 자신의 능력을 최대치로 이끌어 낼 수 있는 방법을 찾아야 한다.** 그래야 정상을 향해 가는 긴 시간 동안 지치지 않고 꾸준하게 달릴 수 있다.

> # 한 방향으로 **정렬**하고,
> # 끊임없이 **독려**하라
>
> ## 45

끊임없이 앞으로 나아가고, 원칙을 바꾸는 것이 아니라 방향을 바꿔 전진하는 것이 바로 리더이다. 리더는 구성원을 한 방향으로 이끌 수 있어야 한다. 다음 날 중요한 시험을 앞둔 학생이 깨끗하게 주변을 정리하고 공부를 시작하겠다며 하루 종일 대청소를 한다면 어떨까? 이는 방향성 없는 성실함이다.

전 제너럴일렉트릭 GE 회장인 잭 웰치는 이렇게 말했다.

"우리 회사는 임원부터 청소부까지 우리 회사가 어느 방향으로 가고 있는지 알고 있다. 나는 이를 위해 기회가 있을 때마다 직원들에게 말하고, 또 말했다."

삼성의 경우도 하나의 프로젝트가 만들어지면 수천 번 강조하고 또 강조한다고 한다. 모든 구성원이 한 방향으로 정렬할 수 있도록 반복하고 또 반복하는 것이다.

세계적인 컨설팅 회사 타워스왓슨이 세계 28개국 직장인의 업무 몰입도를 조사한 결과에 따르면 한국 직장인들의 업무 몰입도는 16%로, 세계 평균(35%)에 비해 매우 낮았다. 명확한 비전과 목표 제시는 업무 몰입도를 높여 준다. 문제는 '강력한 리더십을 발휘하려면 확실한 비전을 제시하라'고 하지만 고심해서 만든 비전 제시에 구성원들이 미지근한 반응을 보인다는 것이다. 다시 말해 비전 제시만으로 구성원들의 공감을 얻어 내기는 어렵다.

한 통계에 따르면 100명 중 19명만이 회사의 목표를 알고 있으며, 그들은 목표를 이루는 데 가용 시간의 49%만 사용하고, 나머지 시간은 손톱 깎기 등 중요하지 않은 일에 사용한다고 한다. 구성원들을 비전에 동참시키기 위해서는 명확하게 목표를 설정해 주어야 하고, 기회가 있을 때마다 목표를 주지시켜 '실행의 갭'을 줄여 주어야 한다. 또한 우선순위 목표가 무엇인지 끊임없이 질문을 던져 직원들을 한 방향으로 정렬시키고 제대로 실행할 수 있도록 도와 주어야 한다. 구성원들에게 목표의 의미와 맥락이 잘 전달되었는지 항상 체크하는 것이 리더의 핵심 역할이다.

우리 회사의 경우 영업점 경영 실적 평가 항목이 30여 개 정도 되는데, 이 항목들이 잘 이행되고 있는지 평가하여 실시간으로 영업점 순위를 확인할 수 있다. 나는 매일 모든 항목에 집중할 수 없기 때문에 집중의 우선순위를 정했다. 선택과 집중을 위해 매월 중점 업무 테마를 선정하여 동료들을 한 방향으로 움직이게 했다.

리더는 명령이 아닌 설득을 할 수 있어야 한다. 명령은 거부 반응을 일으킬 수 있지만, 설득은 공감을 얻을 수 있기 때문이다. 소수의 인원으로는 성과를 거두기 어렵다. 공감대를 형성하여 모든 구성원이 움직일 수 있도록 독려하고 설득해야 한다.

나는 중점 업무 테마를 100% 달성하자는 명령만 내리는 것이 아니라 많은 항목 중에서 왜 하필 그것을 이달의 중점 업무 테마로 정했는지, 왜 중점 업무 테마를 달성해야 하는지, 100% 달성이 어떤 영향을 미치는지, 어떤 방법으로 실행할 것인지, 그 실행이 어떤 결과를 가져올 것인지를 세밀하게 설득했다. 인간 대 인간으로 말하고 이해시키면 자발적인 협력을 이끌어 낼 수 있다.

목표 설정의 유무가 결과에 어떤 영향을 미치는지 사례를 소개한다. 우리 회사에 입사 지원을 하여 한 차례 실패 경험이 있는 대학 졸업생이 인턴으로 첫 출근을 했다. 인턴 근무 경험이 취업 성공으로 이어지길 바라며 첫 대면에서 여러 가지 이야기를 나누었다. 나는 그에게 읽기는 쉬우면서 메시지가 강한 책을 건네며 읽고 돌려 달라고 했다(그동안 책을 구입하여 직원들에게 많이 나누어 주었는데, 직원들이 잘 읽지 않는 것 같아 빌려 주고 돌려 받는 방식으로 독서 경영을 했다.).

2시간 정도면 완독할 수 있는 분량이었지만, 2주가 지나도 그에게선 아무 소식이 없었다. 저녁에 퇴근하면 무엇을 하는지 넌지시 물어보았더니 그는 특별히 하는 일이 없다고 했다. 빌려 줄 다른 책들이 대기하고 있었지만 독촉하지 않았다. 결국 4주 정도가 되었을 때 책을 돌려받았다.

그는 비록 인턴사원이지만 인턴 경험이 실제 취업에 도움이 되도록 해야겠다는 절실한 마음이 있었다면 내가 책을 권해 주었을 때 상당히 기뻤을 것이다. 하지만 그에게서 그런 느낌을 받지 못했다. 은행 업무를 전혀 알지 못하는 자신에게 그 책이 나침반이 될 수도 있겠다는 생각, 빨리 읽어서 실천해 보겠다는 각오, 언제까지 읽어야겠다는 목표를 정했다면 더욱 유익한 시간을 보냈을 텐데, 참으로 안타까웠다.

큰아이는 대학교 3학년 때 외국계 금융회사에 인턴 지원을 하였다. 예일대학 등 아이비리그 출신들이 대거 인턴 지원을 하여 경쟁이 상당히 심했지만 9번의 면접을 거쳐 21명이 인턴사원 명단에 이름을 올렸다. 이 중에서 정식 사원이 되는 것은 9명뿐이었다.

입사 지원 시 인턴 근무 경력을 서류 심사 때 참고하거나 일부 시험을 면제해 주는 정도의 우대를 해 주는 우리와 달리 이 회사는 인턴 기간의 근무 평가 성적만으로 정식 사원을 뽑았다. 신입사원 채용은커녕 인력 감축 등 구조조정을 할 수밖에 없는 어려운 미국 경제 탓에 취업이 녹록지 않은 상태였기 때문에 큰아이는 누구보다 열심히 인턴 생활을 하겠다고 다짐했다.

모든 인턴 직원이 처음 며칠 동안 일찍 출근하여 성실함을 어필했지만 시간이 지나면서 하나둘 떨어져 나갔다. 하지만 큰아이는 인턴 근무가 끝날 때까지 다른 직원들보다 1시간 일찍 출근해서 미리 자료를 챙기고 상사가 출근하기 전에 보고서를 마무리하는 등 근면성을 보였다. 그로 인해 회사에서 좋은 평가를 받았고, 결국 정식 사원이 되었다.

참으로 다양한 일이 일어나는 일상에서 생각지도 못하게 기회를 놓쳐 버리는 경우가 많다. 대충해도 되는 순간은 없다. 매 순간이 기회라는 생각으로 최선을 다해야 한다.

누구나 언제든지 볼 수 있는
비주얼 보드를 세워라

46

　　　　　　　　조직 구성원들이 목표를 공유하는 것은 매우 중요하다. 만약 목표가 불분명하다면 구성원들의 업무 진행 방향은 제각각이 될 것이다. 이를 하나로 묶어 주는 것이 바로 비주얼 보드이다.

　회사에서 경영 실적을 평가하는 요소가 상당히 많기 때문에 이를 매일매일 고민하기에는 시간적으로 한계가 있다. 그래서 나는 성과를 효율적으로 관리하기 위해 초기, 중기, 말기 관리지표로 나누어 선택과 집중을 했다. 지점의 여건에 따라 같은 노력을 기울여도 상대적으로 좋은 성과를 내기에 어려운 항목도 있기 때문에 가장 먼저 우리 지점의 강점과 약점을 분석했다.

　리더의 명확한 판단과 전략을 구성원들과 공유하고 현재의 포지션을 지속적으로 알리며 모두가 한 방향으로 움직이도록 하는 것이 성과의 핵심 키워드이다. 나는 매월 5~6개의 중점 업무 테마를 정해 동료들이 한 방향으로 집중할 수 있게 했다. '중소대출 200억 원 늘리기', '예금 100억 원 늘리기'라는 테마를 정할 때는 '달성하기 무리한 목표가 아닐까?'라는 마음과 '목표는 조금 높게 잡아야 해!'라는 상반된 두 마음이 겨룬다. 그러나 사람의 마음이란 이상해서 목표가 다소 높더라도 목표를 세우면 열정을 다하게 되어 목표를 달성할 가능성이 크지만, 목표를 세우지 않으면 큰 성과를 거두지 못한다.

  목표를 정할 때는 구성원들이 납득할 수 있도록, 팀별로 목표를 할당할 때도 구성원들이 받아들일 수 있도록 근거를 제시해야 한다. '금융위기로 인한 기업들의 자금난 해소를 위해 중소기업에 대한 대출 금액을 전년보다 30% 늘리는 것이 은행의 방침이니 우리 지점도 본점의 전략 방향에 맞추어 30% 늘린 500억 원으로 목표를 정하자.', '이달 우리 지점의 신용카드 신규 회원 목표가 100명인데 기업팀은 팀원의 숫자가 많고 거래 기업의 종업원들이 많으니 이 점을 감안해서 팀의 목표를 정해 달라.'라는 합리적인 기준을 제시한다면 구성원들도 목표 부여에 대해 납득하고 목표를 기필코 달성해야겠다는 의지가 생길 것이다.

  목표를 세우면 '그래! 일단 해 보자. 할 수 있다!'라는 긍정적인 마음이 생긴다. 이러한 마음이 좋은 기운을 불러와 어렵다고 예상했던 일이 생각보다 쉽게 해결되는 경우도 있다.

  나는 목표 달성을 위해 누구나 볼 수 있는 곳에 비주얼 보드를 게시하여 영업 시작 전에 구성원들에게 포지션을 알리고, 실적이 우수한 동료의 노하우를 공유하는 등 모두가 한 방향으로 움직이도록 유도했다.

  포스코에서도 이른바 '비주얼 플래닝 보드(visual planning board)'를 활용하고 있다는 기사를 본 적 있다. 포스코 정준양 전 회장이 일본의 자동차 기업 도요타에서 배운 것이라며 'VP'에 대해 소개했다.

"VP는 모든 업무가 한눈에 보이도록 하는 것입니다. 마라톤 선수는 본인이 원하는 시간 내에 42.195km를 달리기 위해 5km 단위로 목표를 설정하고 관리합니다. 구간별로 체크하기 때문에 문제점과 해결책을 쉽게 찾을 수 있죠. 업무도 마찬가지입니다. 목표와 진행 과정이 눈에 보이면 코칭과 피드백을 받을 수 있기 때문에 원하는 결과를 쉽게 얻을 수 있습니다."

포스코는 비주얼 플래닝 보드에 크게는 회사 목표에서부터 작게는 팀이나 개인 목표를 달성하기 위해 직원 개개인이 처리해야 할 업무를 연간·분기·월간·주간 단위로 나누어 기록한다. 구성원들은 매일 아침 9시면 그룹별로 보드 앞에 모여 내용을 확인하고 더욱 나은 성과를 내기 위해 노력한다.

주5일 근무 이후 업무 효율성이 더욱 강조되고 있다. 월요일은 주말의 여운이 남아 있어 속도감이 100% 나지 않고, 목요일 오후부터는 심적으로 주말 분위기에 젖어든다. 그러므로 화요일부터 목요일까지 업무 집중도를 최대한 높여야 한다.

리더는 부문별로 달성하고자 하는 목표 수치를 정하고 그날의 실적을 구성원들에게 알려 목표 달성이 이루어지고 있는 가시적인 증거를 보여주어야 한다. 또한 목표 수치를 반복적으로 상기시키고 실적이 우수한 구성원들을 격려하면서 한 방향으로 이끌어야 한다.

구성원 중 5%는 실적이 탁월하고, 10%는 우수하며, 15%는 무관심하고, 70%는 보통이다. 구성원들의 실적을 분석해 보면 실적이 우수한 구성원들은 모든 실적이 골고루 우수한 반면, 실적이 부진한 구성원들은 모든 실적이 미흡하다.

실적이 우수한 구성원들은 비전과 목표에 대한 확실한 이해와 상품에 대한 지식이 풍부하기 때문에 고객 설득력이 뛰어나다. 또한 그 상품이 어떤 고객에게 필요한지 잘 알기 때문에 대상 고객에게 집중할 수 있어 실적으로 이어진다. 역으로 말하면 리더가 얼마나 업무의 비전과 목표에 대해 구성원들을 이해시키고 지속적으로 교육시키느냐에 따라 실적도 달라진다는 말이다.

비주얼 보드는
매일의 성장과 실적을 보여 주는 현황판이며
훌륭한 나침반이 되어 준다.

급한 일보다 중요한 일을 먼저 하라

47

은행 직원의 경우 고객이 천만 원을 입금하러 왔을 때 "네, 천만 원이 입금되었습니다. 감사합니다."라고 말하는 것은 낮은 수준의 응대이다. 이때 통장 거래 내용을 살피며 "평소에 다른 카드를 더 많이 이용하시네요. 저희 카드가 불편한 점이 있으신가 봅니다.", "네, 한도가 부족하셨군요. 상의해서 연락드리겠습니다." 등과 같이 단순 입금 업무를 하는 짧은 순간이지만 카드 이용에 관한 마케팅까지 한다면 높은 수준이다.

이처럼 구성원이 어떻게 대응하느냐에 따라 성과가 달라진다. 좋은 성과를 위해서는 구성원들에 대한 교육과 시간을 잘 관리하여 순간 몰입도를 최대한 높여야 한다.

구성원에 대한 철저한 교육은 고객과의 접점 순간을 놓치지 않고 순발력을 발휘하게 하는 최고의 무기이다. 일방적으로 전달하는 주입식 교육이 아니라 롤플레잉, 사례 공유 등 구체적이고 실질적이면서 현장감 있는 교육이 반복적으로 이루어져야 한다.

학창시절에 시험일이 다가오면 아주 짧은 시간이라도 아끼기 위해 암기장을 들고 다니며 단어를 외우고, 다른 일은 모두 시험이 끝난 이후로 미뤄 두고 오직 시험만 생각했다. 직장에서도 근무 시간 동안은 시험 기간에 그랬던 것처럼 일 또는 고객에게 올인해야 한다. 올인할 준비가 되어 있으면 기회가 왔을 때 바로 몰입할 수 있지만, 그렇지 않다면 기회를 잡기 위해 몰입을 준비하는 동안 달아나는 기회를 그저 가만히 바라만 보아야 한다. 몰입하기 위해서는 장부 결제, 사무 경비 처리, 휴가 신청, 보고서 작성 등 고객과 관련 없는 업무는 영업 시간 이후에 처리하는 시테크가 필요하다.

과장의 반복적인 실수로 고객에게 변상을 해야 할 일이 있었다. 그때 과장의 연봉을 총 근무 시간으로 나누어 시간당 인건비를 계산하며 실수의 크기를 설명해 주었다. 회사에서의 근무 시간은 돈이다. 휴식이 필요할 때는 휴식을 취해야 하지만, 일할 때는 시간에 대한 원가 개념을 생각하며 새나가는 시간을 관리해야 한다. 근무 시간도 내 시간처럼 아껴서 효율적으로 관리할 줄 알아야 한다. 시테크를 잘하면 8시간의 근무 시간을 10시간처럼 사용할 수 있다. 주변에 승승장구하는 회사 혹은 직원을 잘 관찰해 보라. 그들은 분명 시간을 효율적으로 관리하는 능력을 가지고 있을 것이다.

은행의 경우 매월 5일, 10일, 20일과 25일에서 말일 사이가 상대적으로 바쁜 업무 집중일이다. 대출 거래의 경우 보통 1년 단위로 계약을 하게 된다. 만약 5월 20일에 대출 요청을 한다면 대출 만기일은 1년 뒤인 5월 20일이지만 바쁜 업무 집중일을 피해 이틀 당겨 5월 18일로 정한다면 업무 집중을 분산할 수 있다. 대출 기간을 반드시 1년으로 해야 한다는 고정관념을 버리는 시테크를 한다면 고객도 거부 반응을 보이지 않을 것이다.

만기가 가까워지면 고객에게 미리 만기 안내를 하고 필요한 서류가 어떤 것이 있는지 알린다. 5월 18일까지 필요 서류를 준비해서 은행을 찾아달라고 안내한다면 고객은 18일 업무 시간 중에 언제든지 올 수 있다. 만약 고객이 담당자가 자리를 비운 사이에 은행에 찾아온다면 난감한 상황이 벌어질 수도 있다. 만약 제출해야 하는 서류 준비가 제대로 되어 있지 않다면 다시 준비할 시간적인 여유가 없어 고객과 직원이 모두 조급해질 수도 있다.

사전 예약이 가능한 고객의 경우에는 미리 파악해서 시간을 배분하고, 본인의 점심 시간도 미리 안내하여 18일 이전이나 한가한 시간에 은행을 방문할 수 있도록 한다면 고객이 기다리는 시간도 줄이고 상품 설명도 자세하게 할 수 있어 생산성 있는 업무 진행을 하게 될 것이다.

어떤 일을 효율적으로 하려면 일의 순서가 중요하고 시간 배분도 잘해야 한다. 일을 할 때에는 급한 일보다 중요한 일을 먼저 해야 한다. 급한 일만 하다 보면 발전의 기회가 없다.

만약 항아리에 큰 돌, 작은 돌, 물, 모래를 담아야 한다면 큰 돌-작은 돌-모래-물의 순서로 넣어야 모두 담을 수 있다. 큰 돌을 가장 먼저 담지 않으면 나중에 큰 돌을 담기 위해 애를 먹을 수도 있다.

분식집 주방장에게 필요한 능력은 시간 배분 능력이다. 5명의 손님이 함께 와서 라면, 떡볶이, 탕수육, 잔치국수, 김밥을 주문했다면 주방장은 각 음식의 조리 시간을 감안하여 요리를 시작해야 한다. 그래야만 손님들이 다함께 맛있는 식사를 할 수 있다.

> 혹시 당신의 퇴근 시간이
> 조금씩, 조금씩 늦어지고 있지는 않은가.
> 그렇다면 당신이 하는 일의 순서와
> 시간 배분 능력을 점검해 볼 필요가 있다.

실행과 피드백은 부부와 같다

48

　　　　　　모든 직장인이 성과를 내기 위해 면밀한 분석과 회의를 통해 여러 가지 실행 방안을 도출해 낸다. 그러나 아무리 좋은 방안이 있더라도 실행에 옮기지 않으면 말짱 도루묵이다.

　여기서 알아 두어야 할 것은 피드백이 없는 실행은 '소 없는 찐빵'이라는 사실이다. 인간은 상반되는 두 마음으로 인해 항상 깊은 고민에 빠진다. 시험을 앞두고 있는 학생의 마음속에는 시험 준비를 열심히 해서 좋은 성적을 내야 한다는 자아와 재미있는 게임을 하고 싶은 자아가 동시에 존재한다. 이때 게임을 하고 싶은 자아가 이기면 성적은 불 보듯 뻔하다.

　상반되는 두 마음을 잘 리드할 수 있는 방법이 바로 피드백이다. 회의를 할 때에는 여러 의견이 오가고 동기부여가 되면서 성취 욕구가 충만해진다. 이 긴장감을 유지하기 위해서는 회의에서 이야기되었던 계획이 잘 진행되고 있는지 끊임없이 피드백을 주고받아야 한다.

스포츠 경기를 할 때 스코어를 모른다면 어떻게 될까. 어떻게 대응해야 할지 몰라 허둥대다가 종료 소리에 허망해 할 것이다. 스코어를 알아야 승리를 위한 전략을 세울 수 있다. 피드백이 없는 실행은 스코어를 모르면서 경기를 하는 것과 다름없다. 완벽한 실행 방안이라 생각했더라도 실제로 현장에서 추진하다 보면 문제점이 발생할 수 있기 때문에 구체적인 피드백을 통해 보완·수정하면서 업무를 진행해야 한다.

고객에게 완벽한 서비스를 하는 것도 어렵지만, 고객의 요구도 다양해지고 구성원마다 역량이 다르다 보니 고객이 종종 불만을 제기하기도 한다. 고객들은 불만이 생기면 주로 콜센터와 인터넷 등을 통해 불만을 토로하고, 고객의 불만을 담당하는 부서에서는 불만의 원만한 해결을 위해 노력한다. 고객의 불만 중에는 고객의 요구가 무리한 경우도 있지만, 현장에 있는 구성원들이 꼭 알아야 할 유익한 사례도 많다. 하지만 귀중한 고객의 소리를 담당 부서만이 귀를 기울이고 해결하는 데 그친다면 고객의 불만은 줄어들지 않을 것이다.

고객의 불만이 반복되지 않게 하기 위해서는 고객의 다양한 요구가 회사 정책에 반영될 수 있는 시스템과 고객의 소리를 현장의 구성원들과 공유하는 철저한 피드백이 필요하다. 만약 리더가 현장의 소리에 무관심하다면 고객의 작은 불만들은 계속될 것이며, 언젠가는 고객의 외면을 받을 것이 분명하다.

현대카드 본사 로비에는 '통곡의 벽'이 있다. 회사의 제품에 불만을 갖고 있는 고객이 많다는 점을 직원들이 통곡하며 반성해야 한다는 의미에서 붙여진 이름이다. 카페 벽면에 설치된 10여 개의 스크린에서 고객의 소리가 중계된다. 직원들이 차를 마시거나 식사를 하며 고객의 불만을 직접 들을 수 있도록 한 것이다.

 인간이 만들어 낸 사무용품 중 가장 혁신적인 4가지는 포스트잇, 고무 밴드, 클립, 스테이플러이다. 포스트잇은 미국 AP통신이 선정한 '20세기 세계 10대 히트 상품'에 오르기도 했다. 고무 밴드, 클립, 스테이플러는 어질러진 테이블이나 서류, 사무 공간을 말끔하게 정리하는 데 이용하지만, 포스트잇은 디테일한 피드백에 제격이다. 만약 1년 동안 매월 10일에 확인해야 할 내용이 있다면 포스트잇에 내용을 메모해서 1월 10일 탁상일지에 붙여서 확인한 뒤 그것을 떼어 다음 달 10일에 다시 붙여 두면 된다. 한 번의 메모로 1년 동안 12번의 피드백을 할 수 있다.

실행과 피드백은
부부처럼 늘 함께여야 한다는 것을 기억하라.

리더는 훌륭한 서포터즈이다

49

　　리더십은 곧 성과이다. 성과가 있는 곳에 승진이 있다. 성과를 조직에 증명해 보이고 조직을 빛내야 한다. 개인의 잠재력과 노력의 정도는 그저 참고 사항일 뿐이다. 성과와 조직에 대한 애착에 승부를 걸어야 한다. 성과를 인정받으면 좋겠지만, 만약 인정받지 못하더라도 성과를 내는 것 자체를 중요하게 생각해야 한다. 성과는 동기부여가 되어 일을 더욱 즐겁게 할 수 있도록 도와 줄 것이다. 하기 싫은 것을 참고 견디는 데는 한계가 있다. 일 자체를 즐기지 않고서는 치열한 경쟁에서 살아남아 성공하기 어렵다.

　　높은 실적을 내려면 자기 분야에서 탁월한 실력을 갖추고 자신의 에너지로 다른 사람에게 에너지를 불러일으켜야 한다. 리더 혼자만의 노력이 아니라 조직의 구성원을 활용해 성과를 창출해야 하기 때문이다.

　　한 레스토랑 사장은 "나는 밖에서는 사장이지만, 안에서는 허드렛일을 하는 말단 직원이다. 눈코 뜰 새 없이 바쁠 때면 사장이 주방장의 심부름을 하고, 쓰레기를 치우는 등 직원들이 최고의 서비스를 발휘할 수 있도록 최선을 다해야 한다."라고 말했다.

서로에 대한 배려 없이 성과만 강조하다 보면 단기 업적주의에 빠질 수 있다. 단기 경영 실적보다 고객과 직원의 니즈가 우선임을 명심해야 한다. 성과의 필수 요소는 혁신에 대한 강한 의지와 일관된 경영 철학, 한결같은 방향성임을 잊지 말아야 한다.

나는 학창시절 때 틀린 문제는 다시 보지 않는 나쁜 습관을 가지고 있었다. 틀린 문제를 다시 보면 속상해서 그냥 덮어 두었다. 왜 틀렸는지 모르기 때문에 다음 시험에 유사한 문제가 나오면 또 틀렸다.

일을 하다 보면 구성원들이 본의 아니게 실수를 하곤 한다. 일부러 실수를 하려는 사람은 없다. 그저 업무 지식이 부족하거나 부주의 등으로 실수를 하는 것이다. 이때 리더는 '누구나 실수는 할 수 있지만 똑같은 실수가 반복되어서는 안 된다'라는 것을 확실하게 주지시켜야 한다. 질책만 할 것이 아니라 실수가 실수로 그치지 않고 그것을 통해 배우고 발전할 수 있도록 문제 해결 방법을 알려 주어 용기와 자신감을 불어넣어 주어야 한다. 그렇지 않으면 실수한 직원은 당황해서 자신감을 잃게 되고 해결 방법을 몰라 똑같은 실수를 반복하게 된다.

우리 회사에서 구성원들의 업무 지식 향상을 위해 팀장, 부서장을 제외한 전국의 전 직원이 같은 시간에 업무 시험을 본 적이 있다. 직원들이 지역별로 각 지점에 흩어져 시험을 보았기 때문에 시험장 분위기는 수능 시험장 못지않았다.

그때 한 여직원이 시험이 시작된 지 5분이 지났을 무렵에 시험장에 도착했다. 당시 팀장이었던 감독관은 반말로 "시험을 보는 날에 지각을 하다니! 정신이 있는 거야 없는 거야."라고 말하며 인격적인 모욕이 느껴질 정도로 질책을 했다. 여직원은 당황하여 어쩔 줄 몰라 했다. 그 여직원은 평소에 아주 성실했기 때문에 그녀를 알고 있는 다른 직원들은 감독관이 너무 지나쳤다는 반응을 보였다.

부하 직원을 꾸중할 때 인격적인 비난은 절대 금물이다. 지각을 했다면 분명 원인이 있을 텐데 그것은 아랑곳하지 않고 지각했다는 사실만을 질책한다면 부하 직원은 반항심이 생길 것이다.

화가 나는 상황이라 해도 부하 직원을 질책할 때는 감정을 누르고 말에 품격을 더해야 한다. 이미 벌어진 일이라면 화를 낸다고 해서 달라질 것이 없다. 화를 내기보다 어떻게 문제를 해결할지 방안을 찾는 것이 리더다운 행동이다.

리더는 실행의 장애 요인을 제거하고
지속적인 피드백을 해 주며
구성원들이 역량을 발휘할 수 있도록
훌륭한 서포터즈가 되어야 한다.

> # 뒤로 물러서지 말고
> # **단호하게 앞장서라**
>
> ### 50

과장이었을 때의 일이다. 회의에서 부진한 실적을 만회하기 위해 실적 증대 이벤트를 진행하기로 결정한 뒤 며칠 동안 머리를 쥐어 짜며 기획안을 완성했다. 실무 책임자로서 이벤트 진행의 배경과 도출해 내야 할 성과를 충분히 알고 있었기 때문에 더욱 깊게 고민하지 않을 수 없었다. 스스로 만족스러운 기획안이라고 생각하며 담당 상사에게 결재를 올렸다.

하지만 담당 상사는 기획안을 반려했다. 그는 핵심 내용이 아닌 내가 사용한 단어를 지적했다. 상당히 불만스러웠지만 상사가 원하는 대로 기획안을 수정하여 다시 결재를 올렸다. 그런데 이번에는 토씨를 문제 삼아 반려했다.

당시에는 컴퓨터가 없었기 때문에 여러 장의 기획안을 육필로 작성해야 했고, 그렇기 때문에 꽤 많은 시간이 소요되었다. 공모전에 출전하는 것도 아니고 내부 기획안인데, 토씨가 마음에 들지 않는다고 다시 작성하라니! 순간 허탈감이 몰려왔다. 결국 다음에 기획안을 작성할 때는 꼭 유의하겠다고 양해 아닌 양해를 구한 뒤 결재를 받아 냈다.

원칙을 가지고 있지 않은 리더는 부하 직원에게 믿음을 줄 수 없다. 아침에 부부싸움을 하고 출근해 기분이 언짢더라도 동료를 대할 때는 아무일이 없었던 것처럼 미소를 띠어야 한다. 직장인은 월급을 받는 대가로 감정 노동을 해야 하기 때문이다.

만약 리더가 똑같은 사안에 대해서 자신의 기분이 좋을 때는 칭찬을 했다가 기분이 좋지 않을 때는 질책을 한다면 부하 직원들은 혼란스러울 것이다. 신뢰받고 싶다면 말과 행동이 일치하는 일관성과 원칙이 있는 리더가 되어야 한다.

2005년에 새롭게 발령받은 지점에는 가계대출 실적이 매우 부진했다. 하지만 담당 책임자는 경쟁 은행들 때문에 어떤 전략도 불가능하다며 포기를 선언했다. 그러나 성과 부진에는 그 어떤 변명도 통하지 않는다. 리더로서 그의 발언을 수긍할 수 없었다. 나는 고객들의 최우선 관심사는 대출 가능 금액이라는 점을 고려하여 대출 가능 금액을 명시한 홍보물을 명함 크기로 제작해 아파트에 주차되어 있는 자동차에 꽂아 두자는 전략을 제안했다.

하지만 담당 책임자는 이렇게 말했다.

"그렇게까지 하고 싶지는 않습니다."

대안도 내지 못하면서 리더의 전략을 반대하는 그의 태도가 당황스러웠지만, 다행히 다른 동료들은 나의 새로운 전략에 기대를 가졌다.

결국 나는 고객이 은행에 직접 방문하지 않더라도 자신이 살고 있는 아파트의 대출 가능 금액을 알 수 있도록 아파트별로, 평형별로 정보를 적어 보관이 용이한 명함 크기로 홍보물을 제작했다. 아파트 주민들이 출근을 하기 전에 홍보물을 배포해야 했기 때문에 아침 6시부터 활동을 시작했다. 나는 식사를 거르고 출근했을 동료들을 위해 간단히 해결할 수 있는 음식을 챙기며 그들의 노력이 헛되지 않기를 기원했다. 결과는 기대 이상이었다. 리더는 때론 직원들이 반대하는 결정도 과감히 이행할 수 있는 결단력을 갖추어야 한다.

리더는 기본과 원칙을 지키며 올바른 방법으로 성과를 창출해야 한다. 또한 올바름을 위해서라면 단기적 손해를 감수하는 용기도 있어야 하고, 그 어떤 엄청난 중압감 속에서도 평정심을 유지해야 한다.

평소 리더는 구성원들의 서포터즈로 활약해야 하지만, 위험한 상황이 벌어지면 가장 앞에 서야 한다. 그 어떤 상황에서도 뒤로 물러나서는 안 된다.

리더는 날아가는 새를 명중시켜야 한다는 마음가짐으로 한시라도 한눈을 팔아서는 안 된다. 자기 분야에서 최고가 되고자 하는 노력이 결국 추진력으로 이어진다. 어려운 상황에서 최선을 찾다 보면 핵심을 보는 눈이 커지고 중요하지 않은 것을 가려 내고 지우다 보면 성과로 연결된다. 아무리 훌륭한 비전이라도 구성원들과의 철저한 공유와 실행이 결합되지 않는다면 그 비전은 꿈에 불과하다.

실패한 리더의 70%는 실행력이 떨어진다고 한다. 결국 승자와 패자를 가르는 것은 실행력이다.

우리의 인생에서 '다음' 그리고 '대충'이란 단어를 말끔하게 지워 버려야 한다.

실행력은 가시적인 성과를 이끌어 내는 연결 고리임을 기억하라.

교육은
리더의 가장 큰 역할이다

51

1인 3역을 할 정도로 일을 잘하는 비정규직 동료가 있었다. 한 상사는 그가 정규직이 되는 것을 진심으로 원하지 않았다. 일을 잘해 곁에 두고 싶은데, 정규직으로 신분이 전환되면 근무지가 바뀔 가능성이 있다는 것이었다. 자신의 편의를 위해 직원의 미래는 중요하게 생각하지 않는 리더는 자격이 없다고 생각한다.

부하 직원이 어떠한 교육을 희망하면 업무 공백이 생기는 것은 아닌지 우려하여 반대하는 리더가 있는가 하면, 본인이 교육 대상자임에도 개인적인 일로 교육을 사양하는 리더도 있다. 이러한 리더 역시 자격이 없다고 생각한다. 인재 육성은 리더의 가장 중요한 역할이다. 교육은 본인은 물론 구성원들도 가급적이면 무조건 참석시켜야 한다.

한 번은 이런 일이 있었다. 함께 일한 지 1년 남짓 된 여성 과장을 '외환전문요원양성'을 위한 6개월 연수 대상자로 정하려고 한다는 인사부의 요청이 있었다. 그 과장의 전임 직원이 승진으로 6개월 만에 다른 지점으로 이동했기 때문에 인사부의 요청에 응하면 1년 6개월 만에 담당 직원이 두 번 바뀌게 되는 것이었다. 이제 겨우 적응이 되어 가고 있었는데, 담당자의 잦은 변동이 고객에게 불편을 주지 않을까 염려되었다.

그러나 외환전문요원 교육은 과장에게는 외환 업무 역량을 키우는 데 아주 좋은 기회였다. '고객 만족'과 과장의 '업무 지식 습득'이라는 두 개의 카드를 가지고 고민을 했다. 풍부한 업무 지식으로 더 나은 서비스를 제공하는 것이 진정으로 고객을 위하는 것이라는 결론을 내고 인사부의 요청에 응했다. 대신 발령이 나면 고객들에게는 상황 설명과 새로운 담당자에 대한 프로필을 소개하며 직접 편지를 써서 양해를 구해야겠다고 생각했다.

그 과장에게는 두 명의 어린 자녀가 있었다. 6개월간 아이들과 떨어져서 지내야 한다는 사실을 알게 되면 분명 아이들 때문에 망설이다가 좋은 기회를 놓쳐 버릴수도 있을 것이라는 생각이 들었다. 교육의 기회는 또다시 찾아오지 않을 수도 있고, 그녀가 아이들 문제를 충분히 극복할 수 있을 것이라고 판단하여 발령이 날 때까지 본인에게 함구했다.

기회가 왔을 때 육아 등의 개인적인 사정으로 기회를 잡지 못하는 여성이 많다. 모처럼 찾아온 기회를 놓친다면 조직에서 성공하기 어렵다. 내 경험에 따르면 선택의 기로에서 용기 있게 어떤 일을 결정하고 나면 고민했던 부분에 대한 해결 방법이 보였고, 또 극복했다. 걱정하는 것만큼 어려운 상황에 처하지 않았다.

몇 주 뒤, 그 과장은 예정대로 '외환전문요원양성' 교육 대상자로 발령이 났고, 이렇게 갑작스럽게 발령이 나면 아이들은 어떻게 하느냐며 눈물을 흘렸다. 나는 그녀와 많은 이야기를 나누었고, 결국 그녀는 환한 모습으로 출발할 수 있었다.

나는 주말마다 그녀에게 안부를 묻곤 했다. 다행히 남편과 다른 가족들의 도움으로 아무 문제 없이 교육을 잘 받고 있다고 했다. 6개월 뒤 그녀는 무사히 교육을 마쳤다. 그녀는 좋은 교육 덕분에 업무 지식을 쌓을 수 있었다며 용기를 준 내게 고맙다고 했다.

그녀에게 있어 가족과 떨어져서 보낸 6개월은 앞으로 일어날 여러 가지 도전을 극복할 수 있는 힘이 되어 줄 것이다. 그뿐 아니라 과장의 경험은 비슷한 입장의 동료나 부하 직원들에게 순간의 힘듦을 극복할 수 있도록 용기를 주고 영향을 미치며 도전을 전염시킬 것이다.

아파트 밀집 지역에 위치한 지점에서 근무할 때의 일이다. 아파트에 사는 고객들을 위해 가구의 배치, 인테리어 소품, 벽지 색상 등에 도움을 줄 수 있는 풍수 전문가를 초청하여 '풍수 인테리어'에 대한 강연회를 개최했다. 직원들은 강사 섭외, 장소 물색, 초대 고객 명단 정리, 참석률을 높이기 위한 방안 구상, 다과와 소품 준비 등으로 분주하게 움직였다. 100여 명의 고객이 참석한 성공적인 행사였다. 행사를 마치고 사무실로 돌아오는 길에 한 직원이 내게 이렇게 말했다.

"지점장님! 17년 동안 근무하면서 오늘 같은 행사는 처음이었습니다. 처음에는 번거롭지 않을까 생각했는데, 그리 어렵지 않았습니다. 다른 지점에 가서도 이런 행사를 해야겠다는 생각을 했어요. 한 수 배웠습니다.

고맙습니다."

고객을 위한 행사라고 생각했는데 동료들에게도 큰 도움이 되었으니 생생한 현장 교육을 한 셈이다. 진정한 리더란 다른 사람의 인생에 진정한 변화를 일으킬 수 있는 사람이다.

2012년에 열린 제13회 세계지식포럼 기조연설에서 김용 세계은행 총재가 이렇게 말했다.

"현대의학으로 쉽게 대응할 수 있는데도 매년 28만 명의 여성이 출산 후유증으로 사망하고 있다. '전달' 실패 탓이다. 반면 새로운 약이 나오지 않았지만 개발도상국의 아동 예방 접종률은 6년 동안 20%에서 80%로 네 배 늘었다. '전달' 성공 덕분이다."

성공 비결은 새로운 기술이 나와서가 아니라 공동 학습과 결과에 집중하는 상호작용식 문제 해결 덕분이라는 의미이다. 그러면서 그는 광범위한 전달보다 효과적인 전달에 중점을 둘 것을 강조했다.

"많은 나라의 지도자들을 만나 보면 빈곤을 줄이기 위해 채택해야 할 대략적인 정책의 방향을 알고 있고, 서류상으로는 개발 정책과 프로그램도 이미 수립되어 있다. 그럼에도 원하는 결과를 얻지 못하는 것은 전달이 제대로 이루어지지 못했기 때문이다."

오래전에 지인이 맥도널드 회사의 요청으로 한국 매장의 직원을 위한 번역 작업을 했다. 양념 배합 비율, 고기와 채소를 써는 순서, 조리 시간, 청소 순서까지 엄격한 규정의 교육 책자를 만들어서 직원들에게 전달하려고 한 것이다.

몇 달 전에 있었던 일이다. 항공사 홈페이지에서 항공권을 예약하려는데 아이디와 패스워드가 기억나지 않아 한참을 고생하다 서비스 센터에 전화를 걸어 문의했다. 비회원으로 예매해도 된다는 안내에 전화를 끊고 예매를 시도했지만, 비회원에게는 제한되는 서비스가 있었다. 다시 서비스 센터에 전화를 걸어 문의했다. 그러자 이번에는 회원 번호는 있지만 인터넷 회원으로 등록되지 않은 상태이니 우선 회원 가입을 한 뒤 예매를 하라고 안내했다.

서비스 센터에 전화를 할 때마다 응대하는 직원이 바뀐다. 이때 똑같은 질문임에도 직원에 따라 안내 내용이 다르다면 고객은 혼란에 빠진다. 오직 교육만이 혼란을 막을 수 있다.

고객과의 접점에 있는 구성원들이 전술을 잘 구사할 수 있도록 교육시키는 것도 상당히 중요하다. 우수한 직원이 혁신적인 제품보다 더 중요하다. 운동선수들은 올림픽 대표 선수로 선발되기 위해 10년 이상 자신과 싸운다.

국가대표로 선발되었다 해도 금메달을 따기 위해 혹독한 훈련을 반복하고 또 반복한다. 그럼에도 실제 경기를 하는 그 짧은 순간에 실수를 하면 그동안 흘린 땀과 노력이 결실을 보지 못한다. 불과 몇 초 사이에 승자와 패자가 갈리는 것이다. 그 짧은 순간을 위해 10년 동안 자신이 발휘할 수 있는 모든 힘을 쏟아부었지만, 한 번 실수하면 처음부터 다시 출발해야 한다.

고객을 만나는 순간은 상당히 짧다.
그 짧은 순간을 어떻게 하느냐에 따라
성과가 좌우된다.

리더는 고객과 접점의 순간에 있는 구성원들의 역량을 어떻게 키워야 할지 항상 고민해야 하며, 철저한 교육이 성공으로 연결된다는 점을 항상 기억해야 한다.

개인의 역량에 맞게 교육하라

52

　　　　　　대기업 본사에 근무하던 동생이 대구로 발령이 나 가까운 은행에서 급여 통장을 만들었다. 얼마 되지 않아 동생은 통장으로 현금을 찾는 것이 불편하다며 다시 은행을 방문하여 현금카드를 만들었다. 그리고 또 얼마 뒤, 송금을 보낼 때마다 은행을 방문하는 것이 불편하다며 다시 은행으로 가 텔레뱅킹을 신청했다.

　동생은 내게 이렇게 토로했다.

　"누나! 처음에 급여 통장을 만들 때 담당 직원이 현금카드와 텔레뱅킹을 함께 안내해 줬다면 번거롭게 은행을 여러 번 방문하는 일은 없었을 거야. 나도 그렇지만 직원들도 한 번에 처리할 수 있는 일을 나눠서 하게 되니 생산성이 떨어지지 않을까?"

　최전선에 있는 직원들에게 회사의 미래가 달려 있다. 고객은 가장 말단 직원일지라도 누군가와 접촉하는 순간만을 기억한다. 서비스업은 사람이 하는 비즈니스이기 때문에 특히나 사람 관리가 중요하다. 리더라면 교육의 중요성을 잘 알고 있다. 단, 구성원마다 역량이 다르기 때문에 어떻게 교육하느냐가 관건인 것이다.

부자들이 금융기관을 선택하는 첫 번째 기준이 무엇인지 조사한 것에 따르면 금융기관의 인지도보다 중요한 것은 직원의 능력이었다. 4개 이상의 금융기관과 거래하는 부자들의 31.7%가 '담당 직원의 전문성'을 금융기관 선택의 첫 번째 기준으로 꼽았다. 금융기관의 인지도(16.9%)와 담당 직원과의 관계(13.7%), 금융기관의 접근성(12.7%), 상품 관련 우대 서비스(12.3%)가 그 뒤를 이었다.

지점장이 거래 고객 방문을 통해 하루에 만날 수 있는 고객의 수는 고작 서너 명이지만 사무실 내에서 근무하는 직원들은 지점장보다 10배 이상 많은 고객을 만난다. 지점장의 능력보다 고객의 업무를 직접 처리하는 구성원들의 능력이 고객에게는 더 중요하고 절실하다.

동일한 업무를 보더라도 업무를 처리하는 직원의 역량에 따라 업무 처리 소요 시간, 알기 쉬운 상품 설명, 다양한 서비스 안내 등 서비스의 차이가 크다. 그 차이가 당장은 눈에 보이지 않지만 반복되고 누적되다 보면 조직의 생산성에 큰 영향을 미치게 된다.

이론만 있는 일회성 교육, 구체적인 실행 방안과 피드백이 없는 교육은 낭비이다. 구성원들을 모아 놓고 본부에서 내려온 문서를 일방적으로 전달하는 것은 교육이 아니다. 전략과 실행 방식이 있어야 한다. 현장감 있는 구체적 내용으로 실질적이고 지속적인 교육이 이루어져야 하며, 다양한 고객의 욕구를 만족시키기 위한 실천 방식과 사례를 공유해야 한다.

자녀교육 문제에 대해 남편과 의견이 다를 때가 있었다. 예를 들어 '두부 한 모 사오기' 심부름을 시킬 때 두부를 사 본 경험이 있는 나는 아이에게 이미 알고 있는 정보(비교적 신선한 가게와 값이 저렴한 가게에 대한 정보)를 알려 주어 짧은 시간에 신선한 두부를 저렴하게 사 올 수 있도록 하자고 주장한 반면 남편은 시행착오를 통해 성장하기 때문에 굳이 정보를 줄 필요가 없다고 주장했다. 결과적으로는 여성과 남성의 관점이 다른 것이 당연하다며 둘 다 정답으로 인정하고 다툼을 수습하곤 했다.

그 어떤 것에도 정답은 없다. 나름대로 최선의 답을 찾는 것이 일에 임하는 자세이다. 조직은 성과를 내야 하므로 시행착오를 줄일 수 있도록 교육시키고 또 교육시켜야 한다. 이때 주의할 것은 현장에서 바로 적용할 수 있는 구체적인 교육이어야 한다는 것이다.

교육은 개인의 역량에 맞게 이루어져야 한다. 예를 들어 누군가는 습득 시간이 오래 걸리지만 오랫동안 숙지한 내용으로 현장에서 고객에게 민첩하게 응대하는가 하면, 누군가는 내용은 신속하게 습득하지만 고객을 응대하는 방법이 서툴다고 가정해 보자. 이런 두 사람에게 똑같은 내용의 교육을 지속적으로 반복한다면 습득이 빠른 직원은 지루해하며 시간 낭비를 하고 있다고 느낄 것이다. 리더라면 각 직원을 면밀히 관찰하고 역량을 충분히 파악해 그에 맞는 교육을 실시해야 시간 소모 없이 개인이 가진 최고의 능력을 끌어올릴 수 있다.

신상품이 출시되었을 때 문서에 소개된 신상품에 대한 내용만 교육해서는 성과를 기대할 수 없다. 신상품의 장단점은 물론, 출시된 배경은 무엇인지, 어떤 고객에게 필요한 상품인지, 유사 상품과 어떤 차이점이 있는지 등에 대해 자세히 교육한 뒤 실제 롤플레잉(역할연기법, role-playing)을 통해 자신감을 가질 수 있도록 해야 한다. 한 번의 교육으로 성과를 내는 것은 불가능하기 때문에 지속적으로 교육하며 피드백을 해야 한다.

스칸디나비아 항공의 회장을 지낸 얀 칼슨은 직원들이 소비자와 만나는 순간을 '진실의 순간(moments of truth)'이라고 표현했다. 아무리 좋은 상품이 나와도 진실의 순간에서 활용하지 못한다면 무용지물이라는 의미이다.

최고의 디자인과 최고의 설계만으로 최고의 건물을 만들 수 없다. 건설 현장에 있는 근로자들이 최고의 시공을 해야 가능한 일이다. 이것이 바로 리더가 현장을 중시해야 하는 이유이다. 인터넷, SNS(소셜네트워크서비스)가 발달하여 고객 한 사람 한 사람의 영향력이 엄청나게 커졌다. 사소함이 치명적인 결과를 초래할 수도 있다.

진정한 고객 중심 경영은 사소한 불만 하나까지도 귀 기울여 듣는 것에서 시작한다. 따라서 **철저한 교육을 통해 현장 일선의 구성원들이 고객과의 관계를 생각하고 지속적인 거래를 이끌어 낼 수 있도록 하는 것이 제품 판매보다 먼저이다.** 진실의 순간에 있는 직원들이 회사의 경쟁력을 좌우한다는 사실을 기억하라.

주변 의견을 경청하되 휘둘리지는 말라

53

　　　　　　　　　　화장실은 고객에게 첫인상이 될 수 있기 때문에 상당히 중요한 공간이다. 고객은 주로 영업장과 화장실 두 곳을 이용한다. 업무를 보는 영업장도 쾌적해야 하지만 그에 못지않게 화장실도 청결해야 한다.

　요즘 많은 기업이 화장실을 소통의 공간으로 활용하고 있다. 회사의 경영 전략과 최고경영자가 전하고자 하는 메시지를 요약하여 화장실에 게시해 놓은 경우를 한 번쯤 본 적이 있을 것이다. 일반 기업도 이러한데 서비스업을 하는 곳의 화장실 경영은 얼마나 중요하겠는가.

　화장실은 최고 경영자의 경영 마인드가 묻어 나는 곳이다. 그래서 나는 거래 기업을 방문할 때마다 화장실을 꼭 확인한다. 여러 장의 보고서보다 화장실의 청결 상태, 직원들의 표정, 사무실 환경처럼 현장에서 오감으로 체득하는 정보들이 훨씬 유용하다. '주식을 사려면 그 회사의 화장실을 먼저 가 보고 결정하라.'라는 외국 속담도 있는 것을 보면 그 중요성을 실감할 수 있을 것이다.

2003년에 지점장으로 첫 발령을 받은 지점은 대구에서 가장 큰 재래시장에 위치해 있었다. 재래시장의 화장실은 현대화 작업을 하기 전이라 굉장히 열악한 상황이었다. 그러다 보니 우리 지점의 화장실은 은행 고객뿐 아니라 시장 상인들, 시장을 이용하는 고객까지 사용하는 명실상부한 공중화장실이었다.

화장실 문제로 동료들과 대책을 논의했지만 많은 사람이 이용하기 때문에 관리가 불가능하다는 것이 지배적인 의견이었다. 화장지는 물론 심지어 비누, 수건까지 금방 사라진다며 관리를 포기한 상태였다. 그러나 나는 변화를 꾀하지 않으면 안 된다는 생각이 들었다.

정장을 입었을 때는 점잖던 사람이 예비 군복을 입으면 행동이 흐트러진다는 '예비 군복 이론'처럼 공간이 깨끗하면 깨끗하게 사용해야 할 것 같은 부담감이 생기지만, 화장실이 더러우면 그런 부담감을 갖지 않게 되는 것이 일반적인 심리라는 생각이 들었다. 결국 나는 반대 의견을 무릅쓰고 화장실을 새로 꾸미기로 결정했다. 다수의 의견도 중요하지만, 때론 실험 정신이 필요하다는 믿음을 가지고 있었기 때문이다.

화장실을 깨끗하게 청소하고 그곳에 작은 화분과 건강에 유익한 정보를 담은 메모를 붙여 두었다. 결과는 대반전이었다. 생각보다 깨끗하게 유지되었다. 예비 군복 이론이 적중한 것이다.

2002년 월드컵 때 우리나라를 찾아온 외국인에게 부정적 이미지를 심어 주지 않기 위해 전국적으로 공중화장실 문화운동을 펼친 것처럼 거래 기업의 화장실을 청소해 주는 운동을 전개하면 어떨까 생각하기도 했다. 비록 퇴사하기 전까지 실천하지는 못했지만 각 영업점의 추천을 받은 거래 기업의 화장실을 청소해 주는 서비스를 하면 좋을 것이라 생각했다.

3D 업종의 생산 현장은 기계가 뿜어내는 열기, 소음, 먼지, 염료 냄새 등으로 근무 환경도 열악하지만 화장실의 위생 상태도 매우 취약하다. 한 번의 화장실 청소이지만 거래 기업의 직원들에게 '화장실 위생'에 대한 관심을 유도하고 거래 은행의 이미지도 향상시킬 수 있을 것이다. '화장실 청결' 이벤트로 거래 기업 생산 현장의 위생이 개선된다면 이 또한 고객사랑 실천이 아닐까.

사람들은 사소한 일일지라도 기대하지 않은 배려와 관심에 감동을 받으며 행복해한다. 상대방이 행복해지면 그 행복 바이러스가 자신에게도 전달되어 일이 더욱 즐거워진다.

**다양한 아이디어를 만들어
자신 있게 밀어붙이면
어느 한 곳에서는 잭팟이 터질 것이다.**

철저한 **인수인계**는 매너이다

54

인수인계는 리더가 직접 챙겨야 할 중요한 업무이다. 인사이동으로 담당자가 바뀌면 업무 인수인계를 하게 된다. 인수인계는 떠나게 되는 담당자의 중요한 마지막 업무이다. 담당자 변경으로 인한 업무의 공백과 고객의 불편을 최소화하기 위해서는 사소한 정보라도 전달하는 것이 상당히 중요하다. 철저한 인수인계는 후임자와 고객을 위한 당연한 배려이지만, 현장에서는 그 중요성만큼 인수인계가 잘 이루어지지 않고 있다. 새로운 담당자가 빨리 적응할 수 있도록 인수인계에 빈틈이 없어야 하지만 떠나는 담당자는 말이 없다.

주기적으로 근무지를 이동하고 담당 업무를 변경하는 것은 회사의 필요에 의한 조치이지만, 고객의 입장에서는 익숙하고 편한 담당 직원이 바뀌면 불편하다.

"난 지점장이 누가 오든 상관없어. 담당 직원만 잘 만나면 돼."

"3년이나 봐 와서 익숙한데, 담당자가 바뀌다니! 당분간 조금 불편하겠군."

담당자가 마음에 들지 않아 바뀌기를 기다리는 고객도 있지만, 대부분은 이미 익숙해진 담당자가 바뀌면 불편하다고 말한다. 아주 사소하다고 생각되는 것도 고객에게는 크게 느껴질 수 있다.

당뇨병이 있는 고객에게 믹스커피를 대접한다면, 매월 거래 현황을 수령하는 고객인데 보내지 않는다면, 수수료에 예민한 고객인데 미리 양해를 구하지 않는다면 인사이동은 회사 사정인데 왜 고객이 적응해야 하느냐며 고객들은 불만을 터뜨릴 것이다. 물론 모든 업무가 시스템화 되어 있지만, 그 시스템을 운용하는 사람의 역량에 따라 서비스는 차이가 난다.

평소 시스템에 의해 정보를 관리했다 하더라도 그것만으로는 2~3년 근무한 직원처럼 고객을 잘 알기에는 역부족이다. 후임자도 시간이 흐르면 적응하겠지만, 적응 시간을 단축하기 위해서는 전임자의 철저한 인수인계가 선행되어야 한다.

인사 발령이 나면 떠나게 되는 동료에게 인수인계의 중요성을 알리고 하루 업무의 순서, 월 중 업무, 고객별 특이 사항, 진행 중인 업무 등을 메모해서 후임자에게 인수인계를 하도록 하고, 또 그 복사본을 요청해서 피드백해 주었다. 그리고 후임자를 알리는 편지에 소품을 동봉해서 고객에게 보냈다. 후임자는 새로운 각오가 담긴 편지를 보내면서 의지를 다지고, 고객에게도 후임자의 적극적인 노력이 좋은 인상을 주게 되어 빨리 친숙해졌다. 이런 일들은 내가 아니라 상대 입장에서 생각하면 쉽게 풀릴 문제이다. 고객을 중심에 두면 사명감이 생긴다.

이는 인사이동 때만 국한된 이야기가 아니다. 퇴사 시에도 마찬가지이다.

사람 일은 어디서 어떻게 변할지 아무도 예측할 수 없다. 그렇기 때문에 마지막까지 최선을 다해야 한다.

'아름다운 뒷모습을 위한 퇴사 매너'라는 기사를 본 적이 있다. 요즘 헤드헌팅회사에서는 사표 내는 법도 가르친다고 한다. 일부 헤드헌터들은 업무 능력과 더불어 마무리가 좋지 않은 사람들을 블랙리스트로 만들어 공유하기도 하고 대기업 인사팀에서는 전 직장에서 사표를 낸 과정과 사표 내는 순간 태도 등을 통해 평소 업무 태도를 파악하기도 한다. 따라서 아름다운 뒷모습을 위한 퇴사 매너는 꼭 필요하다.

퇴사 직전까지 일에 쫓겼던 한 동료가 이직한 뒤에도 시간을 쪼개 완벽한 업무 매뉴얼을 만들어 회사로 보내 준 사례를 소개하며 '철저한 업무 인수인계'가 중요한 퇴사 매너 중 하나임을, 기본적인 예의를 끝까지 지키느냐 아니냐는 사람을 평가할 때 중요한 잣대임을 강조했다.

근무지를 옮길 때마다 고객 명단을 펴 놓고 그동안의 스토리를 전하다 보면 힘들 때도 있지만, 그동안 열심히 달려온 자신을 돌아보는 기회가 된다. 떠날 때는 확실하고 분명하게 인수인계함으로써 깔끔한 여운을 남겨야 한다.

따뜻한 배려로 지지자를 만들어라

55

　　　　　　리더십 관련 자료나 외국 기업 및 여성 CEO들의 경영 사례를 현장에서 접목해 본 결과, 나름대로 얻은 결론은 '따뜻함'이다. 여성은 모성의 따뜻함으로 조직을 통솔하고 업무 몰입도를 높이는 리더십을 발휘할 수 있다. 따뜻함은 서로에게 마음을 열고 열정을 발휘하는 동기부여가 된다.

　명절 때 부서 동료들의 아내에게 가장의 늦은 퇴근으로 인한 아내의 어려움, 아이들의 교육, 나 역시 한 사람의 아내로서 겪는 고충 등의 내용이 담긴 편지와 작은 선물을 전달했다.

　남편 상사로부터 이러한 편지와 선물을 처음 받아 본 아내들은 크게 감동했고, 자신의 가족까지 챙긴 것을 안 동료들은 감사하다며 더욱 열정적으로 업무에 임했다.

　내리사랑은 있어도 치사랑은 없다. 시어머니의 따뜻한 한마디가 시댁에 적응해 가는 며느리에게 힘이 되듯이 상사의 따뜻한 한마디가 구성원을 춤추게 할 수 있다. 상사에게 따뜻한 말을 들은 구성원은 기분이 좋아지게 될 것이고, 그 기분은 고객과 다른 구성원에게도 전염된다. 바람과 태양의 이야기를 담은 동화처럼 따뜻함이 얼어붙은 마음을 열게 한다는 사실을 잊지 말아야 한다.

여성은 여성만의 강점인 감성을 풀어 낼 수 있어야 한다. 나는 갓 입사한 신입직원에게 업무 지시를 하거나 무언가를 협의할 일이 생기면 그들의 눈높이에 맞게 설명해 주기 위해 말이 많아지는 경향이 있다. 어느 날 신입직원에게 너무 장황하게 말을 한 것은 아닌가 싶어 그에게 "아까는 엄마처럼 너무 말이 많았지?"라고 물으니 그는 내게 "아닙니다. 우리 지점에서는 지점장님이 엄마잖아요."라고 답하며 응원해 주었다.

리더는 어려운 상대가 아니라 기쁜 일이 있을 때 가장 먼저 알리고 싶고 힘든 일이 있을 때 기대고 싶은 엄마처럼 가까이에 있다는 느낌을 주어야 한다. 《지금 사랑하지 않는 자 모두 유죄》라는 책 제목처럼 먼저 따뜻한 마음을 건네라. 직장에서 보내는 시간은 가족과 보내는 시간보다 더 많을 수 있다. 동료들과 가족처럼 따뜻한 관계가 된다면 일이 더욱 즐거워질 것이다.

"황금! 좋지! 현금! 더 좋지! 지금! 최고로 좋지!"라는 건배사가 있다. 과거나 미래보다 지금 바로 이 순간이 무엇보다 소중하다. 지금 함께하고 있는 사람들에게 최선을 다하라. 직장의 따뜻한 분위기를 만드는 데 앞장서라. 상사나 동료의 생일에 형식적인 케이크 대신 진심 어린 따뜻한 동료애를 전하고, 화장실에 꽃 한 송이라도 둘 수 있는 센스를 발휘하라. 별난 고객 때문에 힘들어하는 동료에게 누구나 겪는 일이라고 용기를 주고, 회의가 있는 아침이면 식사를 하지 못하고 출근했을 동료를 위해 가끔 삶은 달걀 파티를 해 보라. 비록 5분, 10분도 채 되지 않는 짧은 시간이지만, 동료애를 느낄 수 있는 이런 순간은 사무실에 생기와 역동성을 불어넣어 줄 것이다.

"아이가 유치원에서 발표회를 하는데 바빠서 못 간다고 했더니 울면서 너무 서운해 하네요. 죄송합니다만 잠시 외출해도 될까요?"

"은행 일은 박 과장이 없어도 다른 사람이 대신할 수 있지만, 아이의 발표회는 1년에 한 번뿐이야. 평소에 함께하는 시간이 많지 않으니 그런 행사에는 무조건 가야지. 앞으로 아이의 학교 행사에는 무조건 참석하도록 해. 아이에게는 아주 중요한 날이야. 그런 행사를 통해 친구들에게 엄마를 보여 주고 싶은 심리도 있대."

경험으로 알게 된 나름의 교육법이지만 따뜻한 말 한마디로 동료를 응원했다. 물론 바쁜 월말에 한 명이 빠지면 다른 직원이 피해를 입을 수 있다. 하지만 갑작스럽게 아프거나 급한 일이 생기는 등 누구에게나 절실한 순간은 생길 수 있다. 그럴 때마다 이해와 격려로 동료애를 발휘한다면 그 조직은 더욱 단단하게 결속될 것이다.

매년 동료들의 생일에는 '전 직원 일동'으로 축하 화분을 집으로 보냈다. 자녀들은 부모의 직장에서 보내 온 축하 화분에 기뻐하며 부모를 자랑스러워한다고 했다. 좀 더 색다른 방법을 고민하다가 '세상에서 제일

소중한 사람의 기념일 챙기기' 이벤트를 한 적이 있다. 동료들의 기념일을 대신해서 동료들이 소중하다고 생각하는 사람의 기념일을 챙기는 것이었다.

시골에 계신 부모, 객지에서 근무하는 남편, 가족을 위해 동분서주하는 아버지, 기숙사 생활로 떨어져 있는 아들, 재수하는 아들, 아이들을 돌봐 주시는 어머니 등 우리들에게는 가족의 응원이 큰 힘이 된다. 주인공들에게 어울리는 선물과 세상에서 가장 소중한 사람으로 여기고 있다는 편지를 동봉했다. 재수하는 아들에게는 100세 시대에 재수하는 기간 1년은 일생에서 1%밖에 되지 않으니 최선을 다하라고 전했고, 동료들의 부모님께는 계속해서 함께 일하고 싶은 동료로 잘 키워 주셔서 감사하다고 전했으며, 남편들에게는 열심히 외조를 해 주어 감사하다고 전했다.

동료들과 가족들은 난생처음 받아 보는 작은 선물에 모두가 하나가 되었고, 가족들은 동료들과 나를 뒷받침해 주는 열렬한 지지자들이 되었다. 베풀지 않은 사랑, 받아 보지 않은 사랑은 어색하고 쑥스러울 수 있다.

**그러나 작은 아이디어와 배려가
우리 모두를 살맛 나게 한다는 사실을 기억하라.**

작은 선물로 **감동**을 전하라

56

직장 생활을 하다 보면 선물할 일이 생기게 마련이다. 거래처 직원의 경조사, 동료의 생일 등 다양한 기념일을 챙겨야 한다. 그때마다 어떤 아이템을 선물해야 할지 무척 고민이 된다. 한 가지 명확한 사실은 선물의 가격보다 정성이 더욱 중요하다는 것이다. 선물에 스토리와 마음을 담으면 작은 비용으로도 소중한 마음을 전할 수 있다.

집으로 선물을 보낼 경우에는 가능한 한 주말에 도착하게 하는 것이 좋다. 주말이면 가족이 모두 모여 있을 가능성이 크고, 마음이 여유로운 상태라 선물을 받았을 때 더욱 크게 감동받는다. 명절 때는 다른 사람들보다 먼저 선물을 하는 것이 좋다. 명절에는 여러 곳에서 선물을 받기 때문에 먼저 받은 선물이 가장 기억에 남는다. 이때 당사자를 위한 선물이 아니라 가족을 위한 선물을 하면 효과는 배가된다.

선물에는 스토리를 담는 것이 중요하다. 디지털 시대일수록 스토리가 더욱 감동을 준다. 아마 시간이 더 흘러도 스토리의 중요성은 변하지 않을 것이다.

평소에 고객의 말을 유심히 듣고, 행간에 심어진 의도를 파악해 두는 것이 중요하다. 만보기가 고장이 나 얼마나 걸었는지 모르겠다며 답답해하는 고객에게는 만보기를 선물했고, 아들이 취직해서 집을 구해 나갔다는 고객에게는 취업 초년생에게 맞는 자기계발서와 격려의 편지를 선물했다. 또한 가족 중 한 사람이 암 진단을 받아 힘들어하는 고객에게는 암에 대한 유용한 정보가 담긴 책을 선물하여 슬픔을 함께 나누었고, 결혼기념일을 맞아 여행을 계획하고 있는 고객에게는 커플 머플러를 선물하여 기쁨이 더욱 커지게 했다.

고객들은 어떻게 자신들의 마음에 쏙 드는 선물을 골랐냐며 진심으로 기뻐했다. 대부분의 사람은 자신이 은연중에 한 말을 상대방이 기억할 것이라고 생각하지 못한다. 그래서 생각지도 못한 선물을 받으면 더욱 크게 감동한다.

새해 첫 출근일, 철쭉꽃이 피기 시작했을 때, 국화가 좋을 때, 첫눈이 내릴 때 등 다른 사람들이 생각지도 못한 날에 선물을 전달하는 것도 좋은 방법이다. 명절, 생일, 결혼기념일, 창립기념일, 크리스마스와 같은 날의 이벤트는 당연하게 받아들여질 수 있다. 하지만 생각지도 못한 날에 정성을 전달하면 또 다른 추억이 된다.

물론 고객들을 챙기는 것도 중요하지만 팀워크를 발휘하며 함께 일해야 하는 동료들을 챙기는 것은 더욱 중요하다. 나는 매년 어린이날이 가까워지면 초등학생 자녀를 둔 동료들의 자녀 명단을 파악했다. 그리고 그들에게 부모들이 직장에서 훌륭한 역할을 하고 있다는 내용의 편지를 써서 작은 선물과 함께 전달했다. 생각지도 못한 '어린이날 챙기기'에 동료들은 매우 기뻐했다. 아이들은 고맙다며 문자메시지를 보내거나 전화를 하기도 했다.

우리나라 이혼율이 세계 1위라고 한다. 그래서 '부부의 날'을 기억하고 되새겨보는 것도 의미 있는 일이라고 생각해 '부부의 날'의 의미를 담은 편지와 화분을 각 가정에 전달하기도 했다.

받을 사람이 얼마나 기뻐할까 떠올리며 계절마다, 시기별로 편지를 쓰고 선물을 고르는 일은 참으로 행복하다.

무엇을 기대하거나 숨은 저의가 있어서가 아니라 상대방을 진심으로 대하면 자연스럽게 그 사람을 챙기고 싶은 마음이 생긴다.

그러한 마음을 실행하다 보면 받는 사람보다 오히려 내가 더 행복해지니 이 얼마나 좋은 일인가.

나눔을 아는
건강한 리더가 필요하다

57

　　진정한 부자는 겉모습만으로 판단할 수 없다. 허름한 옷차림을 한 할머니가 갑자기 내린 소나기 때문에 어느 옷 가게 처마 밑에서 비를 피하고 있었다. 그러자 가게 점원이 할머니를 훑어보더니 다른 곳으로 쫓아냈다. 할머니는 어쩔 수 없이 건너편 가게의 처마 밑으로 자리를 옮겨 비를 피했다. 자신의 가게 앞에서 추위에 떨고 있는 할머니를 본 점원은 할머니를 모시고 가게 안으로 들어왔고, 감기에 걸리지 않도록 따끈한 차를 건넸다. 그 할머니는 강철왕 카네기의 어머니였다. 카네기의 어머니는 다음날 자신에게 친절함을 베푼 옷 가게를 찾아가 그곳의 옷을 모두 구매했다는 일화가 있다.

　　이번에는 미국의 슈퍼리치 전문기자 로버트 프랭크의 저서 《리치스탄》에 나온 일화를 소개한다. 엄청난 부자가 반바지에 슬리퍼 차림으로 아들과 산책하러 나갔다가 갑자기 자동차가 사고 싶어 고급 차 매장에 들어갔다. 하지만 자동차 판매원은 허름한 옷차림을 한 그들을 쫓아 버렸다. 고급 차를 살 만한 사람으로 보이지 않았던 것이다. 아버지는 자동차 매장을 나오면서 아들에게 이렇게 말했다.

"양복은 부자들에게 고용된 사람들이나 입는 것이다."

고용된 직장인들은 출근할 때 회사에서 원하는 대로, 남들에게 잘 보이기 위해 옷을 입어야 하지만, 부자들은 자신이 원하는 옷을 입을 수 있는 자유를 누릴 수 있다는 의미이다. 청바지에 까만 터틀넥을 유니폼처럼 입고 다녔던 애플의 공동 창업자 스티브 잡스나 후드 티셔츠를 입고 월가에 나타나는 페이스북의 창업자 마크 주커버그처럼 말이다.

약 3백억 원 이상의 슈퍼리치를 대상으로 조사한 결과 53%의 슈퍼리치는 1년간 옷을 구입하는 데 1천만 원 미만을 지출한다고 한다. 그들은 자신을 치장하는 것보다 기부하고 경험하고 공부하는 데 더욱 큰 가치를 두고 있었다.

은행에서 일하다 보니 100억 원 이상의 자산을 가지고 있는 부자를 많이 만나게 된다. 많은 부자가 세일을 하지 않으면 옷을 사지 않고, 광고지를 오려 메모지로 활용하며, 허름한 가방을 들고 다닐 정도로 절약한다. 그러면서도 동창회에 거액을 기부하고 직원들을 위한 투자를 아끼지 않는다. '개같이 벌어 정승같이 쓴다.'라는 말이 있다. 진정한 부자들의 공통점은 아낄 수 있는 것은 철저히 아끼고 쓸 때는 과감하게 쓴다는 것이다.

큰아이가 대학 준비를 위해 서울에서 두어 달 지낸 적이 있다. 함께 갈 수 없어 밑반찬을 몇 가지 준비해 주는 것으로 마음을 달랬다. 그런데 동문 선배의 어머니가 여러 차례 햇반과 반찬, 과일 등을 숙소로 보내 주었다는 소식을 들었다. 아이에게 "선배 어머님께 너무 감사하다고 전화는 드렸지만, 계속 신세를 져서 죄송하네."라고 말하자 아이는 이렇게 대답했다.

"선배 집은 부자라서 괜찮아요."

나는 아이의 말에 화들짝 놀라 많이 가졌다고 모든 사람이 베푸는 것은 아니라고 말해 주었다.

직장인을 대상으로 설문조사를 한 결과, 한국의 중산층 기준은 부채 없는 30평 이상 아파트를 가졌고, 2,000cc급 중형차를 소유하였으며 월 급여 500만 원 이상, 예금액 잔고 1억 원 이상이며 1년에 1회 이상 해외여행을 다녀온 사람이라고 생각하는 것으로 나타났다.

반면 미국의 공립학교에서 가르치는 중산층의 기준은 자신의 주장에 떳떳하고 사회적인 약자를 돕고, 부정과 불법에 저항할 줄 알며, 정기적으로 받아 보는 비평지가 있어야 한다는 것이다.

영국의 옥스퍼드 대학에서 제시한 중산층 기준은 '페어플레이를 할 것, 자신의 주장과 신념을 가질 것, 독자적으로 행동하지 말 것, 약자를 두둔하고 강자에 대응할 것, 불의와 불법에 의연히 대처할 것'이다.

또한 프랑스 퐁피두 대통령이 정한 중산층의 기준은 외국어를 하나 이상 할 수 있어야 하고 직접 즐기는 스포츠가 있어야 하며 다룰 줄 아는 악기가 있어야 한다는 것, 또한 남들과 다른 요리를 만들 수 있어야 하고 공분에 의연하게 참여하며, 꾸준히 봉사활동을 해야 한다는 것이다.

조사 기준이 다르기는 하지만 한국은 물질적·경제적인 부분을, 선진국은 정신적·사회적인 부분을 중요하게 여기고 있다는 점이 왠지 씁쓸하다.

'돈만 아는 부자'라는 욕을 먹으면서도 자신의 기부를 철저하게 숨겨 온 사람이 있다. 주인공은 바로 면세점 체인 경영으로 억만장자가 된 미국인 척 피니이다. 한 대학에서 기부받은 돈이 검은돈인지 아닌지 출처를 밝히는 과정에서 그가 기부를 한 사실이 드러났다. 기부한 돈은 재산의 99.9%로, 그는 자신의 명의로 된 집과 자동차조차 없었다고 한다. 척 피니는 기부한 사실을 숨긴 이유를 이렇게 말했다.

"어머님께서 받는 이의 부담을 덜어 주고 싶다면 절대 자랑하지 말라는 가르침을 주셨다."

나는 몇 년 전부터 경제교육 전문 비영리 단체에 소속되어 청소년 경제교육으로 재능기부를 하고 있다. 수업을 마치고 교정을 걸어 나올 때마다 가슴이 따뜻해지는 것을 느낀다. 기부한 경험이 있는 사람은 그렇지 않은 사람보다 자신의 건강과 삶에 더욱 만족한다고 하니 공감이 간다.

어느 해 겨울, 폭설로 만만치 않은 교통 상황에도 불구하고 2시간의 수업을 위해 부산에서 대구까지 6시간이 걸려 달려온 자원봉사자를 보며 기부의 가치를 생각한 적이 있다.

이런 기부 캠페인 문구를 본 적이 있는가.

'사랑은 빠지는 것이 아니라 나누는 것이다.'

미국 성인의 90%는 기부에 참여하고 그중 70%는 자신의 재능과 시간을 기부하는 자원봉사를 실천하고 있다. 팍팍한 사회일수록 다른 사람을 생각하고 배려하는 존재가 절실해진다. 이것이 바로 나눔을 아는 건강한 리더가 필요한 이유이다.

WOMAN'S SUCCESSFUL CAREER AND LIFE

회사에서 여자가 일한다는 것

PART 4

여자가 뛰어넘어야 할 것들

한 지인은 혼자의 몸으로 외동딸을 교육시키기 위해 부단히 애를 썼다. 유학을 떠난 딸은 몇 년 뒤에 박사학위를 취득한 뒤 귀국했다. 지인은 인맥을 총동원하여 딸을 좋은 회사에 취직시켰고, 이제 딸이 능력을 발휘하여 회사에서 인정을 받는 일만 남았다고 생각했다. 하지만 딸은 결혼과 동시에 회사를 그만두었다. 일보다는 아내의 자리가 더욱 중요하다고 생각한 것이다. 지인은 이렇게 탄식했다.

"결혼해서 가정에 안주할 줄 알았으면 돈 들여서 대학 졸업시키고, 힘들게 유학까지 보내지 않았을 텐데…… 그렇게 죽어라 공부시킨 게 너무 아까워."

인터넷에서 이런 글을 본 적이 있다.

전문직 여성과의 결혼을 앞두고 있다. 그런데 결혼을 하면 일을 그만두고 살림만 하고 싶다고 한다. 한국 여자는 모두 이런 식인가?

부부는 출산과 육아, 처가와 시가와의 관계 등을 통해 온전한 어른으로 거듭난다. 남녀가 만나 결혼해서 가정을 이루고 아이를 낳으면 그로 인해 생기는 집안일, 육아 등이 자동적으로 여성의 일이 되어 버린다. 일하는 여성에게도 예외는 없다. 이는 여성이 육아 문제에 더 민감하고, 한국의 남성 중심 문화와 가정 내 남성과 여성의 역할에 대한 전통적인 의식 때문이다.

동국대학교 민세진 교수는 〈20세 이상 여성 5,887명에 대한 여성 고용률 제고 방안〉 분석 보고서에서 여성이 일을 포기하는 이유가 자녀 양육보다 결혼이 10배 이상 높다는 연구 결과를 내놓았다. 여성이 결혼을 앞두고 많은 고민을 할 수밖에 없는 것은 사실이다. 그러나 이 고민은 결혼 후 회사를 그만둘 것인가 말 것인가에 대한 것이 아니라 어떻게 결혼 생활과 직장 생활을 현명하게 병행해 나갈 것인가에 대한 고민이 되어야 한다.

일하고 싶은 여성에게 결혼과 출산, 육아가 장애가 되어서는 안 된다. 시간이 흘러 아내가 되고 엄마가 되는 것은 환경의 변화일 뿐, 일을 그만둘 이유가 아니다. 초등학교를 졸업하면 중학교에 입학하듯 시간이 흘러 환경이 바뀌면 그 환경에 적응하면 된다. 결혼을 하고 사랑으로 태어난 아기를 통해 생명의 경이로움을 느끼고, 육아를 통해 시행착오를 겪으며 그렇게 성장해 나가는 것이다. 이런 과정들이 여성에게 희생을 강요하는 것이라고 생각할 필요는 없다. 아프리카 속담 중에 이런 것이 있다.

'결혼에는 고통이 있다. 그러나 독신에는 행복이 없다.'

일과 사랑 사이에서 흔들리지 않는다는 것은 거짓말이다. 분명 수없이 많은 흔들림이 있다. 만 번을 흔들려도 견뎌야 하는 시간이 중년이라 하지 않던가. 그런 시간을 거치고 나면 여유롭고 느긋한 자세와 식견을 가진 완숙한 여성이 되어 있을 것이다.

세상에는 경험해 보지 않으면 알 수 없는 일이 많다. 결혼도 그중 하나이다. 아무리 야무지게 배우자를 골라도, 아무리 철두철미하게 준비해도 어떤 운명이 찾아올지 알 수 없다. 그러므로 그저 노력하고 또 노력하는 수밖에 방법이 없다.

일과 가정,
선택의 문제가 아니다

58

　　　　　　　　　　　과거에는 한국 여성들이 가장 행복하다고 말하는 사람이 많았다. 가장이 혼자 돈을 벌어도 온 가족이 먹고살 수 있으니 굳이 일을 하지 않아도 되기 때문이라는 이유에서였다. 하지만 이제는 상황이 달라졌다. 직장을 가지고 있지 않은 여성은 배우자를 찾기 어렵고, 능력이 떨어진다는 분위기가 형성되었다.

　국민소득 2만 달러까지는 남자 혼자 돈을 벌어도 달성이 가능했지만, 소득 3~4만 달러 시대에 진입하려면 여성의 힘을 끌어내야 한다는 목소리가 크다. 이제 일과 가정의 양립은 선택의 문제가 아닌 자연스럽고 일반적인 사회 현상으로 인식되고 있다.

　세계은행은 이렇게 미래를 내다보았다.

　여성 인력의 고용은 생산 현장에서 7~18%의 생산성 증가를 가져오며

국가와 사회가 적극적으로 여성들을 일터로 끌어내지 않을 경우 경기 침체와 고령화 문제는 심화될 수밖에 없다. 남성 입장에서도 혼자서 생계와 노후를 책임지기보다 여성과 분담하는 것이 고령화 시대에 실질적으로도 유리하다.

《포춘》이 주요 글로벌 기업의 여성 임원 비율과 재무 성과를 비교한 자료에 의하면 여성 임원 비율이 높은 상위 25% 기업이 하위 25% 기업보다 실적이 좋았다. 이제는 여성의 경쟁력이 강력해졌다. 여성 인력을 활용하지 않고 남성에게만 모든 것을 의존하는 것은 똑똑한 방법이 아니다.

모 대기업 회장은 "한국만큼 여성 자원을 낭비하고 있는 나라는 없다."고 지적했다. 그리고 다른 나라는 남자와 여자가 함께 뛰는데 우리나라는 남자 홀로 분투하고 있다며 이를 '바퀴 하나는 바람이 빠진 채로 자전거 경주를 하는 것'으로 비유했다.

'여성 경제 활동률이 1% 상승하면 1인당 국민소득이 1% 증가한다.'라는 연구 결과도 있다. 전체 인구의 반을 차지하는 여성 인력의 활용이 국가적인 과제이며 경쟁력이 된다는 말은 이제 식상할 정도이다. 앞으로는 많은 도전을 극복한 여성들에 대한 인식도 달라질 것이다. 실제로 '구색 맞추기' 직원이 아니라 조직 내에서 성장하면서 실력으로 승진하는 여성들이 늘고 있다. 여성 인력에 대한 존재감이 커지고 있는 것이다.

1980년 중반부터 직장 내 기혼 여성에 대한 인식이 변화되기 시작했다. 1980년대 초반까지만 해도 여직원이 결혼하고 직장을 계속 다니는 경우는 드물었다. 제도적으로는 문제가 없었지만, 유교적 사고방식에 젖은 남성 우위의 사회적인 분위기가 기혼 여성에게는 냉담했기 때문이다.

직장 내에서 기혼 여성들은 멸시와 천대의 대상이었다. 남편이 얼마나 능력이 없으면 아내가 힘든 직장 생활을 계속하느냐는 가부장적 생각이 만연했다. 임신을 하면 배려를 해 주는 것이 아니라 은근히 그만두기를 종용하기도 했다.

물론 오늘날에도 이러한 분위기가 완벽하게 사라진 것은 아니다. 하지만 과거와 비교하면 상황이 많이 나아졌다. 1세 미만의 아기가 있는 여직원은 1시간 단축 근무를 하는 조기 퇴근제를 비롯하여 탄력 근무제, 엄마의 방, 여성 리더십 교육, 육아 휴직, 네트워킹 프로그램 등 일과 가정의 양립을 지원하는 '시 프랜들리(She-friendly)' 근무 환경이 좋은 직장을 가늠하는 중요한 잣대로 부상하고 있다. 이러한 변화는 앞으로 더욱 가속화될 것이다.

물론 현실적으로 기혼 여성이 체감하는 차별 강도나 열악한 환경은 여전할 수 있다. 결혼뿐 아니라 그 이후에 찾아오는 출산이나 육아 등을 생각하면 누구에게나 한 번쯤은 고민하는 시기가 찾아온다.

하지만 결혼 혹은 출산, 육아 등으로 일을 할 것인가, 그만둘 것인가는 더 이상 선택의 문제가 아니다.

어떻게 지혜롭게 가정과 일을 병행할 것인가가 더욱 중요하다.

서로에게 힘이 되는
배우자를 찾아라

59

'배우자에게 배우자!'

배울 것이 있는 사람이 배우자이다. 상대방에게 배움을 줄 수 있는 배우자, 서로에게 힘이 되고 서로를 발전시켜 줄 수 있는 배우자를 만나야 한다. 배우자는 부모의 보살핌에서 벗어나 서로를 배려하고 발전시키며 아주 오랜 시간을 함께 살아야 할 상대이기 때문이다.

결혼은 많은 것을 변하게 한다. 그러므로 서로 의지할 수 있고, 함께 극복할 수 있는 배우자를 찾아야 한다. 예전에 tvN에서 방송한 〈남녀탐구생활〉의 연출을 맡았던 김성덕 PD는 연애는 '날씨', 결혼은 '신발'에 비유했다. '날씨'는 내일 어떻게 될지 알 수 없기 때문에 오늘을 적극적으로 재미있게 살라는 의미이고, '신발'은 맞지 않으면 그만큼 불편한 것이 없기 때문에 결혼은 내 발에 딱 맞는 신발을 찾는 것과 같다는 의미이다.

결혼 적령기인 여성들은 배우자가 될 사람이 직장에서도 인정받고, 경제적으로도 여유가 있기를 원한다. 그러나 군대 생활과 학업을 마친 뒤 취직을 하고 승진을 하며 경제적 여유를 가지려면 10년 이상의 시간이 걸린다. 그러려면 남자의 나이는 30대 후반이나 40대 초반 정도가 된다. 그런데 아이러니한 것은 남자가 경제적인 여유가 있다 해도 30대 후반이나 40대 초반의 배우자감은 나이가 너무 많다며 거절하는 여성이 많다는 것이다. 앞뒤가 맞지 않는 이기적인 생각이다. 경제적인 여유는 부부가 함께 노력하며 만들어 나가면 된다는 생각을 가질 필요가 있다.

내가 알고 있는 기업들을 보면 2세 경영인들이 부모에게 물려받은 재산을 잘 지켜 가는 경우는 20~30% 정도에 불과했다. 부모는 갖은 고생을 하며 일구어 낸 재산을 물려주었는데, 부모와 다르게 큰 어려움 없이 성장한 자식들은 작은 위기에도 휘청거리며 힘들어한다. 돈을 버는 것은 어렵지만 잃는 것은 한순간이기 때문에 물려받은 재산을 잘 지키기란 쉬운 일이 아니다.

일반적으로 외향적이고 공격적인 기질의 사업가들은 배우자를 고를 때 자신의 성격과 반대로 조용하고 내성적인 사람에게 호감을 보인다고 한다. 딸은 아버지의 기질을 닮고 아들은 어머니의 기질을 닮기도 하지만, 조용하고 내성적인 아내는 일반적으로 아들을 내성적으로 훈육한다. 그로 인해 내성적인 성격이 형성된 아들은 아버지에게 사업을 물려받더라도 아버지만큼 좋은 성과를 거두지 못한다고 한다. 자녀 훈육의 대부분을 담당하는 어머니는 자녀, 또 그 자녀의 자녀에게까지 영향을 미친다. 이러한 것을 보면 여성의 역할이 얼마나 막중한지 잘 알 수 있다.

재산은 상황에 따라 사라질 수 있지만 따뜻한 마음과 강한 의지는 사라지지 않는다. 함께할 긴 시간을 위해 필요한 것은 경제적인 여유가 아니라 건강한 몸과 긍정적인 마음이다.

누군가 택시기사에게 이렇게 물었다.

"지금까지 살아오면서 언제가 가장 행복했습니까?"

이에 택시기사는 이렇게 대답했다

"월급을 받아 선풍기 한 대를 사고, 그 다음 달에 또 월급을 받아 전기밥솥을 사며 행복해 했던 신혼 때가 가장 좋았지요."

미국의 한 고액 기부자에게 고생해서 번 돈을 자식들에게 물려주지 않고 왜 기부하느냐고 묻자 그는 이렇게 말했다.

"물론 고생은 했지만 돈을 모으며 행복했습니다. 만약 내가 나의 재산을 자식들에게 그대로 물려준다면 그들은 돈을 모으는 행복을 모를 것입니다. 부모가 자식의 행복을 빼앗을 권리는 없다고 생각합니다. 그리고 나는 돈을 버는 일은 잘하지만 잘 쓸 줄을 모릅니다. 돈을 잘 쓸 줄 아는 기부 단체에서 관리하는 것이 옳다고 생각합니다."

만약 모자람 없이 모든 것을 풍족하게 갖추어서 결혼한다면 돈을 모아야 할 명분이 없어 과소비를 하게 될 가능성이 크다. 부모는 자녀를 건강한 가정에서 올바르게 가르칠 의무가 있다. 과소비를 하는 부모를 보면서 자녀가 올바르게 배우는 것은 힘들 것이다. 모든 것을 갖추어 결혼하는 것보다 함께 채워 가는 것이 더 큰 행복임을 깨달아야 한다.

건강했던 거래 기업의 CEO가 많은 재산을 어떻게 하겠다는 유언을 남기지 않은 상태로 갑자기 세상을 떠났다. 평소 우애가 좋았던 자식들은 아버지의 재산을 더 많이 상속받기 위해 7년 동안 소송을 하며 다툼을 벌였다. 이런 것을 보면 재산도 넘치는 것보다 오히려 조금 모자라는 것이 낫다는 생각이 든다. 만약 그 CEO가 자식들에게 돈이 아닌 건강한 사고를 물려주었더라면 어땠을까?

러시아 속담 중에 이런 것이 있다.

> '바다에 나갈 때는 한 번 기도하고,
> 전쟁에 나갈 때는 두 번 기도하고,
> 결혼할 때는 세 번 기도하라.'

그만큼 결혼이 중요하다는 의미이다. 배우자의 선택은 결혼 생활 60년을 좌우할 뿐 아니라 자식들의 삶까지 좌우하는 인생의 커다란 문제이다. 배우자를 잘못 선택하면 일 역시 안정적으로 할 수 없다. 돈보다 중요한 것은 서로에 대한 이해와 신뢰, 사랑, 예의, 건강한 사고 등이다.

혼수 중에서도 가장 중요한 것은 건강검진이다. 요즘은 직장에서도 직원들의 건강을 위해 매년 건강검진을 할 정도로 건강검진이 일반화되었지만, 내가 결혼할 때인 1980년대 후반에는 그렇지 않았다. 우리는 결혼을 하기 전에 행복한 결혼 생활과 건강한 출산을 생각하며 건강검진을 했고, 이상이 없다는 결과를 받고 행복해 했다.

연애 감정은 한때 활화산처럼 타오를 수 있지만, 결혼은 은근하고 따뜻하게 불씨처럼 오래가야 한다. 겉모습에 현혹되지 말고 한평생을 믿고 함께 갈 수 있는 배우자를 찾기 위해 노력해야 한다. 결혼은 '인륜지대사(人倫之大事)'라는 말이 그냥 나온 것이 아니다.

결혼은 현실이다.
정신 근육을 길러라

60

남성과 여성은 태어날 때부터 다르다. 심지어 갓난 아기를 감싸는 포대기의 색상부터 다르다. 하나부터 열까지 다른 남성과 여성이 만나 슬기롭게 결혼 생활을 하는 방법 중 하나는 서로 다르다는 것을 인정하는 것이다. 절대적으로 옳은 한 가지의 정답만 있는 것은 아니다. 상황에 따라, 가치관에 따라, 성별에 따라, 두 가지 또는 여러 가지의 측면이 있을 수 있다는 것을 빨리 인정할수록 결혼 생활의 스트레스가 줄어든다.

우리 부부의 첫 다툼은 목욕 수건 때문에 일어났다. 대부분 여성들은 목욕탕에 갈 때 본인이 사용할 수건을 챙겨 가지만, 남성들은 빈손으로 가서 목욕탕에 있는 수건을 사용한다. 어느 날 목욕탕에 다녀온 남편이 눈병에 걸렸다. 일주일가량 안대를 하고 수건과 세숫대야를 따로 사용하는 불편함을 감수해야 했다. 그다음부터 남편이 목욕탕에 간다고 하면 수건 가방을 챙겨 주었다. 하지만 남편은 귀찮다며 언성을 높였다. 나는 눈병에 걸리는 것보다 귀찮지만 수건을 가져가는 편이 훨씬 위생적이라고 주장했고, 남편은 목욕탕 수건 때문에 눈병에 걸린 경우는 처음이라며 한 번 일어난 일 때문에 매번 수건을 들고 가는 것이 귀찮다고 주장했다. 이것은 옳고 그름의 문제가 아니라 서로 생각이 다르기 때문이라는 것을 미리 알았더라면 일어나지 않았을 실랑이였다.

우리는 예습 없이 막연한 기대와 각오로 부부가 되고 부모가 된다. 결혼의 정체, 서로 다름을 받아들이는 지혜, 부부의 역할, 바람직한 배우자, 부부 간의 갈등을 푸는 방법, 부모의 역할, 가족들과의 관계, 사랑의 기술 등을 가르치는 결혼사관학교에서 사전 학습을 한 뒤에 부부가 된다면 보다 지혜로운 결혼 생활을 할 수 있을 것이다. 하지만 상황이 여의치 않으니 함께 생활하면서 서로 다르다는 것을 인정하며 지혜를 터득하는 수밖에 방법이 없다.

물론 다름을 인정하는 것은 결코 쉬운 일이 아니다. 하지만 의견이 일치하지 않을 때 서로 다를 수 있다는 생각을 반복하다 보면 조금씩 조금씩 달라질 것이다.

결혼은 현실이다. 낭만과 환상을 철저하게 발라 내고 현실만 바라본다면 일하면서 가정 생활을 꾸려 나간다는 것은 여성뿐 아니라 가족에게 큰 희생을 요구한다고 생각할 수도 있다. 결혼에는 가사, 육아, 부모 부양 등 여러 문제가 걸려 있기 때문이다. 문제가 발생할 때마다 서로를 이해하지 못하고 언성을 높인다면 원만한 결혼 생활을 할 수 없다. 순탄하지 못한 결혼 생활은 분명 일터에도 영향을 미칠 것이다. 그래서 결혼 생활에서 배우자의 공조는 절대적이다.

요즘 텔레비전 예능 프로에서는 패널들이 자신의 가족에 대한 험담을 늘어놓으며 시청자들의 재미를 유도한다. 남편과 시댁 식구들에 대한 까발림이 지나칠 정도이다. 배우자는 늘 배려하고 예를 갖추어야 할 소중한 대상인데, 늘 곁에 있고 편해서 그러한 사실을 망각할 때가 많다.

부부는 촌수가 없는 '무촌'이며, 마음을 하나로 합쳐 한마음, 한 몸이 된다 하여 '일심동체'라고 한다. 관계를 잘 유지하기 위해서는 서로가 다르다는 것을 인정하고, 절대 선을 넘지 않는 예의가 필요하다.

그리고 어떤 문제가 닥치더라도 그것을 버텨 내고,
지혜롭게 이겨 낼 수 있는 힘,
바로 정신 근육의 힘을 키워야 한다.

그것이 결혼 생활에서 가장 중요한 요소이다.

출산은 여성을
강하고 겸손하게 만든다

61

　　　　　　커리어우먼이 결혼을 앞두고 걱정하는 것은 단연 출산과 육아이다. 출산은 눈물 나도록 힘들지만 진정한 인내와 희생을 깨닫게 해 주는 숭고한 일이다. 이 세상에 출산보다 더 진한 고통이 있을까?

　일 때문에 결혼을 미룬다거나 육아가 부담되어 출산을 미루는 여성이 생각보다 많다. 그러나 '신은 모든 곳에 있을 수 없기에 어머니를 만들었다.'라는 유대 속담처럼 자식을 위해서라면 모든 것을 내놓을 수 있는 어머니는 일반 여성과 다르다. 출산 경험이 없거나 미혼 여성을 폄하하는 것은 아니다. 나는 여성을 더욱 강하고 겸손하게 만드는 출산이 여성의 경쟁력이 될 수 있다는 것을 말하고자 하는 것이다.

　엘리베이터의 문이 갑자기 닫히면 당황해서 열림 버튼을 제대로 보지 못하고 머뭇거리게 되는 것처럼 위급한 상황이 생기면 순간적으로 판단이 흐려진다. 아이에게 문제가 생기면 당황하기보다 침착해야 하는데, 초보 때는 어쩔 수가 없다. 그러나 긴박한 상황을 경험하며 초보 엄마는 점점 강해지고 아이는 성장한다.

CNN 아시아 국장의 인터뷰를 본 적이 있다. 한국의 데모 현장을 생방송으로 전하기 위해 현장에 컴퓨터 시설 등을 설치하며 준비했지만 방송 시작 불과 1시간 전에 컴퓨터가 고장이 나 생방송이 어렵게 되었다. 할 수 없이 실내에서 방송하기로 하고 한국 정서가 풍기는 소품으로 실내를 장식해 아슬아슬하게 생방송을 마쳤다고 한다.

방송 일을 하면서 일어나는 긴박한 돌발 상황을 어떻게 대처하는지에 대한 기자의 질문에 아시아 국장은 이렇게 답했다.

"여성들은 아이들을 키우면서 수없이 많은 긴박한 상황에 부딪힌다. 그런 상황들을 통해 아이와 엄마는 문제 해결 능력을 키운다. 아이를 몇 명 키운 엄마라면 생방송 펑크는 아무 일도 아니다."

문제 해결 능력을 키우며 여성을 더욱 지혜롭게 만드는 육아는 오히려 여성의 경쟁력이 된다.

음식을 만드는 일도 매우 예민하고 섬세한 작업이다. 재료의 신선도에 따라 맛이 달라지고, 재료마다 익는 시간이 달라 재료를 익히는 정도에 따라서도 맛이 달라진다. 또한 열전도율이 다른 조리 기구에 따라서도 맛이 달라진다. 긴장되는 육아와 예민한 요리를 경험한 여성들은 중요하지만, 간과하기 쉬운 작은 부분들을 볼 수 있는 여성 특유의 섬세함을 갖게 된다. 또한 표현을 못하는 갓난아이를 키워 보았기 때문에 상대방이 무엇을 원하는지 항상 생각하게 된다.

그러나 어느 리더십 전문가는 여성은 남성에 비해 애매모호한 중립의 상황을 더 참지 못하는 경향이 있어서 무언가 판단해서 말해야 한다는 압박감에 시달린다며 '옳다', '그르다'라는 이분법적 사고를 멀리하고 즉각적인 판단을 필요로 하는 상황이 아니라면 '기어 중립' 상태에 머무르라고 조언했다.

여성이 남성에 비해 애매모호한 중립의 상황을 더 참지 못하는 이유는 육아와 요리가 애매모호한 중립적 상황을 허용하지 않기 때문일 것이다. 상황이 애매할 땐 침묵이 지혜일 수도 있음을 기억해야 한다.

수학 공부를 할 때 난이도가 높은 문제를 집중적으로 연습하고 나면 상대적으로 난이도가 낮은 문제들은 쉽게 풀린다. 이처럼 출산과 육아의 힘든 경험은 직장 생활의 어려움을 조금 더 수월하게 극복할 수 있도록 만드는 내공으로 작용한다.

출산의 도전과 육아의 경험은
고비마다 흔들리지 않고
자신을 지켜 낼 수 있는 힘을 준다는
사실을 기억하라.

더욱 단단하게 출산을 준비해야 한다

62

　　　　　　　　결혼 후에도 일을 지속할 생각이라면 출산에 대해 미리 생각해 두는 것이 좋다. 사실 건강한 자녀를 두는 것은 커리어우먼에게는 커다란 복과 같다. 아이가 잦은 병치레를 하면 엄마는 당연히 일 외적인 것에 신경을 많이 쓸 수밖에 없다. 건강한 출산은 자신의 의지와 깊은 관련이 있다는 것을 깨달아야 한다.

　임신은 태아, 즉 한 인간이 인생을 시작하는 출발점이며 소중한 생명을 생산하는 경이롭고 거룩한 일이다. 완벽한 부모는 될 수 없어도 한 사람의 인생 출발에 최선을 다해야 할 책임이 있지 않을까?

　최근에는 결혼 연령이 늦어지면서 아예 아이를 갖지 않는 '딩크족'이 늘어나고, 늦은 출산과 생활 환경의 변화로 건강하게 출산하지 못하는 안타까운 일이 많아졌다. 배우자가 결정되면 임신과 출산에 대해 미리 학습하고 논의하며 함께 노력하는 지혜가 필요하다. 건강한 출산은 예비 부모에게 달렸으며, 건강한 자녀는 분명 일하는 여성에게 많은 기쁨과 도움을 줄 것이다.

일단 임신을 하면 직장에서의 생활이 더 신경 쓰인다. 자칫 잘못하면 '이래서 여직원은 안 된다.'라는 빌미를 제공할 수도 있기 때문이다. 임신을 했다 해도 조직 생활에서 느슨해진 모습을 보여서는 안 된다. 몸이 차츰 무거워지겠지만 단정하고 환한 모습으로 이겨 내야 한다. 그저 편하고자 커다란 옷을 입고 창백한 얼굴로 다니는 것은 직장 동료뿐 아니라 태어날 아기에게도 정성을 다하는 모습이 아니다.

힘들면 가정이라는 울타리로 돌아갈 수 있다는 안일한 마음을 던져 버리고 철저한 프로의식으로 이겨 내야 한다. 일할 때는 철저히 회사만 생각해야 한다. 공과 사를 구별하지 못하는 것만큼 어리석은 일도 없다. 힘들다고 회사에서 대충 시간만 때워서는 안 된다. 조직은 무료 봉사 단체가 아니므로 월급을 받는 이상으로 조직에 기여해야 한다.

출산 휴가가 끝나면 곧바로 복귀하겠다고 약속해 놓고 출산 휴가 기간 동안 월급만 챙기고 회사를 그만 두는 여성도 있고, 그동안 제대로 업무 마무리를 해 놓지 않았으면서 정해진 날에 출산 휴가를 떠나는 것이 당연한 권리라고 주장하는 여성도 있다. 이러한 사람들은 조직을 생각하지 않는 무책임한 구성원이다. 자신의 올바르지 못한 행동 때문에 여성 전체가 못매를 맞을 수도 있다는 것을 생각해야 한다.

출산 휴가로 회사를 떠나거나 잠시 자리를 비우게 되면 다른 직원이 그 일을 맡게 된다. 그로 인해 생길 수 있는 업무 공백은 동료 직원들에게 부담이 될 수 있다. 분명 출산은 여성의 권리이지만 자신 때문에 생길 동료들의 부담을 생각하며 최선을 다한다면 동료들에게도 그 마음이 그대로 전해질 것이다.

출산일이 다가오면 '건강한 아이를 낳을 수 있을까?', '분만을 잘할 수 있을까?', '예정일에 맞춰서 출산할 수 있을까?', '좋은 부모가 될 수 있을까?' 등의 걱정으로 불안감에 사로잡힌다. 이러한 불안감을 없애기 위해서는 사전 학습이 필요하다. 모르기 때문에 불안한 것이다.

예비 워킹맘이라면 이 같은 공부도 따로 하고, 건강관리도 하면서 나름대로 건강한 임신과 출산, 현명한 육아에 대비해야 한다. 무계획적으로 임신을 하면 직장 생활은 물론 개인적으로도 힘들어질 수 있다.

그리고 자신을 믿는 것도 중요하다. '나 말고도 많은 여성이 직장을 다니며 임신하고 출산했다. 그러면서도 멋지게 직장 생활을 했다. 나도 할 수 있다.'라는 믿음이 있으면 초인적인 힘이 생긴다.

아이를 낳고 키우며 하나하나 깨우치고 채워 나가는 것이 인생이다.

동료들에게도 축복받는 **출산**이 되게 하라

63

　　　　　　직장에서의 스트레스에서 벗어날 기회라며 회사와 관련된 모든 것을 잊고 출산 휴직 기간에는 육아에만 전념할 것이라고 생각하는 것은 옳지 않다. 출산 휴직 기간은 짧게는 3개월, 길게는 2년이다. 하루가 다르게 변해 가는 상황에서 출산 휴직 기간 동안 일에 대한 흐름을 놓친다면 복직해서 적응하는 데 오랜 시간이 걸린다.

　임신과 출산은 여성만이 가질 수 있는 성장의 기회이다. 만약 출산이 내 인생에 꼭 있어야 하는 부분이라고 생각한다면 상상 이상으로 힘든 출산과 육아 과정을 통해 더욱 겸손해지고, 또 다른 의미의 성장 기회로 삼아야 할 것이다. 때론 참고 인내하며, 때론 보람을 느끼며 출산과 육아를 통해 경험하게 되는 희생과 배려, 솔선수범, 문제 해결 능력. 소통 능력 등을 유리 천장을 깨뜨리는 비장의 무기로 만들어야 한다. 출산이 축복이 되게 하는 것은 온전히 자신에게 달려 있다.

출산 휴직으로 인한 공백을 메우기 위해서는 여러 가지 준비가 필요하다. 출산 휴직 기간이라 해도 회사에 대한 정보를 꾸준히 수집하여 복직했을 때 자신이 회사를 떠나 있었다는 느낌을 최소화시켜야 한다.

미국 제너럴일렉트릭(GE)에서는 '웰컴 백 캠페인(Welcome Back Campaign)'이라는 프로그램을 통해 여성이 복직을 한 후 쉽게 적응할 수 있도록 회사에 대한 정보를 꾸준히 제공해 주고 있고, 루이비통 코리아에서는 3개월간 1대 1 멘토를 붙여 복직한 여성의 적응을 돕고 있다. 우리나라 기업에서도 점차 출산 후 복귀한 여성을 위한 제도가 확대되겠지만, 직장 내에서 제도가 만들어지기 전까지는 스스로가 철저하게 준비를 해야 한다.

신문 정기 구독으로 경제뿐 아니라 사회의 흐름을 읽고, 사보가 발행된다면 사보와 사내 홈페이지를 주기적으로 열람하여 회사의 전략 방향과 사내 문화를 공유하고, 동료들과 종종 만나 자신의 변함없는 열정을 보여 주어야 한다. 꼭 휴직 기간이 아니더라도 구성원이라면 평소에도 회사에서 발행하는 책자를 빠짐없이 챙겨 보면서 회사의 활동 상황을 파악하고 유익한 정보를 얻을 수 있어야 한다.

작은아이가 대학교 2학년 때 방학을 이용하여 8주 동안 인턴사원으로 근무한 적이 있다. 태어나서 처음으로 조직의 구성원이 되어 근무한 소감을 물었더니 이렇게 대답했다.

"무엇보다 아빠, 엄마가 존경스러웠어요. 시간 맞춰 출근하는 것이 쉽지 않던데, 두 분은 30여 년 동안 이런 생활을 하신 거잖아요."

습관이 되면 어렵지 않은 일이 몸에 배지 않으면 쉽지 않은 법이다. 육아를 위해 집에서 생활하다 보면 직장에서 근무할 때와 달리 생활 리듬이 불규칙해지고 시간이 흐르면서 오히려 불규칙한 생활이 습관이 되어 편해진다. 그러다 보면 육아 휴직을 시작할 때의 각오와 의지가 약해질 수 있다. 육아 휴직 기간이 끝나고 약해진 의지와 느슨한 마음으로 직장에 복귀한다면 일에 대한 열정이나 집념 대신 대충 시간만 보내는 직장 생활이 될 수 있음을 경계해야 한다.

임신과 출산으로 일을 그만둔다고 생각해 본 적이 없더라도 시간이 흐르면 자신감과 의욕이 떨어질 수 있다. 흔들릴 때마다 내가 진정으로 원하는 것이 무엇인지 생각하며 스스로를 다독여 준다면 출산 휴직 동안의 공백이 소중한 인생 공부가 되어 발전하는 계기를 만들어 줄 것이다.

삶의 과정에서 임신과 출산만큼 사랑스럽고 아름다운 철학이 담긴 순간이 또 있을까? 임신과 출산은 무엇과도 바꿀 수 없는 행복이다. 임신과 출산을 아름답고 멋진 일로 승화시키는 것은 여성의 몫이다. 임신과 출산이 편하고 달콤한 것이라면 이를 통해 인간이 더 성숙해지고 겸손해질 수 있을까? 질기고 따뜻한 모성을 가질 수 있을까?

여성 스스로가 임신과 출산을 반갑고 행복하게 맞이하며 감사해야 주변 사람들에게도 행복한 나의 마음이 전해진다. 임신과 출산이 나의 목표를 방해하고 나의 성장을 늦춘다고 생각한다면 임신을 하지 않는 편이 낫다. 하지만 나는 임신과 출산의 힘듦이 1이라면, 그 가치는 100이라고 생각한다. 판단은 각자의 몫이다.

맹자는 인간은 기본으로 남을 불쌍하게 여기는 '측은지심', 자기의 옳지 못함을 부끄러워하고 남의 옳지 못함을 미워하는 '수오지심', 겸손하여 남에게 사양할 줄 아는 '사양지심', 옳음과 그름을 가질 줄 아는 '시비지심'을 가지고 있어 선천적으로 착하다고 주장했다. 나는 맹자의 성선설을 믿는다. 다만 여러 가지 상황이 인간을 악하게도, 뻔뻔하게도 만드는 것이라고 생각한다.

직장의 남자 동료들도 감정이 있고 자녀가 있고 아내의 임신과 출산 과정을 지켜봤기 때문에 근본적으로는 임신한 직원을 도와주고 싶은 마음을 가지고 있다. 평소 성실하고 협동심 좋은 직원이 임신했다는 소식이 전해지면 동료들도 함께 기뻐해 줄 것이다. 그로 인해 당사자는 본인의 일처럼 축하해 주는 고마운 동료들을 생각하며 최선을 다해 업무에 임할 것이다. 그러나 항상 자신의 권리만 주장하고 비협조적인 밉상 직원이 임신을 했다면 어떨까? 굳이 설명하지 않아도 잘 알 것이다.

사내연애를 하게 되는 경우도 마찬가지이다. 평소 동료들에게 어떻게 인식되었느냐에 따라 진심 어린 축하를 받을 수도 있고, 연애하느라 일에는 소홀했다는 비난을 받을 수도 있다.

보잘것없는 저희가 마음 따뜻한 많은 분의 큰 사랑을 받았습니다. 덕분에 큰 힘을 얻어 장례를 무사히 마칠 수 있었습니다. 어머니께서는 평생을 함께하신 아버지와 자식들에게 그 어떤 말씀도 남기지 못하고 세상을 떠났습니다. 이렇게 갑작스러운 죽음 앞에 아무것도 준비하지 못한 저희에게 바쁜 일 마다하고 한걸음에 달려오셔서 편안하고 엄숙하게 어머니를 모실 수 있게 해 주신 데 대하여 깊이 감사를 드립니다. 감사함과 더불어 큰 빚을 가슴에 담았습니다. 앞으로 기쁜 일과 슬픈 일이 있을 때 저희 또한 그 큰 은혜에 보답하고자 합니다.

이는 4년 전 어머니를 하늘나라에 보내고 슬픔을 함께 나누었던 지인들에게 보낸 편지의 일부이다. 힘들 때 도움을 받았다면 상대방이 힘들 때 도움을 주고 싶은 마음이 절로 생긴다. 평소 동료들의 기쁨과 슬픔에 무관심했다면 자신에게 생긴 일에 동료들이 관심을 보이지 않는 것은 당연하다.

**모든 것은 자신에게 달려 있다.
평소 동료들에게 한 만큼 부메랑이 되어
나에게 돌아온다는 것을 명심하고
항상 평판을 잘 관리해야 한다.**

일과 육아 사이에서 흔들리지 말라

64

　　　　　　일과 가정을 선택해야 하는 기로에 서게 되면 모성은 자식을 위해 일을 버리고 가정을 선택한다. 때론 너무 강한 모성과 사회적인 편견이 이성적인 판단을 방해하기도 한다. 가지 말라고 보채는 어린 아이를 두고 직장으로 향하는 발걸음은 너무 무겁다. 온종일 아이의 모습이 아른거려 '보채는 아이를 두고 가야 할 만큼 직장이 중요한가.'라는 생각에 당장 그만두고 싶어지기도 한다.

　출산 후 몇 년 동안은 일과 육아의 균형을 맞추는 것이 어렵다. 하지만 이 시기를 잘 넘기면 다시 균형을 찾게 된다. 회사를 그만둘 생각보다 흔들리지 않을 방법을 찾아야 한다. 혼자 끙끙대지 말고 가족들과 함께 고민하여 최선의 방안을 찾는 것이 중요하다.

　급여를 모두 지출하더라도 믿고 맡길 보모를 구하는 것도 하나의 방법이다. 물론 통장을 바라보면 한숨이 나올 수도 있지만 그 기간 동안 경력은 계속해서 쌓인다. 수입보다 지출이 많다 해도 미래를 위한 투자라고 생각하면 아깝지 않다. 조직에서 오랫동안 살아남아 지출을 만회하면 된다. 높은 경쟁률을 뚫고 어렵게 입사한 직장을 다니지 못해 불편한 마음으로 아이를 돌본다면 아이에게도 유익하지 않다. 어머니가 행복해야 아이도 행복하게 자랄 수 있다.

아이가 4세 때의 일이다. 출근하기 위해 옷을 갈아입고 있는데, 아이가 치맛자락을 당기며 가지 말라고 눈물을 뚝뚝 흘렸다. 우는 아이를 그냥 뿌리칠 수 없어 아이를 둘러업고 가게로 뛰었다. 아이는 입에 사탕을 물려 주자 울음을 그쳤다. 그 순간 머릿속에 여러 가지 생각이 스쳤다.

'오늘 하루 결근할까?'

'아프다고 말하고 오후에 출근할까?'

하지만 회사에 지각하겠다며 얼른 아이를 내려 놓고 출근하라는 어머니의 다그침에 무거운 걸음으로 집을 나섰다. 회사에 도착하여 업무 준비를 하는데 아이가 걱정되어 도무지 일이 손에 잡히지 않았다. 고민하다가 집으로 전화를 걸었더니 어머니께서는 오히려 꾸중을 하셨다.

"아무 일 없다. 그렇게 의지가 약해서 무슨 일을 하겠다는 거니? 회사에 출근했으면 회사 일에만 신경 써라. 조금 있으면 퇴근하잖아. 하루 종일 같이 있어 주는 것만이 엄마의 역할이 아니야. 정말 중요한 것은 너의 의지와 지혜로운 마음이야."

최근 서울특별시 여성능력개발원이 발표한 '일하는 엄마에 대한 인식 조사'에 따르면 서울 시내 초·중학생 2,012명 중 47%가 '일하는 엄마가 좋다.'라고 응답했다고 한다. 오랜 시간 함께하지 못해 미안하다는 생각보다 함께 있을 때 교육적으로 돌봐 주며 매 순간 최선을 다하는 자세가 더욱 중요하다.

> 아이는 최선을 다하는 엄마를 보며
> 바르게 성장하고,
> 다른 사람과 관계를 맺어 가는
> 엄마의 모습을 통해 삶의 지혜를 배운다.

평소에 어머니의 일에 대한 도전과 성취에 대해 아이에게 들려주도록 하라. 일하는 여성의 자녀가 전업주부의 자녀보다 독립적이고 책임감이 강하다는 연구 결과가 있다. 아이들은 우려한 것보다 더욱 기특하게 잘 자라니 염려하지 않아도 된다.

남편의 **집안일 분담**을 이끌어 내라

65

최근 '경단녀(경력단절여성)', '여성인력개발', '일하고 싶은 여성', '여성 임원 되기는 별 따기', '여성우선공천', '여성친화도시' 등 여성과 관련된 단어가 연일 쏟아져 나오고 있다. 각 언론사에서도 앞다퉈 여성에 대한 기사를 기획 연재하고 있을 정도이다. 이러한 분위기는 여성 대통령의 등장 때문일까? 시대적 요구일까?

여러 통계 자료에서도 나타나듯이 우리나라의 여성에 대한 여러 환경은 다른 나라에 비해 비교가 안 될 정도로 열악하다. 늦게나마 여성이 화두가 되어 정부의 관련 부처뿐 아니라 기업에서도 관심을 가지고 여성을 위한 많은 아이디어를 내고 있으니 그나마 다행이다.

하지만 이러한 노력이 빛을 보려면 반드시 남편의 집안일 분담이 함께 이루어져야 한다. 그러나 남편의 집안일 분담에 대한 사회적 관심과 언급은 별로 찾아볼 수 없다. 남편의 집안일 분담을 단순히 한 가정의 집안 문제 또는 부부 간의 문제라고 여기기에는 '집안일에 무관심한 것이 남자다운 것, 또는 당연한 것'이라는 구시대적 사회 관념이 너무 깊게 뿌리내려 있다. 남편의 집안일 분담을 이끌어 내려면 이에 대한 사회적 인식 변화가 뒷받침되어야 한다.

내가 살고 있는 대구광역시 수성구는 2012년에 여성친화도시로 선정되었다. 여성가족부는 '지역 정책과 발전 과정에 남녀가 동등하게 참여하고, 그 혜택이 모든 주민에게 고루 돌아가 여성의 성장과 안전이 구현되도록 하는 지역'을 여성친화도시로 선정하고 있다. 2009년부터 현재까지 전국 자치단체 중 50곳이 여성친화도시로 선정되었다.

그러나 여성친화도시 역시 가족친화적인 도시가 되지 못하면 어려울 것이다. 양성평등과 여성의 삶의 질 향상은 가족의 배려가 전제되어야 가능한 일이기 때문이다. '맞벌이는 있어도 맞육아는 없더라.'라는 불만이 없어지지 않는 한 여성 친화는 어려울 것이다.

'슈퍼 워킹맘 리턴즈' 프로그램, 시간제 일자리 채용 등 경력 단절 여성을 위한 재취업 프로그램보다는 애초에 여성이 일을 그만두지 않도록 하는 것이 사회적 기회비용을 줄이는 일이라는 한국여성정책연구원의 지적에 백 번 공감이 간다.

남편이 집안일을 도와주지 않는다면 여성들의 사회 활동은 너무 버겁다. 집안일은 아내만 하는 것이 아니라 가족 모두가 함께 책임져야 할 일이므로 사실 '도움'이라는 단어를 사용하는 것도 맞지 않다.

맞벌이 부부 5명 중 4명(74%)은 아내가 집안일과 육아를 70% 이상 전담하고 있고, 이 중 33.4%는 맞벌이를 함에도 불구하고 아내가 집안일과 육아를 100% 전담하고 있다는 통계 자료도 있다.

아내가 육아와 집안일을 하는 동안 남편은 수면 보충, 독서, 운동, TV 시청, 취미 생활 등 오직 자신만을 위한 시간을 가지며 충전한다. 반면 아내는 헐레벌떡 퇴근해서 식사를 준비하고 아이를 돌보고, 다시 뒷정리와 청소를 한다. 이를 마치고 잠자리에 들면 12시가 가까워진다. 주말에는 밀린 빨래와 장보기에 여념이 없다. 여기에 아이 학교의 행사나 담임과의 상담까지 아내의 몫이다. 대부분의 남편은 직장에만 신경을 쓰지만 일을 가진 아내들은 직장일, 육아, 집안일을 혼자서 해내야 하기 때문에 24시간이 모자란다.

경제협력개발기구(OECD)가 주요 29개국 남성의 집안일 분담 시간을 조사한 결과, 한국 남성은 육아와 집안일에 쏟는 시간이 하루 45분으로 평균치(141분)의 3분의 1에도 미치지 못하는 수준이었다.

덴마크는 무려 하루 186분이었다. 한국은 중국(91분)과 일본(62분), 인도(52분)보다 적었다. 세부적으로 보면 아이를 돌보는 데 들인 시간 10분, 장을 보는 데 들이는 시간 6분이었다. 반면 직장에서 보내는 시간은 422분, 운동이나 TV 시청 등 취미 생활에는 314분을 사용하는 것으로 나타났다. 우리나라 여성들이 얼마나 힘들게 사는지 잘 알 수 있는 통계이다. 또한 우리나라의 저출산 문제와도 무관하지 않은 통계인 것 같아 씁쓸했다.

만약 남편과 함께 집안일을 한다면 아내의 육체적인 부담도 한결 덜 수 있고 휴식을 취하거나 자기계발을 할 수 있는 시간적인 여유도 생긴다.

시간은 한정적이기 때문에 어느 한 가지에 시간을 할애하면 다른 것은 잠시 접어 둘 수밖에 없다.

우리나라도 이제 아내가 출산하면 남편도 3~5일의 출산 휴가를 낼 수 있다고는 하지만, 평소 집안일을 해 본 경험도 없고 할 줄도 모르는 남편이 휴가 기간 동안 아내를 위해 무엇을 할 수 있을지 의문이 든다.

부부싸움을 한 친구의 이야기이다. 어느 날 남편이 몸이 불편해 누워 있는 아내가 걱정되어 필요한 것이 있으면 퇴근길에 사 오겠다고 했다. 친구는 남편에게 시금치 한 단을 부탁했다. 남편은 직장 인근에 있는 재래시장에 가서 시금치를 산 뒤 아내가 시장에 가야 하는 번거로움을 줄여 주기 위해 냉이와 상추, 파, 부추 등 여러 가지 채소를 추가로 더 구입했다. 친구는 남편이 들고 온 봉지를 보고 화가 나 이렇게 쏘아붙였다.

"시금치를 부탁했는데 왜 시키지도 않은 걸 이렇게 많이 사 왔어요? 장을 봐 오면 뒷일이 얼마나 많은지 당신이 평소에 주방 일을 해 봤어야 알지. 아파도 편히 쉴 수가 없으니! 어휴, 못 살아."

채소는 구입한 즉시 손질해 두지 않으면 신선도가 유지되지 않는다. 다듬어서 깨끗하게 씻은 뒤 물기를 빼고 냉장고에 보관해야 하는 채소도 있고, 쉽게 물러 바로 반찬을 만들거나 데쳐서 보관해야 하는 채소도 있다. 그러나 집안일에 무관심한 남편은 채소 손질 과정을 모르니 장을 봐 주는 것이 아내를 돕는 것이라고 생각했을 것이다.

요즘은 대부분의 남성이 경제적인 도움이 되는, 맞벌이가 가능한 배우자를 원한다고 한다. 그런데 돈도 벌어 오고 집안일도 완벽하게 하길 바란다면 너무 이기적인 것이 아닐까. 솔직히 아내도 처음부터 집안일을 잘한 것은 아니었을 것이다. 반복하여 하다 보니 익숙해졌을 뿐이다.

남편이 집안일을 한다고 가장의 권위가 떨어지거나 여성화되는 것은 아니다. 아내가 해야 할 일을 남편에게 전가시키는 것도 아니다. '백지장도 맞들면 낫다.'라는 속담처럼 가족이니까, 가족의 일이니까, 누군가는 해야 할 일을 사랑하는 아내가 혼자 하기에는 힘드니까 함께하자는 것이다.

전업주부도 육아와 집안일을 혼자서 하기 힘겨운데 하물며 워킹맘이 혼자서 집안일을 하기에는 시간적으로나 체력적으로나 더 큰 어려움이 따르지 않겠는가. 제한된 시간에 육아와 집안일을 하기에는 한계가 있어 소홀해질 수밖에 없다. 때론 이런 소홀함이 부부싸움의 원인이 되기도 한다. 만약 남편이 아내를 배려하여 집안일을 분담한다면 집안일은 노동이 아니라 사랑의 표현이 되어 더욱 행복해질 것이다.

내 남동생들은 조카가 볼일을 보면 올케를 부르지 않고 직접 기저귀를 갈아 주었다. 어릴 때부터 아버지께서 자상하게 집안일을 돕는 모습을 보고 자랐기 때문일 것이다. 그러나 남편은 그렇지 못했다. 아이들이 볼일을 보면 큰일이 난 것처럼 큰소리로 나를 부르곤 했다. 그러나 이제는 도움을 요청하면 적극적으로 도와줄 정도로 변했다. 집안일이 아내 혼자서 하기에는 힘들다는 사실을 알게 되면서 달라진 것이다.

여성 스스로도 일하기 좋은 환경을 만들기 위해 가족들에게서 적극적인 협조를 얻어 내야 한다. 결혼하기 전에 예비 배우자와 집안일 분담에 대한 충분한 대화를 나눌 필요가 있다. 집안일은 함께해야 한다는 본인의 강한 의지를 전달하고 동의를 얻어 내야 한다. 또한 육아와 요리 등 집안일에 대한 사전 학습을 통해 집안일을 미리 분담하며 분담표를 만들어 보는 등 철저하게 사전 준비를 할 필요가 있다.

자녀들에게도 집안일은 가족 모두가 함께 책임져야 할 일임을 교육시켜야 한다. 이러한 인식은 자녀들이 어른이 되어 결혼을 한 뒤에도 '집안일 분담'에 부담을 덜어 줄 것이다.

끊임없는 노력이 남편을 조금씩 변화시키고
나아가 사회적 인식을 변화시킨다면
우리의 아들딸들은 우리보다 덜 힘든 세상에서
자신의 꿈을 펼치며 사회 발전에
한몫하는 사람으로 성장할 것이다.

일은 외로움을 극복할 **방패막**이 될 수 있다

66

술을 좋아하는 남편의 아내는 힘들다. 남편과 나는 자정에 대한 생각이 달랐다. 내게 밤 12시는 일과를 끝내고 하루를 마무리하는 시간이지만, 남편에게는 달랐다. 휴대폰이 없던 시절에는 연락할 방법이 없어 그저 기다릴 수밖에 없었다. 새벽까지 남편의 귀가를 기다리는 것은 고문이었다. 자정까지는 책을 읽거나 음악을 들으며 기다릴 수 있지만, 새벽이 가까워질수록 여러 가지 불길한 상상이 머릿속에 떠다녀 불안으로 이어졌다.

비가 오는 날이면 불안감이 더욱 커져 머리와 가슴이 조여들었다. 그 순간에는 '별일 없이 무사히 귀가하기만 하면 바랄 것이 없다.'라고 기도하지만 인터폰이 울리고 남편이 현관문에 들어서면 나도 모르게 품위 없는 말이 입 밖으로 쏟아졌다. 술에 취한 남편은 자리에 눕자마자 코를 골며 잠이 들지만, 잘 시간을 놓쳐 버린 나는 쉽게 잠이 들지 못한 채 남편의

코 고는 소리에 더 예민해졌다.

결혼한 지 10년이 되었는데도 남편의 음주량은 변하지 않았다. 한 번은 남편에게 이렇게 말했다.

"여보! 10년 동안 술 때문에 정말 많이 다투고 힘들었는데, 이제 달라질 때도 되지 않았어요?"

그러자 남편은 눈 하나 깜빡이지 않고 이렇게 답했다.

"10년 동안 잔소리했으면 이제 체념할 때도 되지 않았어? 당신이 생각을 바꾸면 안 되나?"

그동안의 '바가지 긁기'는 아무 소용이 없었던 것이다. 힘들어하는 아내를 보면서 조금씩 달라질 것이라는 기대는 물거품이 되었다. 우리는 술에 대해 달리 생각하며 10년 동안 각자의 길을 걸었던 것이다. 남편의 주량은 몸이 술을 예전만큼 이기지 못하는 40대 후반이 되어서야 줄어들었다. 남성과 여성, 남편과 아내, 아버지와 어머니는 비슷한 것 같으면서도 서로 너무 다르다. 부부는 다름을 인정해야 하는 삶을 살아 내야 한다.

결혼을 하게 되면 버려야 할 것이 많다. 긁어도 소용없는 바가지도 버려야 할 것 중 하나이다. 화가 날 때는 '단지 나와 다르다.'라는 주문을 외우고 긁고 싶은 마음을 억누르며 바가지를 버려야 한다. 바가지를 긁는 순간도 바가지를 긁게 되는 상황만큼 힘들다.

어느 날, 친구가 이런 말을 했다.

"함께 있어도 문득 외로울 때가 있다."

그 말이 무척 공감이 되었다. 함께 웃고 함께 걸을 때는 행복하지만 서로 다르다고 느낄 때는 외로움이 물밀듯이 몰려온다.

혼자일 때의 외로움과 함께 있을 때의 외로움은 다르다. 사람마다 다를 수 있지만, 혼자일 때는 혼자이기 때문에 체념되는 부분이 있으나, 결혼을 하면 상대에 대한 기대로 외로움이 더 짙어진다.

인간이 외로울 수밖에 없는 존재라면 외로움을 이겨 낼 수 있는 비장의 무기가 필요하다. 가끔 남편이 외롭게 할 때도 잘 지낼 수 있는 자신만의 세계가 필요하다. 그것이 일이라면 서로 이해가 될 것이다. 상대방에 대한 기대 대신 내가 몰두할 수 있는 일이 필요하다. 이는 남편, 가족에 대한 사랑, 신뢰의 문제와는 다른 차원이다. 오히려 그것이 상대에 대한 진정한 배려이고 내조일 수 있다.

자의든 타의든 결혼하면서 직장을 그만둔 친구들은 나를 많이 부러워했다. "짧게도 생각하고 길게도 생각하면서 일을 포기하지 말았어야 했다."라며 일을 그만둔 것을 후회한다는 친구도 있었다.

만약 일에 대한 열정이 가득한데 육아 때문에 일을 포기했다면 몇 년 후 자녀가 엄마를 덜 찾는 시기가 되었을 때 불안한 마음과 후회가 밀려올 것이다. 물론 재취업을 하여 일을 계속할 수도 있겠지만, 한국여성정책연구원이 2000년 이후 1년 이상 경력이 단절된 여성들의 재취업률을 조사한 결과에 따르면 36%에 불과하다고 한다. 현실이 그리 녹록지 않은 것이다. 일을 계속할지, 포기할지 고민할 것이 아니라 어떻게 하면 일과 가정의 균형을 이룰 수 있을지 고민해야 한다.

'내가 낳지 않은 아들을 하나 더 키운다.'라고 생각하고 남편보다 더 이성적이고 똑똑한 아내들이 더 큰 마음으로 남편들을 이해해 달라는 어느 예능 프로 패널의 애교 섞인 부탁에 미소를 지었던 적이 있다. 자식 역시 마찬가지이다. 양육 때문에 일을 포기한 뒤 자녀에게 "내가 널 위해 얼마나 많은 것을 포기했는 줄 아니?"라고 드라마 같은 대사를 읊는 것은 자신을 위해서도, 자녀를 위해서도 바람직하지 않다.

결국 인간은 혼자서
자신만의 삶을 살아 내야 한다.

인생의 마디를 보지 말고
전체를 보라

67

작은 아이가 초등학교 2학년일 때 이런 질문을 했다.
"엄마가 아빠에게 은행 일을 자꾸 물어보니까 아빠가 일을 더 잘하시는 것 같지만, 그래도 아빠랑 엄마는 똑같은 과장이잖아요. 그런데 왜 맨날 엄마만 청소해요?"

이 말에 남편에게 힘을 주어 "여보! 대답해 보세요."라고 말했다.

생물학적으로 여성의 삶이 육아와 가족 부양에 더 많이 관련되어 있다는 사실을 여성 스스로도 인정해야 한다. 워킹맘은 아내, 어머니, 며느리, 딸 등 1인 다역을 해야 하는 도전적인 삶을 살아야 하지만, 그 모든 역할을 완벽하게 할 수는 없다. 부족함을 인정하면서 조금씩 채워 나가는 방법밖에 없다. 불공평하다고 투덜대지 말라. 주변을 둘러보라. 삶이 원래 공평하지 않다.

많은 여성이 가정 혹은 일 중 한 가지를 선택하도록 강요받는다. 물론

'이 조직에서 내가 할 수 있는 것이 없는 것 같아.'와 같은 생각과 개인 사정으로 회사를 그만두는 여성도 있지만, 출산과 육아가 발목을 잡는 비중이 훨씬 클 것이다.

나의 경우 직장 생활 37년 중에서 출산과 육아로 힘든 시간은 10년 정도였다. 전체 중에서 4분의 1이 힘든 시간이었던 셈이다. 일과 가정을 두고 선택의 기로에 섰을 때 힘든 시간인 4분의 1만 생각하며 일을 포기할 것인가를 고민한다면 전체를 보지 못할 수도 있다. 포기할 것인가를 고민하기보다 전체 안에서 힘든 기간인 4분의 1의 균형을 어떻게 찾을 것인가를 고민해야 한다. 물론 짧지 않은 시간이지만, 4분의 1은 전체의 일부분에 불과할 뿐이다.

문제가 생겼을 때는 인생을 마디마디로 끊어서 보지 말고 전체를 보면 좀 더 쉽게 해결된다. 고민이란 어떤 일을 시작했기 때문에 생기기보다 할까 말까 망설이는 데서 더 많이 생긴다고 한다. 따라서 최선을 다하고자 결심하는 순간 매듭이 풀리기 시작한다.

선택의 기로에서 한 가지 기억해야 할 것이 있다. 인생은 100m 달리기가 아니라 마라톤이라는 점이다. 일과 가정을 병행하려면 많은 도전과 끊임없이 부딪히게 된다. 기쁨과 슬픔, 인내, 도전 등 세상에 존재하는 모든 것은 존재할 이유가 있어서라고 한다. 무엇을 위한 포기인가? 이 세상에 어려움이 없는 일은 없다. 오히려 너무 쉽게 이루어지면 불안하다.

도전하는 것을 망설이지 말고 부딪치며 극복하라. 극복할 수 있다는 마음이 중요하다. 피할 때는 보이지 않았던 길이 도전을 받아들이면 보인다. 긍정적인 마음을 가지면 보이지 않았던 방법들이 보이기 시작하는 것이다. 어려움에 처해 있을 때는 힘들어 포기하고 싶지만 먼 훗날 그때를 회상해 보면 이겨 낸 자신이 대견스럽고, 또 그런 도전과 극복들이 오늘의 나를 있게 했음을 알 수 있을 것이다. 세상에서 가장 뛰어난 교사가 역경이라는 말도 있지 않은가.

인생은 희로애락이 있는 여정이다. '이 또한 지나가리라.'라는 말처럼 힘든 일도, 기쁜 일도 영원하지 않다. 힘들 때는 곧 기쁜 일이 있을 것이라는 긍정적인 생각을 하고 기쁠 때는 더 겸손해하며 산다면 실패하지 않는 삶이 될 것이다.

발레리나 강수진은 중학교 1학년 때 발레를 시작해 5년 만에 세계 최고 주니어 대회인 로잔국제발레콩쿠르에서 동양인 최초로 그랑프리를 수상했다. 그리고 이듬해에 동양인 최초이자 최연소 단원으로 독일 슈투트가르트발레단에 입단했고, 1999년에 동양인 최초로 무용계의 아카데미상이라는 브누아 드 라 당스상을 받았다. 강수진은 발레의 발상지인 유럽 땅에 진출해 서양인도 꿈꾸기 어려운 최고의 위치까지 오른 입지전적인 발레리나이다. 그녀는 이렇게 말했다.

"내 인생에 변명은 없다. 아프면 아플 수밖에 없는 것이다. 겪어야 하는 것은 겪으면 된다. '무엇 때문에'라고 이유를 대는 것은 시간 낭비이다. '왜 아플까, 안 아프면 얼마나 좋을까.'라고 생각할 시간이 있으면 그 시간에 스트레칭이라도 한 번 더 하겠다. 고생은 가치를 알게 해 준다. 어딜 가나 불평이 많은 사람은 고생을 모르고 자란 사람인 경우가 많았다."

어떤 삶이 행복한 삶이며 성공한 삶일까? 돈 많은 대기업 회장보다 김

수환 추기경이 오히려 더 편안하고 행복해 보였다. 돈 많은 부자보다 어렵게 돈을 벌어 평생 모은 돈을 학교에 기부한 할머니가 더 행복해 보였다. 좋은 환경에서 생활한다고 해서 모두 행복한 것은 아니다. 자신의 능력을 마음껏 발휘하며 꿈을 이루는 '자아실현'이 인생의 궁극적인 목적이 아닐까?

진정한 성공은 자아실현이다.
꿈이란 앞이 보이지 않는 오늘을
묵묵히 참아 낸 사람만이
다가갈 수 있는 미래이다.

누구에게도
의지하지 말라

68

오디션을 통해 선발된 일반인과 연예인으로 구성된 합창단이 투병 중인 환자들을 위로하는 예능 프로를 시청한 적이 있다. 암 투병 중인 환자에게 마이크를 건네며 가족들에게 전하고 싶은 말이 있느냐고 묻자 그는 이렇게 답했다.

"극진히 간호해 주는 당신이 있어서 무척 행복해. 그런데 내가 떠나면 당신이 아플 땐 내가 당신을 간호해 줄 수 없으니 여보, 정말 미안해."

부부가 행복하게 살다가 동시에 하늘나라에 가는 것이 가장 이상적이 겠지만, 현실적으로 아내의 노후 시간은 남편과 다르기 때문에 그에 맞게 준비해야 한다. 평균수명을 감안한다면 여성은 남성보다 평균적으로 7년 정도 오래 살고, 아내와 남편의 나이가 보통 3~4세 정도 차이가 난다면 아내는 남편을 먼저 하늘나라에 보내고 평균적으로 10년 정도 혼자 살아야 한다.

65세가 되면 25%, 75세가 되면 50%, 80세가 되면 78%가 홀로 된다고 한다. 간호해 줄 사람이 없다면 외부 시설을 이용해야 하기 때문에 금전적인 준비가 필요하다.

아들이 국내 최고 연봉의 대기업에 입사해 주위 사람들을 부럽게 했던 친구의 이야기이다. 친구의 남편은 건강 악화로 IMF 때 명예퇴직금을 받고 조기 퇴직을 했다. 친구는 남편을 간호하며 알뜰하게 살림을 꾸렸다. 그 덕분에 남편의 건강도 좋아지고, 아이들도 착실하게 잘 자랐다. 하지만 예금 금리는 계속 낮아지고 자녀의 학비와 생활비를 충당하느라 퇴직금은 차츰차츰 바닥이 나 경제적으로 어려워졌다. 아들이 취직하게 되면 경제적으로 조금씩 나아질 것이라고 기대했다. 그러나 아들은 부모의 기대와 다르게 졸업과 동시에 교제하던 여자 친구와 결혼을 했고 친구의 기대는 물거품이 되었다. 아들과 며느리는 금전적으로 보탬이 되어 주지 않았고, 또 부모 입장에서 자식에게 손을 벌리기도 쉽지 않아 가슴앓이만 했다.

자식은 자식일 뿐이다. 결국 자신의 노후는 누구도 책임져 주지 않기 때문에 스스로 준비해야 한다. 만약 '60세까지 노후 자금 3억 원 마련하기'를 계획했다면 투자 수익률 5%일 때, 50세는 매월 약 200만 원을 10년 동안, 40세는 매월 약 80만 원을 20년 동안, 30세는 매월 약 40만 원을 30년 동안 저축해야 한다. 노후 준비는 많이 저축하는 것보다 소액이라도 일찍 시작하는 것이 중요하다. 시간을 버는 것이 곧 돈을 버는 것이기 때문이다.

노후 준비가 당장 필요하다고 생각하는 사람은 80%이지만 실제로 준비를 하고 있는 사람은 20% 미만이라고 한다. 필요하다고 생각하면서도 준비를 하지 못하는 이유는 노후 준비를 우선순위에 두지 않고 자녀 교육이나 기타 지출에 치중하거나 젊었을 때는 '노후', '은퇴'라는 단어가 먼 미래의 일로 생각되어 실행으로 옮기기가 쉽지 않기 때문이다. 그러나 그 필요성을 느끼는 50대에는 이미 늦다.

결혼은 늦어지고 정년은 짧아져 대부분의 50대는 자녀 학비 지출이 많을 시기이다. 매월 200만 원을 저축하기가 쉽지 않고, 또한 퇴직 시기와 맞물려 10년 동안 꾸준히 저축하기도 어렵다. 20대 후반의 사회 초년생들의 평균수명은 지금보다 더 늘어날 것이므로 첫 월급부터 노후 준비를 해야 한다.

자신의 가치를 높이는 것에도 투자하여 몸값을 올리고, 저축할 수 있는 돈의 20% 정도는 연금 상품에 가입하여 노후를 준비해야 한다. 전문가에게 자문을 받아 밑그림을 잘 그려야 한다. VIP가 아니더라도 무료로 상담받을 수 있는 금융기관의 PB(Private Banking)센터를 찾아보도록 하라.

**누구에게도 의지하지 말라.
노후 준비는 빠르면 빠를수록 좋다.**

지치지 않는 열정으로 무장하라

69

　　　　　　우리나라에서는 어렵게 입사한 여성들이 시간이 지나면서 결혼, 임신, 육아 등으로 경력이 단절되어 여성의 생존 경쟁력이 떨어지고 있다. 이는 통계 자료에서도 나타난다.

　세계은행은 '세계 양성평등 보고서(2012)'를 통해 남성의 수입을 100으로 봤을 때 여성의 수입 비율이 몽골 81, 태국 79, 필리핀 76, 캄보디아 75, 베트남 71, 인도네시아 70인 데 비해 한국은 52에 불과하다고 밝혔다. 여성 의석수도 세계 평균이 19%, 동아시아가 18.7%인데 비해 한국은 14.7%로 동아시아 국가 중 꼴찌에서 두 번째이다.

　여성들이 일과 가정을 양립하기에는 아직 사회적인 인프라가 취약하고, 그나마 이미 만들어진 제도를 적극적으로 활용하는 기업 문화도 미흡하다. 그러나 이를 탓하기 전에 우선 여성 스스로가 변하기 위해 노력해야 한다. 대우받기를 원한다면 능력을 키우는 것이 먼저이다.

인정받고 싶다면 직장을 다녀도 되고 안 다녀도 된다는 안일한 생각을 던져 버리고 어떠한 어려움도 극복하겠다는 강한 의지와 책임감, 솔선수범을 보여 주어야 한다.

요즘 오디션이 대세이다. 물론 모두 그런 것은 아니겠지만 많은 출연자가 부모와 갈등 상황에 놓여 있다고 했다. 공부보다 춤과 노래에 더 관심이 많은 자식을 응원만 해 줄 부모는 극히 적을 것이다. 나 역시 처음에는 여느 부모와 비슷한 마음이었지만 이제 춤과 노래를 즐기는 그들의 열정을 알기에 진심 어린 박수를 보낼 수 있다. 그들이 어려운 상황에서도 도전을 멈추지 않았다는 사실이 참으로 대견했다. 한편으로는 '그들이 편안한 환경에 있었다면 그토록 열정적인 도전이 가능했을까.'라는 생각이 들기도 했다.

성공은 시련을 극복하면서 다듬어지는 산물임이 틀림없다. 그들이 훌륭한 춤꾼으로 탄생하기 위해 흘린 땀과 늘 마이너리티였던 내가 조직에서 성공하기 위해 쌓았던 외로운 노력은 같은 무게였을 것이다.

여성이 사회적 성취를 이루기 위해서는 춤추는 젊은이들처럼 지치지 않는 열정이 필요하다. 남성처럼 일해야 한다. 남성들이 회사에 자신의 인생을 걸듯이 여성들도 자신의 모든 것을 악착같이 쏟아부으면 조직에서 성공하지 못할 이유가 없다. 남성과 똑같은 노력을 했는데도 안 된다면 몇 배 더 노력하라. 나만의 전문성이 있다면 남성을 능가할 비장의 무기가 될 것이다.

나의 전문성이 회사에 꼭 필요하다면 누구든지 나를 인정하지 않을 수 없을 것이다. 그러므로 인정할 수밖에 없는 자신만의 비장의 무기를 만들어야 한다. 끊임없는 자기계발로 자신만의 전문 분야를 만들고 새로운 환경에 도전해 견문을 넓혀야 한다. '여성이어서 봐 주겠지.'라는 생각은 금물이다.

새마을금고에 강도가 들었을 때 다른 직원들은 책상 밑으로 숨었지만 여직원이 강도와 맞서 싸웠다는 뉴스를 본 적이 있다. 어떤 일을 할 수 없다는 것은 '할 수 있다'고 생각하지 않기 때문이다.

맡은 일에 대해서는 책임감을 가지고
최선을 다하고 당당해져야 한다.
여성이어서 조금 불리한 일은 있어도
여성이어서 할 수 없는 일은 없다.

여성 내면의 **유리 천장**을 가장 먼저 깨뜨려라

70

어느 주말, 아이가 사 온 수제 햄버거를 먹은 남편이 이렇게 말했다.

"여보, 이 햄버거에는 정성이 느껴져. 그래서 더 맛있는 것도 같고. 우리 수제 햄버거 가게 하나 차릴까?"

몇 개월 전에 퇴직한 남편은 무엇이든 하고 싶어 안달이었다. 철저한 준비 없이 마음만으로 창업했다가는 100퍼센트 실패할 것을 알기 때문에 남편의 제의에 찬성하지 않았지만, 나도 비슷한 생각을 한 적이 있다.

건강을 위해 운동은 매일 꾸준히 해야 한다는 것을 알지만, 직장인들이 매일 운동을 하기에는 어려움이 많다. 퇴근 후 귀가 전에 운동을 하기에는 배가 고프고 귀가해서 저녁을 먹고 운동을 하기에는 온갖 유혹이 많다. 오후 네다섯 시 정도에 간단한 요기로 배고픔을 해결하고 운동한 후 귀가할 수 있다면 얼마나 좋을까? 간단한 요기를 할 수 있도록 다양한 색상의 과일과 채소, 두부나 닭가슴살 샐러드 정도의 건강 도시락이 배달된다면 직장인들에게 인기가 있을 것이라는 생각에 식품업을 하는 거래 기업에 건강 도시락이 사업성이 있는지 조언을 구한 적이 있다.

이제는 중소기업에도 사내에 헬스장이 있을 정도로 직원들의 건강에 관심을 가지게 되었고, 외국 기업에서는 그 이상의 프로그램을 운영하는 경우도 눈에 띄게 늘어났다. 미국의 소프트웨어회사 SAS에서는 우수한 여성 인재를 선점해 기업의 경쟁력을 높이겠다는 전략으로 '우수한 여성들이 일에 대한 열정을 가지고 가족과 함께 일할 수 있는 회사'를 만들기 위해 근무 스케줄을 스스로 짜는 자유근무시간제, 사내 탁아소 등 여러 가지 프로그램을 시행하고 있다. 그중 퇴근이 늦어 가족의 저녁 식사를 챙기지 못하는 직원들을 위한 '식사 가져가기' 프로그램에서는 탄성이 저절로 나왔다. 몇십 년 전의 나의 바람이 현실화되고 있는 것이다.

아직 갈 길이 멀지만 여성 인력을 활용하기 위한 다양한 정책과 제도가 쉼 없이 만들어지고 있다. 시간이 흐를수록 여성 친화적인 정책들이 더욱 더 많이 만들어져 지금보다 상황이 훨씬 좋아질 것이다.

그러나 외부 환경이 아무리 여성 친화적으로 바뀐다 해도 여성 스스로에게 뜨거운 열정과 강한 집념이 없다면 외부 환경의 변화는 무용지물일 뿐이다. 좋은 교육 환경에서 훌륭한 교사와 우수한 교육 자재로 학생을 가르치더라도 학생 스스로가 공부하지 않는다면 소용없는 일이다. 열악한 환경에서도 스스로 향학열을 불태우며 목표를 성취하는 젊은이들은 자신의 내면과 싸워 이겨 낸 결과이다.

어떤 의미에서 외부의 유리 천장 깨뜨리기는 여성 내면의 천장을 먼저 깨뜨리고 나서야 비로소 가능한 일이다. 그렇지 않으면 유리는 단단한 강철로 변할 것이다.

한국 여성의 대학 진학률은 80.5%로 세계 최고 수준이며 남성의 대학 진학률보다 높다고 한다. 석·박사학위까지 갖고도 일하지 않는 기혼 여성이 9만 559명으로 석·박사학위를 가진 기혼 여성 10명 중 3명꼴(31.4%)이라고 한다. 반면 석·박사학위를 가진 미혼 여성의 경우는 일하지 않는 비율이 14.5%, 남성의 경우 석·박사학위를 갖고도 일을 하지 않는 사람은 미혼이든 기혼이든 10%에 미치지 못한다고 한다. 여성에게는 결혼이 일을 계속하는 데 큰 걸림돌이 되고 있음을 보여 주는 통계 자료이다.

이러한 통계를 보았을 때 여성에게 전혀 책임이 없다고 할 수 있을까? 여성 9만 559명의 전업주부 중 열정은 있지만 육아와 가사 때문에 버티지 못하고 일을 포기했다면 순간의 힘듦으로 전체를 보지 못한 후회를 하고 있을지도 모른다.

운 좋게 재취업에 성공했다 하더라도 과거의 화려했던 경력을 인정받기에는 공백 기간이 핸디캡이 될 수 있다. 만약 출판업계 경력 10년 차에 일을 그만두었다가 재취업을 원하는 경우, 기업의 입장에서는 현장을 떠난 공백 기간을 무시하고 경력 10년에 걸맞은 직급으로 채용하기에는 부담이 될 것이다. 또한 당사자의 입장에서도 화려했던 경력을 인정받지 못하고 단순 업무를 보게 된다면 상실감이 클 것이다.

재취업을 간절히 원하고 있는 경력 단절 여성들이 '재취업은 멀고도 험한 길이다. 다시 돌아올 생각이 있다면 그만두면 안 된다'는 충고가 가슴에 와 닿는다.

'고급 여성 인력을 활용하지 못하면 가장 큰 투자 수익을 놓치는 것'이라는 제목의 기사에서 소개된 세계 3대 컨설팅회사 배인&컴퍼니 오릿 가디시 회장의 에피소드이다.

1970년대 후반, 기업 컨설턴트들이 철강회사를 방문하여 사장과 함께 공장을 둘러보았다. 사장은 그중 유일한 여성 컨설턴트인 오릿 가디시를 뚫어지게 보더니 이렇게 말했다.

"우리 업계에서 여자는 재수 없는 걸로 여겨지는데……."

순간 모두가 눈치를 보며 얼어붙었다. 하지만 오릿 가디시는 "그러면 저를 사장님 경쟁 회사에 매일 데리고 가셔야겠네요."라고 명랑하게 말했다. 그녀는 2004년 이후 포브스가 선정한 '세계에서 가장 영향력 있는 여성 100인'에 네 차례나 선정될 정도로 파워를 자랑했다. 그녀가 이렇게 성공할 수 있었던 것은 여성이라는 이유만으로 '재수 없다'는 이야기를 듣고도 좌절하지 않았기 때문이다.

그녀는 "지금 자신을 있게 한 원동력은 무엇인가."라는 기자의 질문에 이렇게 답했다.

"일로써 사람들을 내게 집중시켜 내가 여자라는 사실을 완전히 잊어버리게 했다. 나는 어떤 사람들이 '여자는 아무 일도 못한다.'라고 생각하는 것을 나 개인에 대한 평가로 받아들이지 않았다."

정말 자기 일을 사랑하는 여성이라면 수많은 도전에 직면했을 때 앞서 많은 여성이 그랬던 것처럼 일을 그만둘까 고민하지 말고 남성들처럼 일을 계속할 수 있는 해결책을 고민해야 한다.

    LG그룹 회장은 경영 혁신 사례를 발굴해 포상하는 행사에서 "새로운 것에 대한 호기심과 고객의 작은 불편도 지나치지 않는 섬세함이 혁신의 시작이다."라고 강조했다.

> 섬세함과 여성은 동격어이다.
> 섬세함은 마지막 순간까지
> 열정과 정성을 다하게 해서
> 성과로 이어지게 한다.

    분명 여성은 남성에 비해 강점이 있다. 다만 출산과 육아가 발목을 잡지 못하게 강해져야 한다. '포기'란 단어는 배추를 세는 단위일 뿐이라는 것을 기억하라.

에필로그
유리는 언젠가 깨어진다

누군가 "여성이 어떤 조직의 리더로 산다는 것은 가슴 속에 불덩이 하나를 품고 사는 것이다."라고 말했다. 나는 그 말에 크게 공감했다. 이 책을 집필하면서 원고를 읽고 또 읽었지만 어느 대목에서는 읽을 때마다 눈시울이 붉어졌다. 시간이 흘렀음에도 불구하고 내 몸과 내 머리가 아직도 그 불덩이를 기억하고 있기 때문이다.

리더로 산다는 것은 눈물이 날 만큼 힘들고 힘들다. 환경이 어떠하든 성과를 창출해야 하고, 주인의식이 부족한 동료들을 이끌어야 하고, 리더의 외로움과 힘듦보다 오직 자신의 안위밖에 관심이 없는 동료들을 포용해야 한다. 또한 리더는 힘들다는 말을 쉽게 내뱉을 수도 없다. 리더를 바라보는 동료들을 위해 언제나 당당한 모습, 자신감에 찬 모습을 유지해야 한다.

2014년 소치 동계 올림픽을 끝으로 선수 생활을 마감한 김연아 선수는 18년 동안 선수 생활을 하면서 하루도 편안히 쉰 날이 없었다며 이제는 조금 편안해졌으면 좋겠다고 말했다. 당신은 그녀처럼 무언가를 위해 하루도 편안하지 않게 자신을 갈고닦은 적이 있는가?

여성이 리더의 자리에 오르기는 쉽지 않다. 그러나 비록 그 길이 험난할지라도 포기해서는 안 된다. 끊임없이 노력하면 언젠가는 목표가 실현될 것이라는 사실을 이미 선두에 서 있는 여성 리더들이 증명했다. 포기하지만 않는다면 자신의 열정이 수많은 도전과 인내를 지켜 줄 것이다. 모든 여성이 마음을 다잡고 자신의 최고 가치가 무엇인지 발견하여 성장해 나가기를 진심으로 바란다.

독일 속담 중에 이런 것이 있다.

'젊은이들은 빨리 달릴 수 있지만
노인들은 빨리 가는 지름길을 안다'

나의 현장 경험이 많은 독자에게 활용되는 상상을 했다. 그래서 더욱 행복하게 집필에 몰두할 수 있었다. 이제 이 책이 세상에 나와 독자들과 마주할 생각을 하니 얼마나 기쁜지 모른다.

나는 당신이 흔들리지 않는 자신감과 믿음으로 꿈을 실현시키기 위해 도전하고 견뎌 낸다면 결국 유리 천장을 깨뜨리는 행운의 주인공이 될 것이라 믿는다. 깨어지지 않는 유리는 없다. 언젠가는 깨어지는 것이 유리라는 것을 마지막으로 다시 한 번 강조하고 싶다.

회사에서 여자가 일한다는 것